——— 本书获得 ———
北京大学习近平新时代中国特色社会主义思想研究院课题
"习近平关于中长期发展规划的重要论述研究"资助
北京大学学科建设项目
"中华人民共和国经济史"（7100602513）资助

中国式规划

从"一五"到"十四五"

China's Plan for Economic and Social Development

A Review from the 1st to 14th Five-Year Plan

尹俊　徐嘉 ◎ 著

北京大学出版社
PEKING UNIVERSITY PRESS

图书在版编目(CIP)数据

中国式规划:从"一五"到"十四五"/尹俊,徐嘉著.—北京:北京大学出版社,2021.2

ISBN 978-7-301-31969-7

Ⅰ.①中… Ⅱ.①尹… ②徐… Ⅲ.①中国经济—国民经济计划—五年计划—概况 Ⅳ.①F123.3

中国版本图书馆 CIP 数据核字(2021)第 013239 号

书　　　名	中国式规划:从"一五"到"十四五" ZHONGGUOSHI GUIHUA: CONG "YIWU" DAO "SHISIWU"
著作责任者	尹　俊　徐　嘉　著
责 任 编 辑	贾米娜
标 准 书 号	ISBN 978-7-301-31969-7
出 版 发 行	北京大学出版社
地　　　址	北京市海淀区成府路 205 号　100871
网　　　址	http://www.pup.cn
微信公众号	北京大学经管书苑(pupembook)
电 子 邮 箱	编辑部 em@pup.cn　总编室 zpup@pup.cn
电　　　话	邮购部 010-62752015　发行部 010-62750672 编辑部 010-62752926
印 　刷 　者	北京中科印刷有限公司
经 　销 　者	新华书店
	720 毫米×1020 毫米　16 开本　21.25 印张　271 千字 2021 年 2 月第 1 版　2025 年 5 月第 4 次印刷
定　　　价	68.00 元

未经许可,不得以任何方式复制或抄袭本书之部分或全部内容。
版权所有,侵权必究
举报电话:010-62752024　电子邮箱:fd@pup.cn
图书如有印装质量问题,请与出版部联系,电话:010-62756370

用中长期规划指导经济社会发展,是我们党治国理政的一种重要方式。实践证明,中长期发展规划既能充分发挥市场在资源配置中的决定性作用,又能更好发挥政府作用。

——习近平在经济社会领域专家座谈会上的讲话

目 录

总 论 规划治理的逻辑 / 001

第一节 国家治理与规划制度 / 002

一、从国家治理看国家发展 / 002

二、寻找中国奇迹背后的典型国家治理制度 / 006

三、中国特色的五年规划制度 / 011

四、世界规划兴衰简史 / 021

第二节 规划治理的基本逻辑 / 028

一、三个基本理论问题 / 028

二、规划是什么 / 030

三、为什么需要规划 / 038

四、如何规划 / 044

第三节 构建中国特色的规划学理论 / 048

一、构建中国特色规划学理论的方法论 / 048

二、马学为体、西学为用 / 052

三、史学为鉴 / 054

第一章 探索中的五年规划 / 057

第一节 1953 年前中国共产党对国家建设的规划与
准备 / 057

一、新国家的宏伟蓝图提出要依靠计划 / 058
二、为计划经济做准备：组建国营经济、调整工商业、建立计划管理机制 / 062
三、国民经济计划的编制工作在摸索中前进 / 071
四、东北地区计划经济的最初实践 / 073

第二节 "一五"计划——中国由农业国向工业国转变的重要开端 / 076
一、毛泽东指出，优先发展重工业的战略是"大仁政" / 076
二、出访苏联，签订协议 / 078
三、全国计划系统确立"两下一上"的工作程序 / 082
四、"五年计划，计划五年" / 086
五、中国历史上空前的投资举动 / 090
六、"我国计划史上的春天" / 092

第三节 经历大起大落的"二五"计划 / 095
一、"各方面千军万马，奔腾而来" / 095
二、周恩来忧心表示，"搞计划必须实事求是" / 097
三、"二五"计划建议提交中共八大 / 100
四、风云突变，国家经济建设脱离健康发展的轨道 / 102

第四节 "二五"计划后的调整与八字方针 / 106
一、"不要隐讳我们犯的错误，只有抓紧总结，才能及时指导" / 106
二、"大家按计划办事，不要想到哪里就做到哪里" / 108
三、"现在是下决心纠正错误的时候了" / 109
四、"现在无论农业或者工业，都需要有一个恢复时期" / 112

第五节 "三五"计划——从关注"吃穿用"到以备战为中心 / 116

    一、"吃穿用计划" / 117

    二、毛泽东考虑"三五"计划的出发点是准备战争 / 119

    三、"攀枝花搞不起来，睡不着觉" / 120

    四、按毛泽东的要求，进一步研究"三五"计划和三线建设问题 / 122

    五、三线建设的全面铺开及"三五"计划的制定 / 124

    六、努力完成"三五"计划 / 127

第六节 "四五"计划——"三个突破"与两次调整 / 128

    一、盲目追求高速度、高指标导致"三个突破" / 129

    二、"过去能搞的，现在搞不出来？我对此非常难过" / 131

    三、"搞社会主义建设，不能不搞生产，不能不搞技术" / 135

    四、"四五"计划历经曲折最终完成 / 140

第七节 经历伟大历史转折的"五五"计划 / 141

    一、经济受到严重冲击的1976年 / 142

    二、粉碎"四人帮"和新的"跃进"计划的形成 / 144

    三、十一届三中全会实现伟大历史转折 / 150

    四、"调整、改革、整顿、提高"八字方针提出 / 152

第二章 改革中的五年规划 / 157

第一节 "六五"计划——国民经济迎来又一个快速增长期 / 157

    一、邓小平强调"重点是要抓调整，改革要服从于调整，有利于调整，不能妨碍调整" / 158

二、"久别重逢"的五年计划——"六五"计划向全社会公布 / 160

三、计划经济体制迎来重要转变——中共十二大提出"计划经济为主、市场调节为辅" / 163

四、"六五"时期取得重大成就 / 165

第二节 "七五"计划——改革、起伏与发展 / 167

一、"有计划的商品经济"之后理论继续突破 / 167

二、"力"的界限在哪里——"七五"计划在论争中编制 / 169

三、"七五"开局过热,陈云提醒"头脑要清醒些" / 173

四、治理整顿见成效,"七五"计划顺利完成 / 176

第三节 "八五"计划——在"软着陆"中实现高速增长 / 179

一、一面治理整顿,一面"持续、稳定、协调"发展经济 / 180

二、"看准了的,就大胆地试,大胆地闯" / 184

三、南方谈话后,中央调整"八五"计划 / 187

四、宏观调控与经济"软着陆" / 189

五、"八五"计划:中华人民共和国成立以来执行得最好的五年计划之一 / 193

第四节 "九五"计划的完成——"中华民族发展史上一个新的里程碑" / 194

一、全新的国内、国际环境使"九五"计划具备新的特点 / 194

二、社会主义市场经济条件下编制的第一个五年计划 / 196

三、为应对亚洲金融危机,及时调整"九五"计划 / 198

四、"今年的经济情况,确实是历年以来最好的" / 200

第五节 "十五"计划——中国成为全球经济发展的重要
　　　　支撑和引擎 / 202
　一、以经济结构的战略性调整为主线 / 203
　二、编制"十五"计划：全民讨论、全社会参与 / 205
　三、"由于国际国内都存在一些不确定因素，计划的预期
　　　目标要留有余地" / 207
　四、中国成为全球经济发展的重要支撑和引擎 / 210

第三章　科学制定五年规划 / 213

第一节 "十一五"规划——全面落实科学发展观 / 214
　一、"十一五"规划编制的时代背景 / 215
　二、民主、科学编制"十一五"规划 / 216
　三、"十一五"规划的指导原则、发展目标 / 218
　四、超额完成"十一五"规划指标 / 220

第二节 "十二五"规划——科学发展的行动纲领 / 222
　一、中国仍处于大有可为的重要战略机遇期 / 223
　二、"十二五"规划制定的步骤与过程 / 224
　三、"十二五"规划的主要目标 / 226
　四、"十二五"时期取得重大成就 / 227

第三节 "十三五"规划——践行新发展理念,全面建成
　　　　小康社会 / 229
　一、适应新常态、把握新常态、引领新常态 / 230
　二、"发展理念搞对了，目标任务就好定了，政策举措也
　　　就跟着好定了" / 232
　三、中国人民的共同愿景 / 235
　四、"十三五"时期取得举世瞩目的成就 / 237

第四章　中国式规划图谱　/ 241

第一节　四梁八柱　/ 242
一、嵌入国家治理的规划制度　/ 242
二、规划编制和实施流程　/ 247
三、"一体两翼"的运行机制　/ 253

第二节　演变之路　/ 257
一、规划内容之演变　/ 257
二、规划编制之演变　/ 260
三、规划实施之演变　/ 263

第三节　历史经验　/ 266
一、从多个视角提升规划的科学性　/ 267
二、集思广益式的规划编制　/ 271
三、动员激励式的规划实施　/ 273

第五章　中国式规划走向未来　/ 277

第一节　挑战与应对　/ 278
一、规划内容方面　/ 278
二、规划编制方面　/ 281
三、规划实施方面　/ 283

第二节　走向未来的五年规划　/ 286
一、"十四五"规划：在新时代开启"第二个百年奋斗目标"　/ 286
二、中国式规划的世界意义与研究展望　/ 295

附　录　十三个五年规划的内容提纲演变　/ 301

参考文献　/ 323

后　记　/ 329

总　论　规划治理的逻辑

2019年10月，中国共产党第十九届中央委员会隆重召开第四次全体会议，审议通过《中共中央关于坚持和完善中国特色社会主义制度 推进国家治理体系和治理能力现代化若干重大问题的决定》（以下简称《决定》），对中国国家制度和国家治理体系上应该坚持和巩固什么、完善和发展什么这个重大问题作出了系统阐述。《决定》在第五部分提到要"健全以国家发展规划为战略导向，以财政政策和货币政策为主要手段，就业、产业、投资、消费、区域等政策协同发力的宏观调控制度体系。完善国家重大发展战略和中长期经济社会发展规划制度"[1]。这是中央在文件中首次提出规划制度的概念，并且是首次从国家治理体系、中国特色社会主义制度的高度阐述规划制度[2]，标志着规划在我国

---

[1]　《中共中央关于坚持和完善中国特色社会主义制度 推进国家治理体系和治理能力现代化若干重大问题的决定》，《人民日报》，2019年11月6日。
[2]　此前一般称为规划体系，如2018年11月18日《中共中央 国务院关于统一规划体系更好发挥国家发展规划战略导向作用的意见》提出，以规划引领经济社会发展，是党治国理政的重要方式。

经济社会发展中定位、作用、意义的进一步提升。

中国古语有云,"不谋万世者,不足谋一时;不谋全局者,不足谋一域"①。柏拉图也说过,一个国家具有智慧,是指它拥有"考虑整个国家大事,改进它对内对外关系"的治国知识,并应用这种知识对国家进行良好的谋划。② 古今中外,每个国家都会有这样那样的规划,我们身边也经常会听说五年规划、"十三五"规划、"十四五"规划……然而规划是什么? 为什么需要规划? 如何规划?③ 对于这三个基本问题,当我们扪心自问时,仍会感觉难以准确回答,这是因为规划本身就包含了许多复杂的概念④。本章主要围绕这三个基本问题讨论规划治理的逻辑。

第一节 国家治理与规划制度

一、从国家治理看国家发展

1. 国家发展的背后

从世界发展史来看,大部分国家追求的发展目标都是相似的。联合国《变革我们的世界:2030年可持续发展议程》中包含了17

---

① (清)陈澹然:《寤言二·迁都建藩议》。
② 〔古希腊〕柏拉图:《理想国》,郭斌和译,商务印书馆,2010年,第146页。
③ 本书中讨论的规划,是指国家层面的经济社会发展规划,不包括区域规划、行业规划、企业规划、个人规划等。
④ 本书首先对规划的几组概念进行界定。规划:既可以是动词,也可以是名词。动词属性的规划是指国家编制和实施规划的互动过程,即规划制度。名词属性的规划即规划文本,指国家编制的、描述国家未来某一阶段经济与社会发展目标和路径的书面方案。本书中的规划一般是指动词属性的规划。规划制度:指中华人民共和国成立以来长期坚持编制和实施规划(主要是五年规划)的制度。五年规划包括"一五"至"十五"计划,以及"十一五"至"十三五"规划,由于五年计划和五年规划在英文中皆翻译为 five-year plan,因此,本书中统一称为五年规划。规划治理:指国家通过规划制度实现治理目标的方式与过程。

项重要目标,"无贫穷,零饥饿,良好健康与福祉,优质教育,性别平等,清洁饮水和卫生设施,经济适用的清洁能源,体面工作和经济增长,产业、创新和基础设施,减少不平等,可持续城市和社区,负责任消费和生产,气候行动,保护水下生物,保护陆地生物,创建和平、正义与强大的机构,促进目标实现的伙伴关系"①,这基本成为各个国家的共识。我们需要研究的是,在实现这些发展目标的过程中,有的国家表现优异,有的国家却长期落后,其中的原因是什么呢?

以经济目标为例,第二次世界大战以后,发展中国家普遍将恢复经济作为第一要务,然而当我们对全部发展中国家的经济表现进行回顾时,发现不同国家的表现大相径庭。东亚经济可谓"一枝独秀",苏联和一些中东欧国家倡导的指令及控制型经济在20世纪90年代宣告失败,而有的市场经济国家在走向福利国家的过程中面临着严重的财政危机。为了探寻其中的原因,世界银行于2006年成立了由2位学者和19位经济体领导人组成的增长与发展委员会,研究1950年以来,在25年或更长时间内年均经济增长率达到或超过7%的全球13个经济体的增长原因、结果和内部动态变化。② 这13个经济体是博茨瓦纳、巴西、中国内地、中国香港、印度尼西亚、日本、韩国、马来西亚、马耳他、阿曼、新加坡、中国台湾和泰国,分布在亚洲、非洲、拉丁美洲、中东、欧洲。有的经济体自然资源丰富(如博茨瓦纳、巴西、印度尼西亚、马来西亚、阿曼和泰国),而有的经济体则资源匮乏;有的经济体人口在10亿人以上(中国内地),而有的经济体人口不足50万人(马耳他)。其中有6个经济体(中国香港、日本、韩国、马耳他、

---

① 联合国:《2020年世界经济形势与展望》,2020年,第Ⅷ页。
② 世界银行增长与发展委员会:《增长报告——可持续增长和包容性发展的战略》,孙芙蓉等译,中国金融出版社,2008年,第1—3页。

新加坡和中国台湾）持续增长并进入高收入行列，但也有经济体在追赶领跑者的道路上部分甚至完全丧失了增长动力，比如巴西。① 在对13个经济体进行深入分析后，世界银行归纳了它们的五个共同特征，包括：充分利用了国际经济；保持了宏观经济的稳定；积聚了很高的储蓄率和投资率；允许由市场来配置资源；拥有敢作敢为、值得信赖和精明强干的政府。② 世界银行还特别强调了政府的作用，因为这是满足其他四个特征的关键前提。事实上，世界银行早在1997年发布的《1997年世界发展报告：变革世界中的政府》中就已经提出，在建立法律制度、保护市场环境、保持宏观经济稳定、对外开放等许多方面，政府都发挥着十分关键的基础性作用。③

2. 一个重要视角：国家治理

从本质上来看，世界银行提到的政府作用就是我们通常所说的国家治理，换言之，国家治理是实现国家发展目标的关键因素，也是解释国家发展的重要视角。然而，这一观点并未引起各个国家的重视，许多国家依然固执地坚信新自由主义的观点，认为起决定性作用的是发达国家所采用的自由放任的市场经济体制，而并非国家治理，经济表现不佳的国家之所以表现不佳，是由于其政策和制度与发达国家不一致。这一观点明显违背了唯物主义观点，因为任何国家的政策和制度都必须适应本国国情，而不能完全照搬他国。此外，这一观点也无法解释中国长期高速增长的经济表现，因为中国的政策和制度与发达国家所谓的最优政策和制度并不一致。因此，时隔20年后，世界银行《2017年世界发展报

---

① 世界银行增长与发展委员会：《增长报告——可持续增长和包容性发展的战略》，孙芙蓉等译，第17页。
② 同上书，第18—19页。
③ 世界银行：《1997年世界发展报告：变革世界中的政府》，中国财政经济出版社，2017年，第1—12页。

告：治理与法律》再次重申了国家治理的重要性，"尽管发展组织强调大力重视研究国家需要什么样的政策和干预措施来产生更好的结果，发展组织不太重视研究为什么在有些环境中取得成功的方法在其他环境中却未能产生积极的成果，这其中的原因在于治理不善"①。换言之，我们不仅需要关注什么是好的政策和制度，还要关注为什么好的政策和制度不能在各个国家产生相同预期的结果。我们认为，这其中的原因就在于国家治理的差异。

那么，什么是国家治理呢？2013年11月12日，习近平在党的十八届三中全会第二次全体会议上从国家治理体系和治理能力两个层面对国家治理进行了科学定义，"国家治理体系是在党领导下管理国家的制度体系，包括经济、政治、文化、社会、生态文明和党的建设等各领域体制机制、法律法规安排，也就是一整套紧密相连、相互协调的国家制度；国家治理能力则是运用国家制度管理社会各方面事务的能力，包括改革发展稳定、内政外交国防、治党治国治军等各个方面。国家治理体系和治理能力是一个有机整体，相辅相成，有了好的国家治理体系才能提高治理能力，提高国家治理能力才能充分发挥国家治理体系的效能"②。与此相似，世界银行对国家治理（governance）的定义是：国家和非国家行动者在既定的一套塑造权力反过来又被权力塑造的规范和不规范的框架体系中进行互动，并在互动中制定和实施政策的过程。③由此可见，国家治理包括两个层面的内涵，一是建立一套制度，二是推动公共部门和私人部门在互动中执行制度的能力。因此，国家治理是治理制度和治理能力的统称。

---

① 世界银行：《2017年世界发展报告：治理与法律》，胡光宇等译，清华大学出版社，2018年，第2页。
② 习近平：《切实把思想统一到党的十八届三中全会精神上来》，《人民日报》，2014年1月1日。
③ 世界银行：《2017年世界发展报告：治理与法律》，胡光宇等译，第3页。

二、寻找中国奇迹背后的典型国家治理制度

1. 回答"张五常之问"

著名经济学家张五常在《中国的经济制度》(神州大地增订版)一书中提出了一个著名的问题:"我可以在一个星期内写一本厚厚的批评中国的书。然而,在有那么多的不利的困境下,中国的高速增长持续了那么久,历史上从来没有出现过。中国一定是做了非常对的事才产生了我们见到的经济奇迹。那是什么呢?这才是真正的问题。"① 确实如此,从1949年至今,中国从一个一穷二白的国家跃升为世界第二大经济体,用几十年时间走完了发达国家几百年走过的工业化进程,这是世界经济史上未曾有过的奇迹。即使在2008年全球金融危机之后,中国的表现依然让世界惊叹,几乎任何机构的研究者都认为中国将在2030年前的某个时刻成为高收入国家,并在经济规模上超过美国,成为世界第一大经济体。② 从人均国内生产总值增长来看也是如此,无论是纵向比较,还是横向比较,中国人均国内生产总值在中华人民共和国成立以后的增长都是难得的奇迹(见图0-1、表0-1)。

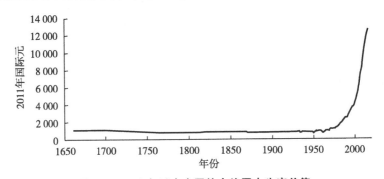

图0-1 1650年以来中国的人均国内生产总值

资料来源:Maddison Project Database 2018。

---

① 张五常:《中国的经济制度》(神州大地增订版),中信出版社,2009年,第1页。
② 世界银行、国务院发展研究中心联合课题组:《2030年的中国:建设现代、和谐、有创造力的高收入社会》,中国财政经济出版社,2013年,第3页。

表0-1 1965—2015年世界五个地区及中国的人均国内生产总值增长

	2015年人均国内生产总值（2011年国际元）	人均国内生产总值增长率（%）		
		1965—2015年	1965—1990年	1991—2015年
非洲（撒哈拉以南）	3 488	0.7	0.2	1.1
南亚	5 320	3.0	1.8	4.3
东亚及太平洋地区	15 147	3.5	3.7	3.2
拉丁美洲及加勒比海地区	14 638	1.7	1.8	1.5
经济合作与发展组织成员	38 005	2.1	2.8	1.3
中国	13 572	7.5	5.9	9.1

资料来源：世界发展指数（World Development Index, WDI）。

除了经济上的奇迹，另一个奇迹是中国社会的长期稳定，中国长期保持社会和谐稳定、人民安居乐业，是国际社会公认的最有安全感的国家之一。此外，用人类发展指数（Human Development Index, HDI)[①]来衡量，中国从1990年人类发展低水平的国家进步为高水平的国家只用了不到30年的时间，这样的快速进步令世界赞叹。[②] 这些中国奇迹背后的原因是什么呢？

从纷繁复杂的现有研究来看，有一种观点从国家能力的视角对中国奇迹作出了解释，认为奇迹背后的原因是中国具有强大的国家能力（包括执政党的领导能力、国家的征税能力、资源动员能力、政策执行力等）。这一观点得到许多学者的认同，在改革开放以前，中国通过强大的国家能力，集中力量办大事，在极度困

---

① 人类发展指数是以健康长寿、良好的教育和较高的生活水平为基础的综合指数，旨在说明一个国家发展的最终标准是人和人的能力，而不仅仅是经济增长。
② 联合国发展计划署等：《中国人类发展报告特别版——历史转型中的中国人类发展40年：迈向可持续未来》，中译出版社，2019年，第11页。

难的条件下建立了独立的、比较完整的工业体系和国民经济体系，为后来的经济和社会快速发展打下了重要基础。改革开放后，中国通过强大的国家能力深化各领域改革，推进对外开放，并为企业和人民提供了稳定的政治秩序、和平环境、市场环境、国际环境，保障了40多年经济的高速增长、社会的快速发展、人民生活水平的日益提升。然而，有学者提出，以国家能力作为唯一指标的观点是片面的，因为中国在计划经济时期国家能力空前，但国民经济和社会发展依然在某一段时间内遭受重大挫折。因此，国家能力发挥作用的前提是国家要把事做对，这需要有一套激励性的国家治理制度来保障。① 因此，比国家能力更为关键的是国家治理制度。

中国的国家治理制度有什么特征呢？习近平指出，中国的国家治理制度是马克思主义基本原理同中国具体实际相结合的产物，是以马克思主义为指导、植根中国大地、具有深厚中华文化根基的治理体系。该制度不仅不排斥任何有利于中国发展进步的他国国家治理经验，而且还随着实践与时俱进、不断发展完善，因此是一套兼具科学性、独特性、继承性、开放性、适应性、激励性的国家治理体系。② 有学者认为中国国家治理制度表现出"变"与"不变"两个鲜明特点。其"不变"者如国家权力的至高位置不变，国家的基本治理框架和制度属性不变。其"变"者如非正式制度、具体情境下的表现方式是适应性调节变化的。③ 还有学者将

---

① 周黎安：《经济学的制度范式与中国经验》，经济管理网，2020年5月29日，http://ft.newdu.com/economics/institution/202005/308564.html（访问时间：2020年8月20日）。

② 习近平：《坚持和完善中国特色社会主义制度推进国家治理体系和治理能力现代化》，《求是》，2020年第1期，第4—13页。

③ 周雪光：《中国国家治理的制度逻辑——一个组织学研究》，生活·读书·新知三联书店，2017年，第44页。

中国国家治理制度的特点概括为"避免强制性约束的实用主义决策、上下反复的决策、实事求是而不是本本主义、执行过程中的创造性、实施过程中的务实灵活",这与中国传统哲学中提倡的智慧(如《易经》《中庸》里的辩证和变化智慧)一脉相承,还源于毛泽东等老一辈革命家在游击战和革命动员中形成的经验,比如通过推崇灵活性甚于稳定性,以保证在变幻莫测的革命战争环境中夺取最大的胜利。这些经验在"社会主义建设"和"四个现代化""改革开放""社会主义市场经济体制建设"等过程中进一步发展演化成一系列灵活有效的治理方式①,并延续至今。正如习近平在论述国家治理水平时强调,"该管起来就能够迅速地管起来,该放开又能够有序地放开,收放自如,进退裕如,这是一种能力,也是一个国家治理水平的表现"②。

由此可见,中国的国家治理制度有许多鲜明的特点,那么如何刻画中国的国家治理制度呢?经典的政治学、经济学研究往往偏好于国家治理的二分法,认为非"民主"即"专制",非"计划经济体制"即"市场经济体制",这样的二分法未免过于简单粗暴,也严重忽视了中国国家治理的独特性,很容易陷入"一叶障目不见泰山"的错误之中。事实上,中国国家治理制度是由多个子制度构成的一套严密完整的科学体系,更好的研究方法是将之分解为一系列的子制度,通过深入分析一些典型性、独特性子制度的逻辑,进而归纳、集成为国家治理制度的总体研究。③ 为此,我们需要寻找那些能体现中国国家治理典型性的子制度,通过以点到面的方式刻画中国国家治理。

---

① 〔德〕韩博天:《红天鹅——中国独特的治理和制度创新》,石磊译,中信出版社,2018年,第24—30页。
② 习近平2020年3月31日在杭州城市大脑运营指挥中心的讲话。
③ 〔德〕韩博天:《红天鹅——中国独特的治理和制度创新》,石磊译,第1—3页。

2. 规划先行：中国的典型国家治理制度

回顾中国 70 年的发展历程，我们发现一项典型的国家治理子制度是规划制度，即国家通过编制规划和实施规划来实现治理目标①，也被称为"规划先行"。2018 年 11 月《中共中央 国务院关于统一规划体系更好发挥国家发展规划战略导向作用的意见》指出，以规划引领经济社会发展，是党治国理政的重要方式，是中国特色社会主义发展模式的重要体现。中国的规划制度是以国家发展规划为统领，以空间规划为基础，以专项规划、区域规划为支撑，由国家、省、市县各级规划共同组成，定位准确、边界清晰、功能互补、统一衔接的国家规划体系。其中，国家发展规划，也就是通常所说的五年规划②，居于规划体系最上位，是其他各级各类规划的总遵循。中华人民共和国成立以来，除 1949—1952 年的国民经济恢复时期和 1963—1965 年的国民经济调整时期，中国一直坚持通过五年规划对经济发展作出中长期谋划和安排，截至 2020 年已经编制和实施了十三个五年规划。在五年规划之下，中国还编制和实施了各类专项规划、行业规划、区域规划以支持各个重大战略，如服务于脱贫攻坚的《全国"十三五"易地扶贫搬

---

① 李兰冰、刘秉镰：《"十四五"时期中国区域经济发展的重大问题展望》，《管理世界》，2020 年第 5 期，第 36—51 页。

② 需要说明的是，中华人民共和国成立以来的五年规划名称并不统一，按照时间顺序分别是中华人民共和国发展国民经济的第一个五年计划、中国共产党第八次全国代表大会关于发展国民经济的第二个五年计划的建议、关于第三个五年计划安排情况的汇报提纲、第四个五年国民经济计划纲要（修正草案）、1976—1985 年发展国民经济十年规划纲要（修订案）前五年阶段、中华人民共和国国民经济和社会发展第六个五年计划、中华人民共和国国民经济和社会发展第七个五年计划、中华人民共和国国民经济和社会发展十年规划和第八个五年计划纲要、中华人民共和国国民经济和社会发展"九五"计划和 2010 年远景目标纲要、中华人民共和国国民经济和社会发展第十个五年计划纲要、中华人民共和国国民经济和社会发展第十一个五年规划纲要、中华人民共和国国民经济和社会发展第十二个五年规划纲要、中华人民共和国国民经济和社会发展第十三个五年规划纲要，本书将它们统称为五年规划。

迁规划》，支持区域发展的《粤港澳大湾区发展规划纲要》以及各类城市规划，支持行业发展的《大数据产业发展规划（2016—2020年）》，等等。甚至可以说，规划覆盖和贯穿了中华人民共和国70年伟大历程的各个领域。

长期以来，西方研究中国政治经济问题时一直将"规划"作为一个盲点，因为"规划"与"计划"在英文中都是"plan"，许多学者一直把规划看成计划经济体制中的"计划"手段，而将"取消计划"和"从计划到市场的转型"视为中国体制改革的基本途径，因此他们在解释中国经济增长现象时，几乎不提及规划的作用，甚至认为中国的规划既无力应对复杂多变的经济发展状况，对经济增长也没有实质影响，不过是一种表面功夫，所谓"规划规划，墙上挂挂"。事实上，中国从第一个五年规划开始的规划治理，就不是"计划经济"中僵硬的"计划"手段，而是一种预期性公共政策协调机制，其要求政策制定者只提出宽泛的规划目标，并为基层和市场提供合法性和回旋的余地，基层在层级制度下可以反复试验，市场在规划框架下可以自由发展，是一种非常灵活、富有创新的治理方式。[①] 由于中国规划制度的时间跨度长、涉及范围广，因此从某种意义上来说，通过规划制度进行治理已经成为中国国家治理的核心机制。[②]

三、中国特色的五年规划制度

1. 历史镜头下的五年规划

毛泽东在1955年曾经说过："人类的发展有了几十万年，在中国这个地方，直到现在方才取得了按照计划发展自己的经济和

[①] 韩博天、奥利佛·麦尔敦、石磊：《规划：中国政策过程的核心机制》，《开放时代》，2013年第6期，第8—31页。

[②] 〔德〕韩博天：《红天鹅——中国独特的治理和制度创新》，石磊译，第131页。

文化的条件。自从取得了这个条件，我国的面目就将一年一年地起变化。每一个五年将有一个较大的变化，积几个五年将有一个更大的变化。"① 五年规划制度是指国家对特定五年期间经济社会发展制定计划并推动实施的制度，也是中国长期坚持的国家治理制度。2005年，《国务院关于加强国民经济和社会发展规划编制工作的若干意见》将五年规划定位为"国家加强和改善宏观调控的重要手段，政府履行经济调节、市场监管、社会管理和公共服务职责的重要依据"。2018年，《中共中央 国务院关于统一规划体系更好发挥国家发展规划战略导向作用的意见》将五年规划定位为"社会主义现代化战略在规划时期内的阶段性部署和安排，主要是阐明国家战略的意图，明确政府工作重点，引导规划市场主体行为，是经济社会发展的宏伟蓝图，是全国各族人民共同发展的纲领，是政府履行经济调节、市场监管、社会管理、公共服务、生态环境保护职能的重要依据"。

作为国家治理的重要方式，五年规划制度建立了党委领导、人大批准、政府编制实施的工作机制。党中央首先提出对国民经济和社会发展五年规划的建议，并决策和统筹各类重要事项。全国人民代表大会审查批准五年规划，并依法监督规划实施情况。国务院编制实施五年规划，并按照优化协同高效的要求强化对其他各类规划的管理。这一机制已经不断制度化，并上升为法律性文件②，充分保障了五年规划制度的权威性、规范性、连续性和稳定性。③

---

① 中共中央文献研究室编：《建国以来毛泽东文稿》（第五册），中央文献出版社，1991年，第503页。
② 《中华人民共和国宪法》第六十二条第十一款规定，全国人民代表大会行使"审查和批准国民经济和社会发展计划和计划执行情况的报告"的职权；第八十九条第五款规定，国务院负责行使"编制和执行国民经济和社会发展计划和国家预算"的职权。
③ 联合国发展计划署等：《中国人类发展报告特别版——历史转型中的中国人类发展40年：迈向可持续未来》，第66—67页。

截至 2020 年，中国共编制和实施了十三个五年规划（详见表 0-2），按照规划的演变过程可以划分为三个时期：

一是五年规划的探索发展时期，包括"一五"到"五五"的五个五年规划。中华人民共和国成立之初，中国借鉴苏联的计划经济模式开始编制五年规划，旨在学习苏联 20 世纪 20 年代末开始实施的工农业五年计划，实现国民经济的快速发展和赶超。[①] 这个时期的五年规划中心任务是推进社会主义工业化建设和实现"四个现代化"，主要通过指令性计划优先发展重工业，建立独立完整的工业体系与国民经济体系。但由于经验不足，这个时期的五年规划总体是在探索中发展的，尤其是第二到第五个五年规划的编制和实施过程走了许多弯路，但也积累了许多宝贵的经验。

二是五年规划的改革发展时期，包括"六五"到"十五"的五个五年规划。这 25 年开启了中国改革开放事业和中国特色社会主义现代化建设的征程，推进了从计划经济体制向社会主义市场经济体制的改革和转型，提前实现了国民生产总值到 20 世纪末比 1980 年"翻两番"的经济目标。这个时期的五年规划制度不断走向成熟、规范和完善，从指令性计划逐步转变为兼具约束性、预期性、指导性的计划，充分发挥了服务国家战略目标、引导市场资源配置、指导政府宏观管理的重要作用。此外，这个时期的五年规划还将经济发展和社会发展等各个方面同时纳入范畴，规划内容更为全面系统。

三是五年规划的科学发展时期，包括"十一五"至今的五年规划。从 2006 年开始，为了进一步明确五年规划的本质是确定经济社会发展方向、描绘总体发展蓝图、确定政府未来工作重点、引导

---

① 杨永恒、陈升：《现代治理视角下的发展规划——理论、实践和前瞻》，清华大学出版社，2019 年，第 78—79 页。

市场主体行为的纲领性文件,避免对五年规划的误解,"五年计划"更名为"五年规划"。这一时期是中国全面建设和建成小康社会的关键时期,也是我国经济走向科学发展、可持续发展、高质量发展的关键时期。五年规划在科学发展观和习近平新时代中国特色社会主义思想的指导下,注重以约束性指标促进政府职能转变,以预期性指标激发市场活力,进一步强化公共服务、社会治理、资源环境等方面的目标和指标,同时在编制与批准流程方面更为科学,成为战略性、纲领性、综合性、指导性的科学发展规划。[①]

表0-2 中国十三个五年规划概览

时间（年）	规划全称	规划简称	编制与批准流程	中心任务
1953—1957	中华人民共和国发展国民经济的第一个五年计划	一五计划（国家计划）	1952年1月政务院启动编制,1955年3月党的全国代表会议通过,1955年7月全国人大批准	以苏联帮助我国设计的"156项工程"为中心,集中力量开展工业建设以及农业、手工业、私营工商业社会主义改造
1958—1962	中国共产党第八次全国代表大会关于发展国民经济的第二个五年计划的建议	二五计划（党的建议）	1955年8月国务院启动编制,1956年党的八大通过党的建议,1957年8月国务院完成计划初稿但被搁置	以冶金和机械工业为重点,在若干重要产品和产量方面"超英赶美"
1966—1970	关于第三个五年计划安排情况的汇报提纲	三五计划（汇报提纲）	1963年年初国务院启动编制,1965年9月党中央工作会议批准	积极备战备荒,把国防建设放在第一位,做好"三线"建设,重工业为主,吃穿用兼顾

---

① 中国社会科学院经济研究所课题组:《"五年规划"的历史经验与"十四五"规划的指导思想研究》,《经济学动态》,2020年第4期,第3—14页。

（续表）

时间（年）	规划全称	规划简称	编制与批准流程	中心任务
1971—1975	第四个五年国民经济计划纲要（修正草案）	四五计划（计划纲要）	1970年年初国务院启动编制，1973年7月党中央工作会议提出修改建议，未最后批准	继续备战和"三线"建设，以军工发展带动整个国家工业化
1976—1980	1976—1985年发展国民经济十年规划纲要（修订案）前五年阶段	五五计划（十年计划纲要前五年阶段）	1974年8月国务院启动编制，党中央全会通过后1975年12月试行，1979年全国人大批准	提升石油产量，新建和续建120个大型项目，建立比较完善的工业体系和国民经济体系
1980—1985	中华人民共和国国民经济和社会发展第六个五年计划	六五计划（经济社会计划）	1980年国务院启动编制，党中央政治局扩大会议提出修改建议，1982年12月全国人大批准	继续调整国民经济，推进农村家庭联产承包责任制，扩大城市经营自主权
1986—1990	中华人民共和国国民经济和社会发展第七个五年计划	七五计划（经济社会计划）	1984年9月国务院启动编制，1985年9月党中央全会通过党的建议，1986年3月全国人大批准	坚持把改革放在首位，保持总需求和总供给基本平衡，把提高经济效益放在突出位置，适应需求结构的变化和国民经济的现代化需求，调整产业结构
1991—1995	中华人民共和国国民经济和社会发展十年规划和第八个五年计划纲要	八五计划（纲要）	1990年年初国务院启动编制，1990年年底党中央全会通过党的建议，1991年4月全国人大批准纲要，1993年进行了计划调整	建设有中国特色的社会主义道路，推进改革开放，保持国民经济持续稳定协调发展

(续表)

时间（年）	规划全称	规划简称	编制与批准流程	中心任务
1996—2000	中华人民共和国国民经济和社会发展"九五"计划和2010年远景目标纲要	九五计划（纲要）	1993年3月国务院启动编制，1995年9月党中央全会通过党的建议，1996年3月全国人大批准纲要	保持国民经济持续快速健康发展，推进经济增长方式转变，实现经济结构战略性调整。实现人均国民生产总值比1980年翻两番；基本消除贫困现象，人民生活达到小康水平；初步建立社会主义市场经济体制
2001—2005	中华人民共和国国民经济和社会发展第十个五年计划纲要	十五计划（纲要）	1999年6月国务院启动编制，2000年10月党中央全会通过党的建议，2001年3月全国人大批准纲要	坚持把发展作为主题，把结构调整作为主线，把改革开放和科技进步作为动力，把提高人民生活水平作为根本出发点，坚持经济和社会协调发展
2006—2010	中华人民共和国国民经济和社会发展第十一个五年规划纲要	十一五规划（纲要）	2003年7月国务院启动编制和十五规划中期评估，2005年10月党中央全会通过党的建议，2006年3月全国人大批准纲要	立足扩大国内需求、立足优化产业结构、立足节约资源和保护环境、立足增强自主创新能力、立足深化改革开放、立足以人为本
2011—2015	中华人民共和国国民经济和社会发展第十二个五年规划纲要	十二五规划（纲要）	2008年3月国务院启动编制和十一五规划中期评估，2010年10月党中央全会通过党的建议，2011年3月全国人大批准纲要	以科学发展为主题，以加快转变经济发展方式为主线，扩大内需

(续表)

时间（年）	规划全称	规划简称	编制与批准流程	中心任务
2016—2020	中华人民共和国国民经济和社会发展第十三个五年规划纲要	十三五规划（纲要）	2013年4月国务院启动编制和十二五规划中期评估，2015年10月党中央全会通过党的建议，2016年3月全国人大批准纲要	全面建成小康社会，坚持创新、协调、绿色、开放、共享的五大新发展理念，以供给侧结构性改革为主线，加快形成引领经济发展新常态的体制机制和发展方式

资料来源：根据公开资料整理。

2. 理解五年规划的核心机制

如何理解中国的五年规划制度呢？回顾十三个五年规划的历程，我们发现，虽然五年规划制度在不断演变、发展和完善，但其核心机制是一以贯之的，我们将其归纳为"适应性宏观计划+激励性目标治理"（见图0-2），这也是中国国家治理的典型特征和核心优势。

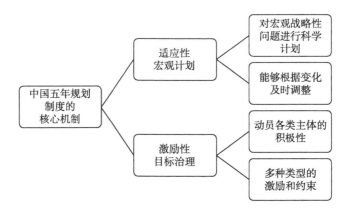

图 0-2 中国五年规划制度的核心机制

适应性宏观计划是指，五年规划的编制既是对不同发展阶段的宏观战略性问题进行长期性、延续性的科学计划，也能适应国家各个时期的需要，对目标、内容和任务进行不断调整。虽然早期的五年规划走过一些弯路,但依然可以看出那时的五年规划不是面面俱到的、全面技术性计划,而是主次有别的行动计划框架。改革开放后,五年规划从最初的指令性计划,发展为指导性规划,再到预期性发展规划,从单一的经济计划,发展为经济社会发展计划,再到"五位一体"建设总布局的发展规划,更为注重宏观战略层面的规划。有学者将其十分形象地概括为:总体规划"森林",让"树木"自由成长。[1]

此外,五年规划不是僵化的五年一度的一次性工作,早在改革开放前就已经是中央和地方在每个年度不断研究、协商、试验、评估、调整年度计划,自上而下和自下而上双向发力的循环过程。改革开放后,五年规划的适应性更为明显,比如将试点方案加入宏观规划中,引入中期规划评估以及中央定期派出巡视组,这些做法让中国避免了规划一旦出台就无法调整的困境。在三次经济调整期间(1993—1995年,1997—1999年,2008—2010年),面对艰巨的宏观经济挑战,规划工作显示出了它的适应性,当经济危机的应对措施与长期目标发生冲突的时候,规划可以"暂时牺牲长期目标",而经济复苏一旦在望,又会重新回到既定的长期目标上。这一点体现在2008—2009年世界经济衰退期间,当时中国制定规划的官员调动了所有可利用的资源应对危机,在经济形势重新稳定下来之后,他们又同样坚决地回到五年规划的长期目标上。[2]

激励性目标治理是指,五年规划的实施不仅仅是政府的事情,而是将各个层级不同领域的政策主体相互连接成为一个庞大的网

---

[1] 胡鞍钢、鄢一龙、吕捷:《中国发展奇迹的重要手段——以五年计划转型为例(从"六五"到"十一五")》,《清华大学学报(哲学社会科学版)》,2011年第1期,第43—52页。

[2] 〔德〕韩博天:《红天鹅——中国独特的治理和制度创新》,石磊译,第124页。

络，引导或激励各类经济主体的活动，塑造或制约各级政府的行为。虽然中国早期的五年规划制度学习了苏联的经验，但并非照搬苏联的制度，甚至从严格意义上来看，"一五"到"五五"时期的中国并不是"标准"或百分之百的计划经济体制，更不是高度控制的"苏联式"的计划经济体制，而是总体上实行了一种"大计划、小自由"（也称"大计划、小市场"）的体制，是"有计划、无控制"的类型。比如对工业生产以及物资调配并没有实行全面的中央计划控制，只是控制关键性的产品与物资，对农业计划控制是间接的。尤其是经过几次计划管理权的下放，中央政府计划管理的实际范围大大缩小。到改革开放之初，中国已经是一个计划控制相对较松、计划管理体制相当分权的制度体系。[①]

改革开放后，在"不管白猫黑猫，抓住老鼠就是好猫"理念的影响下，五年规划的实施更注重调动所有政府和市场主体的积极性，其实施主体从政府主导，到同时发挥政府和市场二者的积极性，再转变为发挥市场在资源配置中的决定性作用和更好发挥政府作用。[②] 在提供公共产品的政策领域主要仍是依靠指令性计划，比如修建铁路、扶贫、土地使用管理、环境保护等，通过政府直接投资以及行政监督，同时依靠党的干部考核和激励制度来实现。[③] 比如有学者以2000—2014年非金融类上市公司为研究样本，发现整体环保补贴与排污费用征收均呈现显著的五年规划周期性规律，且当官员任期考核在五年规划目标考核之前时，其对

[①] 胡鞍钢、鄢一龙、吕捷：《中国发展奇迹的重要手段——以五年计划转型为例（从"六五"到"十一五"）》，《清华大学学报（哲学社会科学版）》，2011年第1期，第43—52页。

[②] 胡鞍钢：《从五年规划看中国制度建设》，《人民日报》，2016年5月6日。

[③] 韩博天、奥利佛·麦尔敦、石磊：《规划：中国政策过程的核心机制》，《开放时代》，2013年第6期，第8—31页。

环境治理的作用更强。①

同时,规划实施也越来越多地采用各种形式的签约式的治理方式,以确保和激励下一级部门实施上级部门制定的政策,但是对具体的执行方式不做明确要求,以保证下一级部门有足够的创新和自主空间。签约一般在中央部委和省政府之间,或省政府和驻地的大型企业之间进行,多见于公路建设、建立高新区、能源生产、医院改革和市场改革(比如农产品市场和文化市场)。在这些政策领域,中央政府往往需要依靠地方政府合作以及自下而上的建议,甚至市场主体的参与。除了指令性和契约式的规划,还有大量的指导性规划,这些规划主要提供政府所做的经济预期(比如对某一产业增长的估计),向市场发出信号(比如关于逐步削减农业税或对国企的优惠政策),以及引进间接的激励机制(比如改善银行借贷和国内、国际市场准入等),以达到刺激市场行为和引导资源配置的目的,特别是针对政府希望发展或认为有发展潜力的产业。②

从某种意义上来看,五年规划对中国行政功能的整合也有重要的作用。政策议程的设置,以及新的工作重心的确定,有利于各级政府之间的沟通和协调。因此,制定五年规划的过程实际上为中央政府提供了一次凝聚共识的机会,地方政府需要学习领会国家政策,并花大量的时间编写和论证地方发展政策,而且这些地方政策必须符合国家政策。③

正是因为中国的五年规划兼具适应性宏观计划和激励性目标

---

① 王红建、汤泰劼、宋献中:《谁驱动了企业环境治理:官员任期考核还是五年规划目标考核》,《财贸经济》,2017年第11期,第147—160页。
② 韩博天、奥利佛·麦尔敦、石磊:《规划:中国政策过程的核心机制》,《开放时代》,2013年第6期,第8—31页。
③ 〔德〕韩博天:《红天鹅——中国独特的治理和制度创新》,石磊译,第126页。

治理的特征，其对规划制定者的要求之高让许多国家望而却步。许多社会主义和非社会主义国家正是因为无法适应性调整而逐渐放弃。从20世纪80年代开始，大多数国家减少了发展规划的制定，唯有中国一直在锲而不舍地坚持五年规划制度，并且时至今日，五年规划制度依然在不断完善之中。党的十七大提出要"完善国家规划体系"。党的十八届三中全会提出，"政府要加强发展战略、规划、政策、标准等制定和实施"，中央政府要"健全以国家发展战略和规划为导向、以财政政策和货币政策为主要手段的宏观调控体系"。党的十九大提出"发挥国家发展规划的战略导向作用"。党的十九届四中全会提出"完善国家重大发展战略和中长期经济社会发展规划制度"。正因如此，有学者评价说，中国建立了我们这个时代最具魄力的规划体制。①

四、世界规划兴衰简史

从世界发展史来看，规划制度并非中国所独有。最早的国家层面规划的雏形出现在第一次世界大战期间，主要服务于各个国家在战争期间迅速管理和配置非常稀缺的战略物资资源，比如德国当时成立了一系列战时机构，管理全国300多种原材料，统筹规划和管理全国的生产、消费需求。20世纪20年代，斯大林领导苏联在探索社会主义经济发展问题时明确提出："社会主义是按计划进行的"，其后在1929年4月举行的联共（布）第十六次代表大会上制定并通过了1928—1932年国民经济计划，标志着五年规划制度在全世界的诞生。苏联通过两个五年规划就初步建立了独立的、比较完整的国民经济体系，实现了以重工业为中心的工业化，工业总产值迅速跃升至欧洲第一、世界第二。由于规划在苏联的

---

① 〔德〕韩博天：《红天鹅——中国独特的治理和制度创新》，石磊译，第115页。

成功实践，20世纪30年代后，世界上出现了席卷全球的计划化浪潮，占世界总人口1/3的国家采用了计划经济体制，它们中大部分模仿了苏联的五年规划制度。受经济大萧条和凯恩斯主义的影响，美国于1934年成立了国家规划委员会，在美国很多经济衰退的地区制定规划并取得了成效，其经验逐步扩展到州和联邦，推动了联邦计划项目预算制的实施。

第二次世界大战后，大部分国家面临物资和资源的紧缺，许多战后的市场经济体制国家探索性地引入中央计划体系，政府对经济进行干预，以更加理性地管理资本和市场。比如法国和日本引入了宏观经济规划，法国成立了国家计划委员会，日本成立了经济企划厅，但法国和日本声称自己的经济规划是指导性规划，与苏联的指令性计划不同。随后，荷兰、挪威、比利时、英国、意大利和丹麦等国也纷纷效仿，所有这些国家都声明自己是在尝试指导性规划，而不是社会主义经济制度的指令性计划。当然，这些国家的指导性规划在实施过程中也会受到自由主义市场经济思想的挑战。① 此外，大部分非洲国家从殖民统治下解放出来以后都选择了发展规划制度，这一时期在世界各个国家勃兴的规划制度被世界银行称为一项改变世界经济版图的伟大人类试验。

虽然这一时期的规划制度普遍取得了明显成效，但从20世纪60年代开始，规划制度开始出现危机，主要原因是"委托代理问题"以及"计划赶不上变化"。传统的宏观经济规划概而言之是中央计划地方、今天计划明天，中央用行政命令指导地方经济社会发展，地方没有积极性；此外，客观现实总是充满未知的，规划经常出现不符合实际或不能适应发展趋势的情况，且不能及时调整。尤其是20世纪70年代，非洲的发展规划总体上宣告失败，世

---

① 杨永恒、陈升：《现代治理视角下的发展规划——理论、实践和前瞻》，第9页。

界逐渐出现了去计划化的浪潮。随后苏联和东欧开始了规划制度的改革，主要是以"滚动"年度计划的方式增强规划的灵活性。然而20世纪90年代，随着苏联解体、东欧剧变，社会主义国家开始从计划经济向市场经济转型，在此过程中，大部分国家都抛弃了计划体制，并且是"倒洗澡水时把孩子一起倒掉"式地抛弃了规划制度，只有少数几个国家保留了下来。几乎与此同时，在全球新自由主义思潮的影响下，实行间接计划、指导性规划的欧洲和东亚资本主义国家（地区）也逐步取消了发展规划。[①] 于是，世界银行在《1996年世界发展报告：从计划到市场》中对规划作出了总结评价，"这种制度远不像表面上看起来那么稳定，其原因是计划方式内在的低效率是无处不在的"，而且"随着时间的推移，计划方式的深层次低效率日益凸显出来"[②]。

2008年全球经济危机以后，规划制度在许多国家又迎来了新的兴起，这主要是由于中国长期坚持规划制度带来了积极的示范效应。中国经济在2008年全球经济危机中表现出巨大的韧性和弹性，使得许多发展中国家在学习中国经验时重新认识到规划的重要作用，并模仿中国经验制定中长期发展规划，波兰、埃塞俄比亚、贝宁、乌干达、坦桑尼亚等国家还邀请中国的相关机构帮助它们开展中长期发展规划的编制咨询工作。

虽然规划在世界范围内有兴衰，但是许多国家（地区）尤其是发展中国家（地区）都长期实行规划制度（见图0-3），推动了经济的快速增长。我们选取几个典型的国家（地区）来介绍。

---

① 鄢一龙、吕捷、胡鞍钢：《整体知识与公共事务治理：理解市场经济条件下的五年规划》，《管理世界》，2014年第12期，第70—78页。

② 世界银行：《1996年世界发展报告：从计划到市场》，中国财政经济出版社，1996年，第1—2页。

	1928–1930	1931–1940	1941–1950	1951–1960	1961–1970	1971–1980	1981–1990	1991–2000	2000–2010	2011–2020
日本				自立	新长期	收入倍增	中期	新经济	经济	前期	七年	五年	五年	结构改革			
韩国					一五	二五	三五	四五	五五	六五	七五			
法国			一期	二期	三期	四期	五期	六期	七期	八期 临时	九期	十期	十一期		
印度				一五	二五	三五	四五	五五	六五	七五	八五	九五	十五	十一五	十二五	十三五
中国台湾				一四	三四	四四	五四	六四	七四	八四	九四	十四			
苏联	一五	二五	四五	五五 六五	七五 八五	九五 十五	十一五 十二五				
中国大陆				一五	二五	三五 四五	五五 六五	七五 八五	九五	十五	十一五	十二五	十三五
年份	1928–1930	1931–1940	1941–1950	1951–1960	1961–1970	1971–1980	1981–1990	1991–2000	2000–2010	2011–2020

图0-3 20世纪以来部分国家（地区）制定的中长期发展规划起止时间

资料来源：根据相关历史资料整理。

1. 苏联

苏联是世界上最早制定和实施五年规划的国家，从 1928 年到 1990 年共实施了十二个五年规划。1927 年 12 月，联共（布）第十五次代表大会通过了关于制定国民经济的五年规划的指示，1929 年 4 月召开的联共（布）第十六次代表大会和同年 5 月召开的苏维埃第五次代表大会批准了第一个五年规划。在五年规划的指导下，苏联用短短 20 年的时间，跑完了发达资本主义几个世纪的道路，比较成功地实现了社会主义工业化，这被许多发展中国家视为通往工业化道路的灵丹妙药。① 但随后，苏联经济增长速度降低了：20 世纪 60 年代经济平均年度增长率为 7%，70 年代为 5%，80 年代只有 2%，而在 1990 年经济增长萎缩了。在 1991 年年底苏联解体前，已存在 70 年的苏联国家计委于当年 4 月被撤销，宣告了五年规划制度在苏联的终结。

2. 中国台湾

中国台湾从 1953 年到 1993 年制定和实施了十个四年规划。1953—1964 年，台湾实施了三期"四年经济建设计划"，帮助台湾经济摆脱了贫困，同时使其走上出口导向的发展道路。在此之后，台湾又连续实施了五期"四年经济建设计划"，其中包括"十大建设计划"，分别是中山高速公路（也称南北高速公路）、西部纵贯铁路电气化、北回铁路、台中港第一期工程、苏澳港第一期工程、桃园国际机场、高雄炼钢厂、高雄造船厂、石油化学工业、核能发电厂，总投资达 2 580 亿元新台币（约 60 亿美元），奠定了台湾经济发展的重要基础，形成了重工业与轻工业配套的比较完整的工业体系。台湾的发展规划总体上是成功的，在推动台湾经济起

---

① 叶墨林：《苏联历次实行"五年计划"的结果如何？》，《人民日报》，1949 年 4 月 6 日。

飞方面发挥了重要作用。①

3. 印度

印度从1951年至今制定和实施了十三个五年规划。印度在尼赫鲁执政期间（1947—1964），确立了"民主社会主义"发展路线，即在政治上实行议会民主制，在经济上采取与中国相似的计划经济体制，开始制定和实施一五规划，优先发展重工业和公有制经济。20世纪90年代以后，印度开始向市场经济转轨，五年规划也开始转型，力图使五年规划关注的焦点从提高产品和服务的产量以及人均国内生产总值转向提高居民福利，但在建设经济强国的抱负之下，推动经济高增长仍是印度五年规划的核心目标。此外，印度的五年规划像一本大型研究报告、一部鸿篇巨制，比如"十一五"规划总共有1 080页，多达86万字，对于实现包容性的快速增长目标和战略以及经济社会各部门任务进行了详尽的描述与论证。从规划编制过程来看，印度的"一五"到"八五"规划由计划委员会的专家制定，由总理拍板，从"九五"规划开始，印度五年规划的编制开始采取更为开放的模式，公开征求公众的意见。②

4. 法国

法国从1947年到1997年制定并实施了十一个或长或短的发展规划，也是实施指导性规划最早的资本主义国家。法国在长期的计划实践中，形成了独特的二元调节理论，指导性规划成为发展规划的主要形式，上下级政府之间、政府与企业之间的规划合同成为规划执行最重要的形式，成绩斐然。但后期，法国经济增长

---

① 曹小衡：《台湾经济的计划与市场》，《两岸关系》，2003年第6期，第52页。
② 王绍光、鄢一龙：《大智兴邦——中国如何制定五年规划》，中国人民大学出版社，2015年，第175—180页。

趋缓，规划也陷入了危机，主要是由于法国式规划缺乏指令性色彩，其执行机构没有相应的权力，在国内、国际环境的影响下，特别是在欧洲整合运动不断深入的背景下，其规划指标日益抽象，脱离实际，已失去其原来的积极意义。因此，法国对于国家的中长期发展规划逐渐演变为对于城市的规划和国内区域的规划，以及部分国家战略产业的规划，如核工业发展规划、航空航天工业发展规划等。①

5. 韩国

韩国从1962年到1997年制定并实施了七个五年规划。韩国在编制第一个五年规划时，由于缺乏经验和科学论证，主观上又有急功近利的思想，因此提出了一些不切实际的目标。于是第一个五年规划推出两年后又推出了"补充规划"。韩国从第二个五年规划开始，注重规划的科学性和可行性，形成了"资料搜集整理—编制计划草案—评审调整—综合调整"的一整套规划编制程序。在"三五"和"四五"规划时期，韩国经济开始走上腾飞之路，国家综合实力急速上升。"五五"规划以后，韩国开始重视经济和社会的全面发展，把"改善国际收支""谋求收入和区域平衡发展""增进国民福利"等摆在突出位置。在七个五年规划期间，韩国国民生产总值年均增长率为8%，1995年国民生产总值为4 894亿美元，居世界第11位，人均国民生产总值也由1961年年底的82美元增长到1995年的10 881美元，创造了令世人惊讶的"汉江奇迹"；1996年韩国被接纳为经济合作与发展组织成员，正式跻身于发达国家行列。韩国的五年规划由副总理兼任院长、各经济部长组成的经济企划院负责编制，在编制过程中吸收专家学者、银行企业界人士以及各团体和阶层代表参加，并聘请外国专家做

---

① 车耳：《法国经济计划化的终结》，《欧洲》，1998年第2期，第43—51页。

顾问。同时，在编制过程中接受舆论和国民监督，广泛听取国民意见。①

6. 日本

日本从 1956 年到 2000 年制定和实施了 13 个或长或短的发展规划。第二次世界大战以后，日本完成了由统制经济向市场经济体制的转换，并从 1956 年开始编制指导性的发展规划。日本历次发展规划设定的基本目标大多数都提前实现，这是推动日本经济 20 世纪 60 年代到 90 年代高速增长的重要原因。② 日本发展规划的特点是非常灵活，更新很快，基本上是每隔两年制定一次规划，具有很强的应变性和预见性。③

第二节 规划治理的基本逻辑

一、三个基本理论问题

虽然规划在实践中取得了许多成就，但在理论层面上的作用仍然众说纷纭。国际上一部分学者的批判由来已久，从经济学家哈耶克的《通往奴役之路》，到政治学家、人类学家詹姆斯·斯科特的《国家的视角》，再到 2016 年美国卡托研究所高级研究员兰德尔·奥图尔的《规划为什么会失败》，都在论述规划从理论上必然无效的逻辑。兰德尔·奥图尔在调研了美国的规划后，认为规划必然失败的原因有两个：一个是信息问题，即规划编制者搜集

---

① 许亮：《中韩经济"五年计划"之比较分析》，《贵州师范大学学报（社会科学版）》，2005 年第 5 期，第 66—70 页。
② 白成琦：《日本经济计划四十年》，《世界经济》，1997 年第 10 期，第 56—59 页。
③ 余群芝：《法国与日本的经济计划比较》，《世界经济研究》，1992 年第 3 期，第 46—49 页。

的信息和预测能力必然是有限、片面的，没有人能够搜集到所有信息和数据，并在持续变化的环境中对未来进行预测和安排。另一个是激励问题，即规划编制者和实施者是不同的主体，因此必然存在委托代理问题。此外还有许多对规划的误解，比如，规划是计划经济独有的特征，与市场经济的逻辑相违背；现实中规划的目标几乎不可能都实现，所以规划是一种表面文章；等等。

国内规划领域理论研究落后于实践的现象也比较突出，当前关于规划的理论论著，大部分都是在探讨城市规划等物质空间形态规划，而对经济社会发展等战略性、综合性规划的关注相对较少。然而，当前对于经济社会发展规划的理论研究十分迫切和必要。一方面，我国政府实践部门在规划编制的程序、方法等领域进行了大量的探索和实践创新，亟须理论层面的梳理、总结和提升；另一方面，我国规划编制实践中面临的一些突出问题和矛盾也迫切需要从理论上系统思考，从机制、体制上理顺。[1]

社会科学的理论研究本质上是探究事物的运行规律，回答"是什么""为什么"和"如何做"的问题。[2] 因此，本节我们主要回答以下三个基本理论问题：

第一，规划是什么？也就是界定什么是规划，什么不是规划，规划、计划、市场之间是什么关系？需要说明的是，我们所讨论的规划是指国家层面的经济社会发展规划，区域规划、行业规划、空间规划、微观层面的企业规划都不在其中。

第二，为什么需要规划？也就是阐述规划的科学性和有效性。由于任何理论都来自提出这个理论的学者对他所观察到的真实社会现象背后因果关系的抽象，因此理论是基于某个情境的，不会

---

[1] 杨永恒、陈升：《现代治理视角下的发展规划——理论、实践和前瞻》，第7页。
[2] 姚洋：《发展经济学》（第二版），北京大学出版社，2018年，第401页。

有"放诸四海而皆准""百世以俟圣人而不惑"的理论。① 所以本节还将回答不同发展阶段对规划的要求是什么的问题。

第三，如何规划？也就是回答理论上应该如何规划，以及规划如何解决信息和激励的问题等。

二、规划是什么

1. 规划溯源

张五常曾经讲过一个有趣的故事：1993 年，他和诺贝尔经济学奖获得者米尔顿·弗里德曼访问四川，弗里德曼教四川省省长怎样改革才对。说要斩掉老鼠的尾巴，不要一寸一寸地斩，为了减轻痛苦，要一次把整条尾巴斩掉。省长回应："教授呀，我们这只老鼠有那么多条尾巴，不知要先斩哪条才对。"弗里德曼无法回应。② 省长的问题就是一个规划的问题。

什么是规划呢？在《说文解字》中，"规者，有法度也；划者，从刀从画"，也就是分析、刻画事物的法度，引申为对事物的未来发展进行分析和谋划。"规划"与"计划"在字典中的词义相近，在英文中都是 plan，在中文中都是指在工作或行动以前预先拟定目标和步骤。因此本书中，我们认为"规划"与"计划"虽然在不同的情境下略有差异，但从词义上而言没有实质上的差别。比如在"五年计划"和"五年规划"中，"规划"实际上是在"计划"基础上不断升级，就像是一个连续的光谱，颜色在不断加深，但本质和内涵是一致的，因此本书认为二者在这种情况下可以通用。

---

① 林毅夫：《本体与常无——经济学方法论对话》，北京大学出版社，2012 年，第 5 页。

② 张五常：《中国的经济制度》（神州大地增订版），第 148 页。

人类最独特之处便在于其规划未来的能力，从日常生活规划到子女人生规划，从家庭财务规划到组织发展规划，覆盖了方方面面。进入近现代，国家规划受到重视，人们开始思考规划一个国家的经济社会发展。国家规划的制定者是政府，事实上，人类创设政府的根本原因之一也是为了克服根植于人性中的短视和狭隘，正如休谟指出的那样，由于人类的意志和情感天生容易受"在空间和时间上和我们接近的事物"的支配，因此，人类天生就是舍远求近的天性，换言之，人类受限于短视和狭隘的利益，不可能"通过一种共同的目标和目的上的合作"来实现共同利益。因此，只能依靠政府的力量来保障其公共的和长远的利益。①

德国历史学派奠基人弗里德里希·李斯特是倡导国家规划最早的先驱者之一，其名著《政治经济学的国民体系》（1841年出版）认为："固然，经验告诉我们，风力会把种子从这个地方带到那个地方，因此荒芜原野会变成稠密森林；但是要培植森林因此就静等着风力作用，让它在若干世纪的过程中来完成这样的转变，世上岂有这样愚蠢的办法？如果一个植林者选择树秧，主动栽培，在几十年内达到了同样目的，这倒不算是一个可取的办法吗？历史告诉我们，有许多国家，就是由于采取了那个植林者的办法，胜利实现了它们的目的。"② 李斯特反对亚当·斯密在《国富论》中宣扬的市场至上和自由贸易论，支持国家、政府在经济发展中发挥规划和导向作用。

马克思主义理论家是国家规划理论的重要奠基者。马克思认为资本主义的不足是其盲目性，因此社会主义需要有组织的方式。

---

① 〔英〕大卫·休谟：《人性论》，石碧球译，中国社会科学出版社，2009年，第375页。

② 〔德〕弗里德里希·李斯特：《政治经济学的国民体系》，陈万煦译，商务印书馆，1961年，第100—101页。

1868年7月,他在写给友人路·库格曼的一封信中简明地概括说:"资产阶级社会的症结正是在于,对生产自始就不存在有意识的社会调节。合理的东西和自然必需的东西都只是作为盲目起作用的平均数而实现。"他在《资本论》第三卷中进一步指出"社会化的人,联合起来的生产者,将合理地调节他们和自然之间的物质变换,把它置于他们的共同控制之下,而不让它作为盲目的力量来统治自己;靠消耗最小的力量,在最无愧于和最适合于他们的人类本性的条件下来进行这种物质变换"①。列宁首次提出国家规划的概念,他在1906年的《土地问题和争取自由的斗争》一文中断言,"只有建立起大规模的社会化的计划经济,一切土地、工厂、工具都转归工人阶级所有,才可能消灭一切剥削"②。20世纪20年代,斯大林主导制定了苏联的第一个五年规划,正式将国家规划从理论付诸实践。毛泽东也非常强调国家规划的必要性与重要性,他在1957年《关于正确处理人民内部矛盾的问题》中指出:"在客观上将会长期存在的社会生产和社会需要之间的矛盾,就需要人们时常经过国家计划去调节。我国每年作一次经济计划,安排积累和消费的适当比例,求得生产和需要之间的平衡。所谓平衡,就是矛盾的暂时的相对的统一。过了一年,就整个说来,这种平衡就被矛盾的斗争所打破了,这种统一就变化了,平衡成为不平衡,统一成为不统一,又需要作第二年的平衡和统一。这就是我们计划经济的优越性。"③

2. 规划本质的二重性

无论是在中文还是在英文中,"规划"(plan)都既可以是名

---

① 《马克思恩格斯全集》(第二十五卷),人民出版社,1974年,第926—927页。
② 《列宁全集》(第十三卷),人民出版社,1987年,第124页。
③ 《毛泽东文集》(第七卷),人民出版社,1999年,第215—216页。

词,也可以是动词,这就决定了规划的本质具有二重性。

一是名词属性的"规划",也即规划文本,指国家编制的、描述国家未来某一阶段经济与社会发展目标和路径的书面方案。① 规划文本一般包括价值、目标、手段、结果四项要素。价值代表了规划所要实现的根本目标和核心诉求,其他三项要素都是为了服务于实现这一价值。目标是价值的具体实现方式,指规划中所预期达到的一系列发展目标,以及围绕目标所制定的主要指标。发展目标可以是定性描述也可以是定量描述,而指标则为定量描述。手段是指为实现目标需要采取的具体措施和资源配置方式,包括项目、保障措施、制度建设等政策工具。结果是预期采取这些手段会产生的效果或获得的产出,这种效果或产出可以是直接的,也可以是间接的;基于规划文本的预期结果和规划实施的实际结果,可以进行规划评估。② 什么是好的规划文本呢?主要判断标准是:价值是否合理,目标能否实现价值,手段能否实现目标,预期结果是否预测准确。当然,在实践中,由于规划编制者不可能完全理性,也不可能具备完全的信息,环境也不可能一直不变,因此没有一个国家最终分毫不差地实现了国家经济社会发展规划的全部目标,或者不偏不倚地采取了预先设定的手段,或者预测结果与实际结果完全一致,但这并不能说明规划文本质量不高或者没有作用,原因在于相比于名词的"规划"而言,更重要的是作为动词的"规划"。

二是动词属性的"规划",是指国家编制和实施规划的互动过

---

① 杨永恒、陈升:《现代治理视角下的发展规划——理论、实践和前瞻》,第4—5页。
② 李善同、周南:《"十三五"时期中国发展规划实施评估的理论方法与对策研究》,科学出版社,2019年,第3—4页。

程，也即规划制度。① 英国前首相温斯顿·丘吉尔曾经说过："规划（plan）本身不算什么，规划过程（planning）却至为关键。"普鲁士和德意志名将、军事家毛奇也曾说过："规划是无用的，但是制定规划却是必不可少的。"美国第34任总统、政治家、军事家艾森豪威尔也说过："靠规划指引，但不要盲从规划。"换言之，我们不仅要关注规划文本这个结果，更需要关注的是规划制度，即规划编制和规划实施的过程。②

人们设计制度的目的是实现一定的目标，而不是盲目地听任外在条件的指使，也就是"从未来思考现在"——我们首先想象一个正义和美好的世界，然后思考如何设计我们的制度以实现这个世界。③ 规划制度作为国家治理的一种制度，是为了实现国家治理的目标。一般而言，我们假定国家是发展主义国家，即一国政府以经济社会长远发展为发展目标。④ 因此，规划制度的本质是政府通过编制和实施规划的手段干预及推动经济与社会发展。

什么是好的规划制度呢？需要具备两个层面的条件。首先，规划编制的过程，既是宏观计划的过程，也是科学调整的过程。新制度经济学的宗师奥利弗·威廉姆森把每一种经济制度都定义为一种特殊的契约，契约签订之前是交易，契约签订之后是治理。⑤ 一方面，规划编制是一种讨价还价的交易，只有尽可能让最多参与主体满意，才能成为广受认可的制度。由于参与主体的利益十分多元，因此只有宏观战略性的计划才能最大限度地包容最多参与主体的需求。此外，规划编制本质上是寻找最优化路径或

---

① 杨永恒、陈升：《现代治理视角下的发展规划——理论、实践和前瞻》，第3页。
② 王绍光、鄢一龙：《大智兴邦——中国如何制定五年规划》，第27—34页。
③ 姚洋：《发展经济学》（第二版），第366页。
④ 同上书，第388—397页。
⑤ 〔美〕奥利弗·E. 威廉姆森：《资本主义经济制度——论企业签约与市场签约》，段毅才、王伟译，商务印书馆，2002年，第4—5页。

方案的科学计划过程,也就是在约束条件下,使用宏观模型,计算如何运用最少的资源实现未来给定的目标,或者优化配置给定的资源以达到未来最优目标的路径方案。这一过程需要规划编制者集思广益获取大量信息,但由于规划编制者事实上不可能掌握完全信息,因此编制宏观战略性的计划更为科学。另一方面,由于约束条件是因时、因地变化的,因此规划编制也需要根据约束条件的变化及时进行科学调整,这也是实事求是的必然要求。

其次,规划实施的过程,既是凝聚共识的过程,也是激励约束的过程。机制设计理论认为,一项制度要想在实施中取得良好的效果,需要满足两个基本约束条件:参与性约束条件和激励相容约束条件。一方面,规划涉及政府、市场、社会等各类参与主体,规划文本中的价值、目标、手段、结果是对所有参与主体提供的指引和行动依据,必须让各类参与主体达成共识,才能调动各方面的积极性,形成规划实施的势能和动力。因此,规划实施必须是一个凝聚共识的过程,这样才能产生规划的预期结果。有学者基于除非洲和南美洲以外的全球各个经济体的经济增长目标数据分析,发现通过规划事先确定经济增长目标可以倒逼资源配置,缓解参与主体之间的利益冲突,推动经济增长。① 另一方面,根据不完全合约理论,没有制度是尽善尽美的,不完全合约是必然和经常存在的,当合约不完全时,将剩余控制权配置给投资决策相对重要的一方将会更有效率。② 由于规划是宏观战略性计划,不可能面面俱到,因此需要对不同的参与主体采取不同的激励方式,综合运用约束性、预期性指标,做到激励与约束相结合,尤

---

① 徐现祥、刘毓芸:《经济增长目标管理》,《经济研究》,2017 年第 7 期,第 18—33 页。
② 田国强:《机制设计理论对中国改革的借鉴意义》,《中国中小企业》,2016 年第 11 期,第 62—63 页。

其是给予市场主体更多自主权,这样才能建立一套有效的激励相容的机制。

3. 刚性与弹性的规划制度

自规划制度诞生以来,虽然不同国家规划制度的形式基本相似,但是规划编制和规划实施的过程却可以进一步分为多种类型(见图0-4)。我们以规划编制维度作为横轴,按照宏观计划与科学调整的程度将计划分为三种类型:机械性全面计划(全面计划+难以调整)、适应性宏观计划(宏观计划+科学调整)、指导性抽象计划(抽象计划+无须调整)。我们以规划实施维度作为纵轴,按照凝聚共识与激励约束的程度也可以将治理分为三种类型:控制性任务治理(自上而下+约束为主)、激励性目标治理(凝聚共识+激励约束)、放任性自发治理(自下而上+激励为主)。

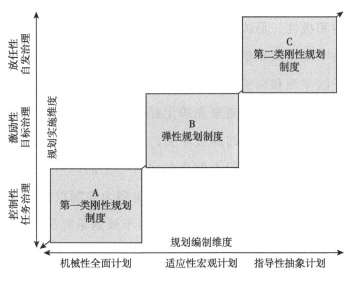

图0-4 刚性与弹性的规划制度

据此,我们可以归纳出A、B、C三种类型的规划制度。A类型是机械性全面计划与控制性任务治理的组合,也就是在规划编制中对经济社会等方方面面的内容作出非常详细的计划,由于规划内容面面俱到，每一项调整都需要重新计算，因此调整相对较难；在规划实施中以自上而下的行政指令为主，重点运用指令性指标进行约束控制。苏联的五年规划制度总体可以归为 A 类型，尤其是早期的五年规划，由于中央高度集权，对经济社会的方方面面进行严格的规划控制，因此不仅规划调整的可能性很小，而且各级主体要求从事任何活动都要获得准许或有许可证。

B 类型是适应性宏观计划与激励性目标治理的组合，也就是在规划编制中主要制定宏观战略层面的计划，并且可以根据环境的变化及时调整；在规划实施中，既注重自上而下的行政指令，也鼓励自下而上的灵活创新，能够综合运用约束性、预期性指标进行激励和约束。中国的五年规划，尤其是改革开放以后的五年规划制度总体可以归为 B 类型。中国的五年规划是一种宏观战略规划，是一种规范性政策而不是禁止性政策，主要为各级政府设置了一个框架，在这个框架内，各级政府可以制订出不同的行动方案，这些方案彼此联系，有时又相互矛盾，因此灵活调整和自主决策的空间较大。① 此外，这种宏观战略规划还可以实时评估和调整，而且可以吸收多方参与主体的意见，更广泛地反映企业和社会的利益。事实上，越来越多的政府部门和专家顾问参与其中，甚至国外的经济和环保专家以及组织（比如世界银行）也被定期邀请对规划的制定、评估和调整提出相应的建议。②

C 类型是指导性抽象计划和放任性自发治理的组合，也就是在规划编制中主要制定一些更为宏观抽象（比如价值层面）的计划，因此无须根据环境的变化来调整；在规划实施中，主要以自下而

---

① 〔美〕劳伦·勃兰特、〔美〕托马斯·罗斯基：《伟大的中国经济转型》，方颖、赵扬译，格致出版社，2016 年，第 38 页。
② 〔德〕韩博天：《红天鹅——中国独特的治理和制度创新》，石磊译，第 7—8 页。

上的自发治理和激励为主，很少运用指标约束。一些西方资本主义国家的五年规划，尤其是20世纪80年代以后的五年规划制度总体可以归为C类型。这些国家由于周期性的选举和政府更迭，无法实施长期的发展项目和政策，其规划内容只能日益抽象，失去了指导意义，而且规划缺乏指令性色彩，其执行机构没有相应的权力，主要以市场自发治理为主。

这三类规划制度还可以分为刚性和弹性两种类型。总的说来，刚性制度是一种僵硬的、不灵活的制度，弹性制度则是一种柔性的、较为灵活的制度。① 从实践来看，可以将A类型称为第一类刚性规划制度，C类型称为第二类刚性规划制度，B类型称为弹性规划制度。

三、为什么需要规划

1. 马克思主义视角下的规划：克服经济体系的盲目性

为什么一个国家的经济社会发展需要规划呢？马克思主义理论认为，资本主义经济体系设想的经济社会理想的协调秩序是"自发秩序"，但这种盲目性让其固有的生产社会化和生产资料私人占有之间的矛盾不可避免，因此必须依靠国家规划来实现人类的整体自觉。早在法国大革命时期，基于对资本主义经济体系的批判，空想社会主义者巴贝夫在人类历史上第一次提出了计划经济的设想。这一设想被马克思、恩格斯发展为一套系统、深刻的论述，他们认为，以分散的方式组织已经社会化的大生产，会使得生产过程的经济规律以一种盲目的、自发的方式起作用，这不

---

① 关于刚性体制、弹性体制与制度调整理论的详细介绍，可以参见厉以宁：《资本主义的起源——比较经济史研究》，商务印书馆，2003年，第53—61页；厉以宁：《工业化与制度调整——西欧经济史研究》，商务印书馆，2010年，第505—526页。

仅会造成资本主义经济体系的巨大矛盾，还会造成经济体系的比例关系经常性失调，并间歇性地爆发经济危机。因此，马克思主义理论认为，社会生产内部的无政府状态将为有计划的自觉的组织所代替，由自发、无计划的生产方式向有组织、有计划的生产方式演进是一个历史发展的必然趋势。① 正因如此，规划作为国家科学统筹安排生产、分配的工具，可以解决经济体系中的盲目性、事后性、自发性的问题。②

许多传统的观点认为规划是社会主义国家的专属，这完全误解了马克思主义的观点，是"教条的社会主义者"和"教条的反社会主义者"所共有的偏见。相反，马克思主义理论家已经论证了资本主义国家对经济生活实行国家干预的可能性和必然性。1929—1933年资本主义危机之后，罗斯福推行"新政"，从实践上对自由市场经济进行了限制，大大加强了国家干预经济的分量。事实上，第二次世界大战之后国家对经济进行规划干预已成为西方国家普遍的现象，然而遗憾的是，规划手段在20世纪80年代以后逐渐被抛弃。③

马克思的观点时至今日依然有重要的指导意义。2008年的国际金融危机，许多西方国家经济持续低迷、两极分化加剧、社会矛盾加深，说明资本主义固有的生产社会化和生产资料私人占有之间的矛盾依然存在。④ 而从中国的实践经验来看，中华人民共和国成立以来，中国一直坚持通过规划指导经济社会发展，虽然经

---

① 《马克思恩格斯选集》（第三卷），人民出版社，1995年，第60页。
② 鄢一龙：《目标治理——看得见的五年规划之手》，中国人民大学出版社，2013年，第29—37页。
③ 李如海、华清：《执政党与社会主义经济建设：从列宁新经济政策的制定到邓小平社会主义市场经济理论的提出》，民主与建设出版社，1996年，第207—214页。
④ 习近平：《在哲学社会科学工作座谈会上的讲话》，《人民日报》，2016年5月19日。

历了一些挫折，但是总体而言，中国沿着规划制定的目标和路径稳步发展，在长期稳定的增长中取得了巨大的成就，也是世界上唯一没有出现经济危机的国家（见图0-5）。

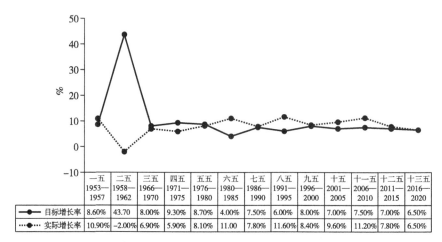

图0-5 中国13个五年规划的国内生产总值目标增长率和实际增长率对比

资料来源：国家统计局；鄢一龙，《目标治理——看得见的五年规划之手》，第17页。

2. 发展经济学视角下的规划：大推动与市场环境建设

经济发展是所有发展中国家所追求的目标，也是发展经济学研究的主要问题，即一个国家如何从不发达向发达转变、从低收入向高收入过渡。发展经济学的一个流派发现并证明了国家因素在经济发展中的重要作用。总体而言，在经济起飞阶段，国家的主要任务是动员和集中储蓄，提升资本积累，发挥"大推动"（Big Push）的作用。比如，建立起一定的税收能力，并把一定比例的税收转化为有效投资；对金融部门实施一定的控制，指导银行和资本市场把资金集中到少数具有增长潜力的行业上来；从农业汲取剩余，用以补贴工业的资本积累；在对外贸易方面实施重商主义政策，通过税收和汇率等方面的政策减少进口、鼓励出口，加速国内的资本积累。在中等收入或高收入阶段，国家的主要任务是市场环境建设，包括把更多的资金投入教育、科技创新和基础设施建设，以提升创新能力、改善投资环境。比如，关注收入和教育资源的平等分配，扩大国内市场和提升全体国民的人力资本水平；减少对经济的管制，让市场发挥更大的作用，最大限度地实现创新；关注民众福利的改善，为持续的经济增长提供和谐社会的保障。①

无论是经济起飞阶段的"大推动"，还是中高收入阶段的市场环境建设，都需要一个国家各类参与主体的协调行动，此时靠市场的自发力量是难以实现的，必须依靠政府的统筹协调，而规划作为科学有效的资源配置工具，是最适合的协调机制。②虽然按照标准的经济学教科书的说法，国家的作用是制定和执行法律以及纠正市场的缺陷，但从过去150年的发展历史来看，从美国和德国开始，实现赶超的国家都是在某一段时间内国家能力比较强大的国家，相反，那些国家能力比较弱的国家的发展都不太好。规划作为国家能力产生影响的典型机制，在实践中也发挥了重要作用。从世界各个国家的实践来看，在世界168个国家和地区1978—2008年的经济增长率中，排名世界前10位的国家和地区中，有8个采用了五年或者四年计划制度。③世界银行增长与发展委员会总结的13个持续高增长的经济体中有12个实行了规划制度，并且规划起始时间与经济增长起步阶段的时间基本同步（见表0-3）。而且许多经济体在进入中等收入阶段后，依然用规划来指导市场环境建设。

---

① 姚洋：《发展经济学》（第二版），第377—388页。
② 鄢一龙：《目标治理——看得见的五年规划之手》，第113—114页。
③ 杨永恒、陈升：《现代治理视角下的发展规划——理论、实践和前瞻》，第3页。

表 0-3 1995—2005 年 13 个持续高增长经济体及其实行的规划制度

经济体	25年以上的高增长期（国内生产总值每年增长率达到或超过7%的时期）	地区	体制	规划制度名称	规划制度起始年份
博茨瓦纳	1960—2005	非洲	市场经济	七年计划	1968
巴西	1950—1980	拉美	市场经济	五年计划	1964
中国内地	1961—2005	亚洲	计划经济转向市场经济	五年计划、五年规划	1953
中国香港	1960—1997	亚洲	市场经济	—	—
印度尼西亚	1966—1997	亚洲	市场经济	五年计划	1969
日本	1950—1983	亚洲	市场经济	五年计划、七年计划	1956
韩国	1960—2001	亚洲	市场经济	五年计划	1962
马来西亚	1967—1997	亚洲	市场经济	五年计划	1966
马耳他	1963—1994	欧洲	市场经济	五年计划	1959
阿曼	1960—1999	亚洲	市场经济	五年计划	1976
新加坡	1967—2002	亚洲	市场经济	五年计划、十年计划	1960
中国台湾	1965—2002	亚洲	市场经济	四年计划	1953
泰国	1960—1997	亚洲	市场经济	五年计划	1961

资料来源：高增长期数据主要来自世界银行增长与发展委员会，《增长报告——可持续增长和包容性发展的战略》，第 18 页；其余内容为作者整理。

3. 弹性规划："看不见的手"和"看得见的手"都要用好

长期以来，计划和市场在经济发展中的作用引起了学者的广泛争论，一个比较中庸的观点是，计划这只"看得见的手"和市场这只"看不见的手"作用不同，但并不是对立的，可以共同发挥作用。邓小平对此有深刻的论述："计划多一点还是市场多一点，不是社会主义与资本主义的本质区别。计划经济不等于社会主义，资本主义也有计划；市场经济不等于资本主义，社会主义也有市场。计划和市场都是经济手段。"① 党的十八届三中全会提出使市场在资源配置中起决定性作用、更好发挥政府作用。习近平对此论述到,使市场在资源配置中起决定性作用、更好发挥政府作用,既是一个重大理论命题,又是一个重大实践命题。科学认识这一命题,准确把握其内涵,对全面深化改革、推动社会主义市场经济健康有序发展具有重大意义。在市场作用和政府作用的问题上,要讲辩证法、两点论,"看不见的手"和"看得见的手"都要用好,努力形成市场作用和政府作用有机统一、相互补充、相互协调、相互促进的格局,推动经济社会持续健康发展。②

如何同时用好这"两只手"呢?我们认为弹性规划是一种非常有效的工具。对规划作用的研究最早始于20世纪下半叶,早期的研究认为规划事实上是恩格斯经典著作中"计划社会"的具体国家工具载体。但后来的研究关注到规划并不是社会主义国家的专属,韩国、马来西亚、印度等资本主义国家,也建立了具有指导性的规划,通过市场机制调控经济,运用财政、金融等各种政策来推进规划的实施,学者因此将规划区分为指导性规划和指令性规划。然而,随着20世纪80年代末世界范围内计划体制的失败,许多学者再次指出,规划是与市场调节方式相对立的政府经济工具,本质上是计划体制的一种形式,是官僚机构通过层层分解下达、层层监督考核的方式对经济活动实施计划管理。2000年以后,当学者的目光转到中国的五年规划时,越来越多的研究认为中国的五年规划制度是一种有别于传统中央指令性计划和纯粹市场机制之外的混合型的国家宏观战略管理工具,是一种计划与

---

① 邓小平:《在武昌、深圳、珠海、上海等地的谈话要点》,《人民日报》,1993年11月6日。

② 习近平:《在十八届中央政治局第十五次集体学习时的讲话》,《人民日报》,2014年5月28日。

市场的融合。①

正如前文所说，规划可以分为三类规划制度，第一类刚性规划制度本质上是只重视计划单方面的作用，第二类刚性规划制度本质上是只重视市场单方面的作用，而弹性规划制度是一种更为中庸的方式，同时重视计划和市场两个方面的作用。由于中国的五年规划制度是一种弹性规划制度，其通过适应性宏观计划和激励性目标治理的核心机制，同时保障"看不见的手"和"看得见的手"在经济社会发展中充分发挥作用，因此成为中国经济奇迹的重要原因。在实践中，中国的五年规划，不是简单下达行政命令，而是在尊重市场规律的基础上，用改革激发市场活力，用政策引导市场预期，用规划明确投资方向，用法治规范市场行为。②因此，这种弹性规划制度既能够运用计划这只"看得见的手"，提供公共服务，促进社会进步，也能够运用市场这只"看不见的手"，提供良好投资环境，促进经济增长③，通过"有效的市场"和"有为的政府"，在实践中破解了经济学上的这道世界性难题。2020年8月24日，习近平在经济社会领域专家座谈会上也对此作出深刻论述。他指出：实践证明，中长期发展规划既能充分发挥市场在资源配置中的决定性作用，又能更好发挥政府作用。

四、如何规划

1. 核心问题：信息和激励

从机制设计理论来看，规划制度是一种机制设计的方式，有

---

① 唐啸、王英伦、鄢一龙：《中国地区五年规划：实证测量与全貌概览》，《南京大学学报（哲学·人文科学·社会科学）》，2018年第5期，第87—97页。
② 《习近平在中共中央政治局第三十八次集体学习时强调，把改善供给侧结构作为主攻方向，推动经济朝着更高质量方向发展》，《人民日报》，2017年1月23日。
③ 鄢一龙：《目标治理——看得见的五年规划之手》，第2—6页。

信息到达的地方就可以规划，并且激励参与主体实现规划目标。①因此，规划制度本质上需要解决的是信息和激励两个问题，在规划编制（包括调整）时主要解决信息问题，规划实施时主要解决激励问题。兰德尔·奥图尔也认为信息和激励问题是规划失败的原因，一是因为规划编制者搜集的信息和预测能力是有限及片面的，没有人能够搜集到所有信息和数据，并在持续变化的环境中对未来进行预测和安排；二是因为规划编制者和实施者是不同的主体，所以必然存在委托代理问题。

规划如何解决信息问题呢？有学者认为，信息本质上是一种知识，知识又可以分为整体知识和分散知识。整体知识是关于经济社会整体状况和长远状况的知识，比如经济社会发展情况的描述性知识、存在问题的诊断性知识、面临机遇和挑战的分析性知识、未来趋势的预测性知识等。整体知识对政府而言总体上是显性的，是政府通过行政手段、研究分析可以获取的。分散知识是指私人或个体状况的知识，比如个人的偏好、企业的生产能力、企业核心竞争优势等。② 正如哈耶克所说，偏好、价格衡量、技术、资源供给等各种"本地知识"、情境知识（Knowledge of the Circumstance）分散性地存在于各种经济结构中，这种知识"从未以集中的或完整的形式存在，只是以不全面而且时常矛盾的形式为各自独立的个人所掌握"③。因此，分散知识对政府而言只有一部分是显性的，更多的是隐性知识，隐性知识是政府不可能通过行政手段和研究分析完全获得的，只能分散显示在市场化的价格体系之中。正是因为政府获得的信息是有边界的，所以规划只能

---

① 〔日〕坂井丰贵：《合适：从升学择校、相亲配对、牌照拍卖了解新兴实用经济学》，蔡晓智译，江西人民出版社，2016年，第Ⅰ—Ⅱ页。
② 鄢一龙：《目标治理——看得见的五年规划之手》，第57—63页。
③ 〔英〕F. A. 冯·哈耶克：《个人主义与经济秩序》，邓正来译，生活·读书·新知三联书店，2003年，第117页。

尽一切可能搜集更多的整体知识，基于整体知识编制形成宏观战略性计划，并根据整体知识的变化进行规划调整，而不可能具体到分散知识层面编制面面俱到的规划。①

规划如何解决激励问题呢？具体来看，这一委托代理问题包括两类代理方。一是行政体制内的规划实施者（比如地方政府），可以通过设计合理的绩效考核机制来激励。官僚权力可以看作一种能够"修订激励机制以便诱使代理方按照委托人利益采取行动"的能力，因此激励设计直接影响着组织成员的晋升、收益和地位获得等，上级部门设计激励机制的能力是克服下级部门执行中种种问题的重要因素。② 二是市场中的规划实施者（比如市场主体），可以通过设计降低信息不对称的机制来激励。市场主体主要是通过分析所掌握的信息来作出行动的，政府可以在规划中通过明确财政补贴、税收减免、价格调整、政府采购等多种手段，或通过推进重点项目的方式动员和配置资源，为市场主体提供准确、充分、明确、可信的环境信号和正向的经济激励，让市场主体在规划的信息框架中开展追求自身利益的行动，积极响应规划，推动规划实施。

2. 规划编制：开放式编制与科学式编制

为了更好地解决信息获得问题，已有的研究提出了开放式编制和科学式编制两种方法。开放式编制是指规划编制过程中注重社会和公众参与，既能够通过集思广益获得更多的信息，也能够实现规划的价值理性和程序理性。从价值理性层面来看，社会是由不同的利益群体组成的，每个利益群体都存在不同的利益诉求，每个利益群体也都有权分享作为社会成员所应享有的社会资源，

---

① 〔英〕F. A. 冯·哈耶克：《个人主义与经济秩序》，邓正来译，第117页。
② 周雪光：《中国国家治理的制度逻辑——一个组织学研究》，第44页。

可以对规划内容提出需求和意见。从程序理性层面来看，规划编制应该引入民主参与程序，比如通过规划公示、公众咨询会等途径，建立公众参与机制，为各利益相关者提供对话、辩论的平台，积极反映和尊重各方面的意见，并在规划内容中积极作出回应。

科学式编制是指规划编制要注重通过调查等方式搜集尽可能多的信息，通过数学模型对这些信息进行科学计算，寻求最理性的方案和结果，同时能够灵活调整。科学式编制一般包括五个规划编制步骤，包括：（1）识别规划所要解决的主要问题，指导调查研究搜集尽可能多的信息，同时通过仔细分析澄清规划所要解决的问题，统一编制者对规划问题的认识；（2）根据对规划问题的认识，界定规划的对象和拟实现的规划目标；（3）通过数学模型科学计算并识别解决规划问题和实现规划目标可以采取的规划方案或政策；（4）设立一套评估标准和框架，对各种备选方案和政策进行评估，重点放在科学对比各种方案的可行性、目标实现程度、成本、收益等方面；（5）实施选择的规划方案，对规划实施效果进行跟踪、评估和监控，并根据新的信息和变化及时调整规划方案。①

3. 规划实施：目标分解与自我控制

从管理学视角来看，规划实施本质上是一种目标管理的方式。管理学家彼得·德鲁克的目标管理（Management by Objectives，MBO）理论认为，可以通过目标分解和自我控制实现最有效的目标管理，更好地解决激励不足的问题。德鲁克讲过一个故事，有人问三个忙碌的石匠在做什么。第一个石匠说："我在养家糊口。"第二个石匠一边打石子一边说："我在做全国最好的琢石工作。"第三个石匠眼中闪耀着想象的光辉仰视着前方说："我在造一所大

---

① 杨永恒、陈升：《现代治理视角下的发展规划——理论、实践和前瞻》，第37—64页。

教堂。"德鲁克认为最有效的目标管理是让被管理者成为第三个石匠。也就是说,目标管理要将组织或集体目标分解为每个人的目标,让每个人明确自身的目标是与组织的目标一致的,这样就会使得每个人对自己的绩效产生自我控制,激励他通过追求自身的成就感实现组织目标。①

同样,国家经济社会发展规划虽然主要由中央政府编制,但是要依靠地方政府和市场主体实施。在这一委托代理关系中,中央政府是委托人,地方政府和市场主体是代理方。在信息不对称的条件下,如何保证代理方按照委托人的意愿行动,从而使整体都能趋向于效用最大化呢?根据目标管理理论,中央政府可以通过对总体规划目标的分解,比如分为公共服务、环境污染等约束性指标,以及经济增长等预期性指标,与地方政府、市场主体的目标函数进行匹配,或者中央政府要求地方政府按照中央政府的规划来编制自身的规划,或者鼓励企业按照中央政府的规划框架制定自身的发展战略,这样地方政府、市场主体的目标既符合各自的实际,又能体现中央的预期和约束,并且获得中央的支持,让地方政府和市场主体对自身的行动实现自我控制,在激励相容的机制安排中推动中央政府的规划有效实施。

第三节　构建中国特色的规划学理论

一、构建中国特色规划学理论的方法论

1. 何以构建?中国十三个五年规划的成功实践

当代中国正经历着中国历史上最为广泛而深刻的社会变革,

---

① 〔美〕彼得·德鲁克:《管理的实践》,齐若兰译,机械工业出版社,2006年,第137—155页。

也正在进行着人类历史上最为宏大而独特的实践创新。这种前无古人的伟大实践，必将给理论创造、学术繁荣提供强大动力和广阔空间。① 从第一次世界大战时期开始，许多国家都采用了不同形式的规划制度，但是从结果来看，能长期保持成功并发挥作用的很少。因此，国外一些学者的研究对传统的规划学理论提出了诸多质疑，尤其是在新自由主义思潮的影响下，规划被作为"披着马甲的计划经济"受到批评。

理论的创新往往诞生于独特的实践。中国虽然最早学习了苏联的规划制度经验，但是在与中国国情相结合的过程中，创造了独具特色的规划制度，并在实践中不断探索、改革和创新。中国并没有盲从西方的所谓"真理"，而是始终坚持符合国情的规划制度，且几乎贯穿了中华人民共和国成立后70年建设、改革和发展的全部历程。历史已经证明，中国特色的规划制度作为国家宏观战略和治理的独特机制，在创造中国奇迹的过程中发挥了重要作用。这不是理论的特例，应该反思的是理论本身。② 中国十三个五年规划的丰富实践，比如从刚性走向弹性的规划制度，通过规划同时发挥"计划"和"市场"两只手的作用，规划编制和实施过程中的丰富经验和教训等，创新或加深了对"什么是规划""为什么需要规划""如何规划"这三个理论问题的认识，为构建新的规划学理论提供了最具特色的样本。

2. 为何构建？理论与实践的需要

规划科学是最大的效益，规划失误是最大的浪费，规划折腾

---

① 习近平：《在哲学社会科学工作座谈会上的讲话》，《人民日报》，2016年5月19日。
② 文一：《伟大的中国工业革命："发展政治经济学"一般原理批判纲要》，清华大学出版社，2016年，第14页。

是最大的忌讳。① 从历史来看，规划是国之大事，世界各国的规划有得有失，对各个国家影响深远。有的学者在观察到规划制度在某些国家的失败后，认为规划从理论上无法解决信息和激励问题，因此因噎废食，全盘否定规划的作用甚至合法性，这必然是片面的。事实上，虽然规划制度在许多国家并不成功，但中国五年规划制度的成功却足以说明这或许是传统规划学理论的失败，而不是规划本身的失败。是什么原因导致国外许多国家的规划制度失败，而中国的五年规划制度能够成功呢？我们不能按照传统的规划学理论，仅仅将其归结为信息问题、激励问题。因为信息问题、激励问题只是规划成功的必要条件而非充分条件，因此迫切需要探索构建一套新的、科学的规划学理论。

21世纪以来，尤其是2008年金融危机以后，许多发展中国家在学习中国经验的过程中，发现了规划的核心机制，于是也实行了发展规划制度，但学习中国经验不能完全照搬，而是需要从中国的实践经验中提炼出理论逻辑，结合各自的国情加以应用，进而指导实践。因此，构建一套基于中国实践的规划学理论有重要的实践意义和世界意义。此外，新的规划学理论还可以为中国未来的五年规划以及各个领域的规划编制和实施提供科学指导。从2021年开始的"十四五"时期，是中国"两个一百年"奋斗目标的历史交汇期，是外部环境可能更加复杂、不确定性和挑战更多的时期，也是中国转变发展方式、优化经济结构、转换增长动力的关键时期，做好未来五年规划以及各个领域规划的编制和实施挑战重重，也需要新的规划学理论的指导。

---

① 《习近平北京考察工作：在建设首善之区上不断取得新成绩》，《人民日报》，2014年2月27日。

3. 如何构建？跨学科的研究方法

习近平指出，构建中国特色哲学社会科学需要体现继承性、民族性、原创性、时代性、系统性、专业性，既要立足本国实际，又要开门搞研究，借鉴一切有益的知识体系和研究方法。① 构建中国特色的规划学理论需要回答"中国独特的规划制度是什么""还有什么问题没有解决""为什么这样的规划会成功"等基本问题，这些问题涉及多个学科，因此需要应用跨学科的研究方法。

有学者提出了"马学为体、西学为用、史学为鉴"的研究范式。马学，指的是中外马克思主义理论体系。马学为体，就是要始终坚持马克思主义是中国哲学社会科学的根本和主导。西学，指的是西方的马克思主义经济学以外的哲学社会科学理论体系，比如经济学、管理学、政治学等。西学为用，就是在马学为体的前提下对西学有扬有弃的借鉴和运用，是为丰富和发展马克思主义之"体"服务的。以史为鉴，就是要重视历史实践中的经验与教训，尤其是要把以中国特色社会主义的伟大实践作为理论是否科学的评价标准。② 跨学科的研究方法有助于从更广阔的视野去构建中国特色的规划学理论。比如马克思主义政治经济学认为，经济是政治的基础，政治是经济的集中表现，经济和政治的有机统一、良性互动，是社会主义制度的一个突出优势，这有助于明确中国特色规划制度的定位——既是经济调控的方式，也是国家治理的手段，是经济和政治的有机统一。再比如发展经济学认为，发展中国家成功赶超的重要经验是要认准一个方向、一个目标，最大限度地凝聚全社会的共识，发挥比较优势，一步一个脚印地

---

① 习近平：《在哲学社会科学工作座谈会上的讲话》，《人民日报》，2016年5月19日。

② 程恩富：《政治经济学现代化的学术原则》，《光明日报》，2015年1月21日。

向前迈进，因此需要延续的发展目标和资源、技术、环境、制度约束下的统筹配置协调，这可以为中国特色规划制度的表现形式提供一个基本的分析框架。

二、马学为体、西学为用

坚持以马克思主义为指导，是当代中国哲学社会科学区别于其他哲学社会科学的根本标志，必须旗帜鲜明加以坚持。[①] 从根本上说，中国特色的规划学理论是马克思主义中国化的理论成果，是马克思主义的基本观点与中国五年规划实践相结合的延伸，这是其理论目标和定位。中华人民共和国成立以来五年规划的编制和实施，都是以马克思主义为指导的，核心是为了实现"四个现代化"和中华民族伟大复兴的目标，回答怎样实现目标的问题。在此过程中产生的马克思主义中国化的理论成果成为编制五年规划的重要理念、实施五年规划的方法路径，也是中国特色规划学理论的主要框架。[②]

马克思主义理论主要包括马克思主义哲学、政治经济学和科学社会主义三个组成部分。其中，马克思主义哲学、科学社会主义为中国特色规划学理论赋予了鲜明的理论底色，比如，规划始终坚持党的领导、以人民为中心的立场来源于马克思主义哲学、科学社会主义中的政党观、人民观；规划强调的动态性、整体性和开放性来源于马克思主义哲学坚持世界普遍联系、永恒发展的观点；规划强调立足中国国情、具体问题具体分析、激励约束相结合、实事求是等来源于马克思主义哲学的历史唯物主义和辩证

---

① 习近平：《在哲学社会科学工作座谈会上的讲话》，《人民日报》，2016年5月19日。

② 杨近平：《新中国十二个五年计划与马克思主义中国论》，人民出版社，2018年，第17—18页。

唯物主义观点。

由于中国特色规划学理论主要回答如何通过规划实现经济社会发展目标的问题，因此还要充分借鉴马克思主义政治经济学的科学分析框架。马克思主义政治经济学是关于社会生产方式及其规律的科学，包括以辩证唯物主义和历史唯物主义为基础的世界观和方法论，以生产力和生产关系相互作用、以经济基础与上层建筑辩证关系为核心的经济分析体系。由于发展中国家的经济基础不同于发达国家，因此上层建筑的各种制度安排和政策措施应该不完全一样。换言之，制度是内生的。[①] 传统规划学理论把西方的国情和制度作为最优制度及暗含前提，而中国特色规划学理论的创新之处在于其不仅以中国的实践经验为基础，还广泛借鉴了世界上不同时期、各个国家的规划经验和教训，因此中国特色规划学理论更为注重经济基础与上层建筑的辩证关系，更具有普遍意义。

中国特色规划学理论的科学性还体现在其包容性上，即在坚持"马学为体"的同时，注重"西学为用"，广泛借鉴西方哲学社会科学的理论成果和研究方法。

首先，规划是一种国家治理的制度，与国家政治体制这些政治的"硬件"不同，规划制度是一种政治的"软件"，具有独特的政策风格，因此可以借鉴政治学的理论和方法去分析中国规划制度的典型特征。

其次，作为一种成熟的制度，规划制度是如何形成的呢？对经济社会发展有什么样的影响呢？这就需要借鉴新制度经济学尤其是新政治经济学的理论，应用博弈论、一般均衡分析、成本-收

---

① 林毅夫、付才辉：《新结构经济学导论》（下册），高等教育出版社，2019年，第751—752页。

益分析等研究方法，研究不同主体的多重博弈对规划制度的影响，规划实施过程中经济和政治的互动规律等问题。①

再次，规划是有为政府发挥作用的一种手段，那么规划的内容，也就是政府应以什么形式、在什么阶段、如何发挥作用呢？事实上，有为政府影响经济社会发展的手段可以分为三类：第一类是常态政策，这是政府的基本职能，比如国家安全等公共事务、税收政策等。第二类是短期政策，比如财政政策、货币政策、一些临时性政策等。第三类是中长期政策，比如产业政策（包括优先发展某些行业或者为某些地区提供完善的基础设施和公共服务等），而规划可以看成是政府中长期产业政策的综合。研究这类问题需要借鉴发展经济学尤其是新结构经济学的理论和方法。

最后，规划作用的发挥不仅需要政府具备制定长远发展战略的能力，还要具备贯彻实施规划的出色能力，包括利用各种行之有效的方法激励各类参与主体积极有序作为，以确保规划目标的实现。研究编制规划的科学流程和决策程序应该是什么、如何保证规划目标的有效实施、如何发挥党在规划制度中的领导核心作用等这类问题需要借鉴管理学、信息经济学的现有理论成果和研究方法，如委托代理理论、领导力相关理论、目标管理理论等。

三、史学为鉴

历史研究是一切社会科学的基础，承担着"究天人之际，通古今之变"的使命。世界的今天是从世界的昨天发展而来的。今天世界遇到的很多事情可以在历史上找到影子，历史上发生的很多事情也可以作为今天的镜鉴。重视历史、研究历史、借鉴历史，

---

① 姚洋：《构建中国的新政治经济学》，《南风窗》，2016年第24期，第24—26页。

可以给人类带来很多了解昨天、把握今天、开创明天的智慧。① 从世界来看，现代意义上的规划制度已经有了百余年的历史。从中国来看，中国特色的规划制度也已经走过了近七十年的光辉历程。丰富的历史实践为中国特色规划学理论提供了前所未有的创新机遇。

首先，我们可以通过研究中国规划制度的演变过程来探讨规划理论的规律。从第一个五年规划编制、实施，到如今第十三个五年规划的收官、第十四个五年规划的编制，这一过程中，规划制度哪些方面变了，哪些方面没有变，为什么变了，为什么没有变，这些历史过程有什么内在规律，这都是规划理论需要深入总结和反思的内容。此外，实践是检验真理的唯一标准，我们还可以用十三个五年规划的历史经验和教训检验中国特色规划学理论推断的合理性及有效性。

其次，我们可以通过研究规划与党史、国史的关系来明确规划理论的定位。中国共产党党史、中华人民共和国国史本质上是中国共产党领导中国人民开展革命、建设、改革、发展的实践探索历程，是中国哲学社会科学的理论底色。规划是党领导经济工作的重要形式，也是中国人民在实现经济社会发展目标过程中总结的重要经验。把规划放在党史、国史的发展进程中去考察，有助于从国家经济社会发展历史的整体视角把握规划理论的历史定位和时代要求，有助于深入探讨规划理论的本质内涵和价值主张。

最后，我们可以通过研究中西方规划制度的实践对比来拓展规划理论的逻辑，也就是运用比较经济史学的研究方法。比较经济史学是经济史学的一个分支，它考察世界上各个不同国家和地

---

① 《习近平致第二十二届国际历史科学大会的贺信》，《人民日报》，2015年8月24日。

区经济史过程的差异及共同点，分析这些差异及共同点的原因与后果，以加深对人类社会经济活动的历史过程的认识。从方法论的角度看，比较经济史研究中既可以采取纵向比较分析，又可以采取横向比较分析，也可以二者兼用。纵向比较分析是指按照经济发展的历史过程分析一国不同历史时期或若干国家不同历史时期的变化，以探求经济发展的历史规律性。横向比较分析是指对一定时期内或一定时点上一国国内不同地区或若干国家的经济状况进行比较，以说明待比较的各国或各个地区历史上的经济特色。① 许多国家都在不同时期使用了规划制度，无论是横向还是纵向来看，都有成败兴衰。因此，如果能够深入对比不同国家规划制度的差异与相似之处，并分析哪些是由国情差异导致的，哪些可以归为规划理论可以解释的内容，就能对中国特色规划学理论的世界性提供坚实的研究基础和依据。

---

① 厉以宁：《比较经济史研究与中国的现代化》，《社会科学战线》，1993年第1期，第53—63页。

第一章　探索中的五年规划

本章的主要内容是五年规划的探索发展时期,包括"一五"到"五五"的五个五年规划。中华人民共和国成立后,中国借鉴苏联的计划经济模式开始编制五年规划,旨在学习苏联体制和经验,优先发展重工业,建立独立完整的工业体系,实现国民经济的快速发展。这一时期,中国从一个经济落后的农业国踏上社会主义工业化道路,用了将近三十年的时间,基本上建立起比较独立完整的工业体系。同时,还迅速建立了强大的国防工业,完成了许多影响深远的重大项目,有力保障了国家和人民的安全。需要指出的是,这个时期的五年规划总体是在探索中发展的,尤其是第二到第五个五年规划的编制和实施过程走了许多弯路,但也积累了许多宝贵的经验。

第一节　1953 年前中国共产党对国家建设的规划与准备

早在抗日战争时期,以毛泽东为代表的第一代中央领导集体就在系统思考如何将马克思主义同中国革命的具体实践纯熟地结合起来，系统地回答关于抗战时局及中国现阶段民主革命、未来建设新中国的一系列根本问题。这其中，就包括怎样为中国的"经济革命"而奋斗，怎样"建设一个中华民族的新社会和新国家"的问题。①

一、新国家的宏伟蓝图提出要依靠计划

1940年1月，毛泽东发表《新民主主义论》一文，首次规划了未来"新民主主义共和国"的蓝图。他认为，"新民主主义共和国"的经济建设有以下特点：首先，大银行、大工业、大商业，归国家所有。同时，并不没收其他资本主义的私有财产，并不禁止"不能操纵国民生计"的资本主义的生产发展。其次，实行"耕者有其田"，扫除农村中的封建关系，把土地变为农民的私产。同时，农村的富农经济也是容许存在的。最后，走"节制资本"和"平均地权"的路，决不能是"少数人所得而私"，决不能让少数资本家、少数地主"操纵国民生计"。②毛泽东认为，在中国生产力水平低下时，城乡资本主义对中国生产力发展有积极作用，因此他极具战略眼光地提出中国革命的"双阶段"理论："中国革命的历史进程，必须分为两步，其第一步是民主主义的革命，其第二步是社会主义的革命，这是性质不同的两个革命过程。"③

1945年，中共七大上，毛泽东向大会提交了《论联合政府》的书面政治报告，其中专门阐述了中国的"工业问题"。毛泽东提出："中国人民及其政府必须采取切实的步骤，在若干年内逐步地建立重工业和轻工业，使中国由农业国变为工业国。"在这样的工

---

① 《毛泽东选集》（第二卷），人民出版社，1991年，第663页。
② 同上书，第678—679页。
③ 同上书，第665页。

业国，有进步的比现时发达得多的农业，有大规模的在全国经济比重上占极大优势的工业，还有与工业相适应的交通、贸易、金融等事业做它的基础。为了使这一局面更早到来，毛泽东还专门论述了吸收外资的问题："为着发展工业，需要大批资本。从什么地方来呢？不外两方面：主要地依靠中国人民自己积累资本，同时借助于外援。在服从中国法令，有益中国经济的条件之下，外国投资是我们所欢迎的。对于中国人民与外国人民都有利的事业，是中国在得到一个巩固的国内和平与国际和平，得到一个彻底的政治改革与土地改革之后，能够蓬蓬勃勃地发展大规模的轻重工业与近代化的农业。在这个基础上，外国投资的容纳量将是非常广大的。一个政治上倒退与经济上贫困的中国，则不但对于中国人民非常不利，对于外国人民也是不利的。"①

1949年，中国共产党七届二中全会在河北西柏坡召开。毛泽东在会上做了影响深远的报告，提出要实现"中国经济复兴"。他认为，"中国的现代性工业的产值虽然还只占国民经济总产值的百分之十左右，但是它却极为集中，最大的和最主要的资本是集中在帝国主义者及其走狗中国官僚资产阶级的手里。没收这些资本归无产阶级领导的人民共和国所有，就使人民共和国掌握了国家的经济命脉，使国营经济成为整个国民经济的领导成分。这一部分经济，是社会主义性质的经济，不是资本主义性质的经济"②。毛泽东的宣言明白地昭示，中华人民共和国成立后，随着国民经济的恢复和发展，国营经济需要也必将迅速壮大，成为中国工业化的主导先锋，成为整个国民经济建设和改造的重要依靠力量，成为国家财政、经济大局的稳定基石，成为中国工业化的主导力

---

① 《毛泽东选集》，东北书店，1948年，第336页。
② 《毛泽东选集》（第四卷），第1431页。

量。对于农业经济和手工业经济,毛泽东提出,必须谨慎地、逐步地而又积极地引导它们向着现代化和集体化的方向发展。此外,毛泽东在报告中还提出了"新民主主义经济""工业化道路""以经济建设为中心""城乡统筹发展"等重要思想。

由于有国营经济、私人资本主义经济等多种经济成分并存,因此新民主主义经济既会有计划成分,也会有市场成分。对于计划和市场谁居于主导地位的问题,在新民主主义建国方案进行完善和具体化的过程中,毛泽东、刘少奇等中共领导人一致认为新民主主义经济是有计划的经济,反对完全的自由贸易、自由竞争,主张走"大计划、小市场"的经济建设道路。

1948年,随着解放战场上的不断胜利,未雨绸缪的中共领导人,开始更加具体而深入地思考新民主主义社会的经济体制问题。6月,周恩来在《新民主主义的经济建设》中列举了新民主主义经济与旧民主主义经济的区别。其中第四点指出,二者经济体制不同,新民主主义经济基本上是计划经济。[①] 与此同时,拥有较多城市和工业企业的东北解放区已开始准备实行计划经济。8月,在哈尔滨召开了全国第六次劳动大会。会议要求,首先在解放区的国营企业中实行计划经济。会议认为"这种地方性和局部性的计划经济,在今天,能够发展社会生产力,特别是工业生产力,适应战争需要;对将来,则能够为逐步实现的全国性和全面性的计划经济取得经验和创造若干前提条件"[②]。

1948年秋,张闻天主持起草《关于东北经济构成及经济建设基本方针的提纲》(以下简称《提纲》)。《提纲》在张闻天同年8月在中共中央东北局城市工作会议上所作的总结报告的第三部分

[①] 中共中央文献研究室编:《周恩来经济文选》,中央文献出版社,1993年,第1页。
[②] 中国人民解放军政治学院党史教研室编:《中共党史参考资料》(第十一册)(非公开出版物),第240—241页。

《关于发展城市生产的方向》的基础上补充而成。《提纲》中，张闻天以历史唯物主义为分析方法，以中国国情为依据，分析了东北乃至全国的经济成分，正式提出新民主主义社会必须实行计划经济的主张。

《提纲》中，张闻天还详细论述了在新民主主义国家实行计划经济的依据和方式以及计划经济在新民主主义社会阶段的地位及作用等一系列问题。他细致地探讨了在新民主主义时期，国家在多大程度上实施计划经济、资本主义经济成分可以在何种限度内进行发展等问题。

《提纲》上报中共中央后，受到毛泽东、刘少奇等中共领导人的高度重视。刘少奇、毛泽东先后对《提纲》进行了修改。刘少奇专门加写了一段论述新民主主义经济与计划经济的关系的文字，指出："新民主主义经济之不同于普通的资本主义经济，还在于新民主主义的国民经济应该是在某种程度上具有组织性计划性的经济。"刘少奇认为，要将国家的一切经济命脉，如大工业、大运输业、大商业及银行、信贷机关与对外贸易等，均掌握在国家手中，以实行国民经济的组织性与计划性。同时，他还提出要限制计划经济的范围，"必须严格地限制在可能的和必要的限度以内，并且必须是逐步地去加以实现，而决不能超过这个限度，决不能实行全部的或过高程度与过大范围的计划经济"①。1949年1月，毛泽东在中央政治局会议上也强调："一方面不要以为新民主主义经济不是计划经济，不是向社会主义发展，而认为是自由贸易、自由竞争，向资本主义发展，那是极端错误的。……另一方面，必须注意，必须谨慎，不要急于社会主义化。"②

---

① 中共中央文献研究室编：《刘少奇论新中国经济建设》，中央文献出版社，1993年，第30页。
② 薄一波：《若干重大决策与事件的回顾》（上），中共党史出版社，2008年，第17页。

经刘少奇、毛泽东修改后的《提纲》，其基本内容为中共七届二中全会所吸纳，并构成《中国人民政治协商会议共同纲领》中经济政策的基础。七届二中全会指出，今后应限制自由竞争和自由贸易，把私人资本主义经济纳入"经济计划的轨道"是节制资本的重要内容。

中华人民共和国成立前夕，中国人民政治协商会议第一届全体会议通过了具有新民主主义性质的《中国人民政治协商会议共同纲领》。《中国人民政治协商会议共同纲领》的经济政策部分多处提及要有计划地发展经济。其中，第33条规定："中央人民政府应争取早日制定恢复和发展全国公私经济各主要部门的总计划，规定中央和地方在经济建设上分工合作的范围，统一调剂中央各经济部门和地方各经济部门的相互联系。"① 周恩来在会议上也强调："在逐步实行计划经济的要求下，使全社会都能各得其所，以收分工合作之效，这是一个艰巨而必须实现的任务。"②

可见，在中华人民共和国成立前，中共便提出关于计划经济的新民主主义国家经济体制构想。这一构想，不仅成为中国共产党新民主主义建国纲领的重要组成部分，也成为中华人民共和国致力于实现的重要目标。

二、为计划经济做准备：组建国营经济、调整工商业、建立计划管理机制

1949年10月，中华人民共和国成立。对于新生的人民政权而言，迅速组建社会主义性质的国营经济，控制中国现代工业的主导权，掌握国民经济命脉，是发展新民主主义经济的重要步骤和

---

① 中共中央文献研究室编：《建国以来重要文献选编》（第一册），中央文献出版社，2011年，第7页。

② 同上书，第16页。

关键所在。

根据七届二中全会确定的方针，中华人民共和国国营经济的建立，主要是从接管城市过程中没收官僚资本企业入手的。这些被没收的官僚资本，是国营经济的最重要物质前提和最主要构成部分。在具体方法上，中共决定，不打碎官僚资本的机构，保持其原来的组织机构和生产机构，"原职、原薪、原制度"不变，先完整地接收下来，保证生产正常运转并对其实行监督，然后逐步进行民主改革和生产改革，把官僚资本企业改造为社会主义性质的国营企业。

在上述政策、方针指导下，全国没收官僚资本工作有序进行，绝大多数官僚资本转变为国营企业，并开始进行生产。收归国营的官僚资本企业中，属于金融系统的，有共计2 400多家银行（不涉及其中少量民族资本股份）；属于工矿系统的，有控制着全国资源和重工业生产的前国民党政府资源委员会、垄断全国纺织业的中国纺织建设公司等2 858家企业，以及职工129万人，产业工人75万人。此外，还有交通运输、招商局系统所属企业和十多家垄断性的大型内外贸易公司。1951年年初，人民政府又在全国范围内对隐藏在私人资本主义企业中的官僚资本股份进行了清理、没收。至此，没收官僚资本、建立国营经济的工作全部完成。到了1952年，统计数据表明，当时全国国营企业固定资产原值为240.6亿元人民币，其中大部分为被没收的官僚资本企业的资产（不包括其土地价值在内）。[①]

通过没收官僚资本、建立国营经济，人民政府控制了全国的经济命脉，掌握了国民经济中大部分社会化的生产力，在整个国

[①] 中共中央党史研究室：《中国共产党历史 第二卷 1949—1978》（上册），中共党史出版社，2011年，第53页。

民经济的发展中起着主导作用。在此基础上，为了修复战争创伤，1950年2月，中共中央开始着手进行争取财政收支平衡、统一全国财经、建立新的财经秩序的工作。2月13日至25日，中共财政经济委员会在北京召开中华人民共和国成立后的第一次全国财经会议。会议的主题是：节约支出，整顿收入，统一管理全国财政经济工作，以实现国家财政收支平衡、物资供应平衡和金融物价稳定。

在这次会议上，陈云分析了财经基本情况：支出超过概算，收入未收齐；公粮、税收在地方手中，中央只出不进；中央60%的支出靠发行。他认为，情况不容乐观，"继续三个月则天下大乱"①。针对这一情况，会议根据陈云的意见提出：财政收支统一集中到中央；公粮统一，除5%至15%作为地方附加外，均由中央统一掌握；税收统一，关税、盐税、货物税、工商税统一集中到中央，每月结算解缴国库；统一编制，改变编制庞大、人浮于事的状况；贸易统一，各地贸易公司的资金、业务计划、商品调度统一由中央贸易部掌握，地方不能干预；银行统一，现金的调动统一于人民银行。②

会议结束后，1950年3月，政务院发布《关于统一国家财政经济工作的决定》。这个决定建构了以集中统一为基础的财经管理体制的雏形。中共中央就此发出通知，要求各级党委必须坚决保障这个决定的全部实施。在各级政府和党员、群众的共同努力下，统一财经工作很快取得了明显成效。财政收支上，1950年第三、四季度分别下降至9.8%和6.4%，远低于第一、二季度的43%和40%，全年收入65.2亿元，支出68.1亿元，收支接近平衡。

---

① 中共中央文献研究室编：《陈云传》（二），中央文献出版社，2015年，第681页。
② 同上书，第682页。

中华人民共和国成立之初,在战争还没有完全结束的情况下,能够做到平稳物价、财政收支接近平衡、建立掌握经济命脉的国营经济,这是一次"不下于淮海战役"①的重大胜利。同时,它也为贯彻七届二中全会确定的国家调节各种私有制经济成分、组织恢复生产事业,提供了物质手段和必要条件。

针对工商业中的私人资本主义,七届二中全会定下了"利用其积极性""容许其存在和发展""恰如其分、有伸缩性地进行限制"等政策基调。1950年,稳定物价、统一财经举措推行后,投机活动得到遏制,许多重要消费品出现供过于求的现象。然而,私营工商业开始普遍遇到困难,营业亏损增多、关店歇业增多、失业增加,成为中国经济突出的新情况和新问题。1950年前四个月,在14个城市中有2 945家工厂关门,在16个城市中有9 347家商店歇业。特别是三四月间,全国失业人口总数达117万人。严重的经济问题影响到社会安定。三四月间,仅上海一地,就发生了许多起吃白食、分厂、分店、抢糕饼、打警察、聚众请愿和捣乱会场等严重治安事件。

鉴于私营工商业遇到的严重困难,中共中央和中央人民政府作出调整工商业的重大决策。1950年4月,毛泽东指示:"今后几个月内政府财经领导机关的工作重点,应当放在调整公营企业与私营企业以及公私企业各个部门的相互关系方面,极力克服无政府状态。"②毛泽东特别强调,必须充分实现"整个人民经济的恢复和发展"③。

根据毛泽东的指示,陈云组织有关部门,集中力量对经济问题进行了研究。怎样解决目前工商业的困难?陈云提出五点办法,

---

① 薄一波:《若干重大决策与事件的回顾》(上),第63页。
② 中共中央文献研究室编:《陈云传》(二),第690—691页。
③ 同上书,第691页。

分别是：重点维持生产；开导工业品的销路；联合公私力量，组织资金周转；帮助私营工厂改善经营管理；重点举办失业救济。此外，陈云还提出："要用适当方法公告全国，工业生产哪些已过剩，哪些已达饱和点，避免再向这些方面盲目投资。"① 到了1950年6月，中共中央召开七届三中全会，又专门研究了如何清醒、准确看待私人资本主义的问题。

七届二中全会的中心议题是：确定党在国民经济恢复时期的主要任务，以及为此必须进行的各项工作和所应采取的战略策略方针。全会把合理调整工商业列为争取财政经济状况基本好转的重要条件之一。陈云在全会上就财经问题作报告，对合理调整工商业作出具体部署。他指出，五种经济成分应当统筹兼顾，这对人民有好处。只有在统筹兼顾、各得其所的办法下面，才可以大家夹着走，搞新民主主义，将来进到社会主义。但五种经济成分的地位有所不同，是在国营经济领导下的统筹兼顾。在调整公私关系方面，要通过加工订货，有步骤地组织私营工厂的生产和销售；通过适当调整价格和农副产品收购的分工，使私商有利可图，农民可增加一部分收入。在整顿税收方面，在三五年内一般不提高税率，一部分商品的税率还可降低一些，这样可以减轻人民负担。生产恢复了，税收面宽了，国家税收不但不会减少，相反肯定会增加。②

最终，为了保证中心任务的顺利完成，七届三中全会确定了我国在现阶段所应采取的战略策略方针——"不要四面出击"。具体到私人资本主义，那就是如毛泽东所强调的：使民族资产阶级和知识分子中的绝大多数不反对我们……对民族资产阶级，要通

---

① 中共中央文献研究室编：《陈云传》（二），第702页。
② 中共中央党史研究室：《中国共产党历史 第二卷 1949—1978》（上册），第61—62页。

过合理调整工商业，调整税收，改善同他们的关系，不要搞得太紧张。① 同时，七届三中全会还明确反对中共党内有人认为"可以提早消灭资本主义实行社会主义"的"左"的倾向。毛泽东解释道："这种思想是错误的，是不适合我们国家的情况的。"② "民族资产阶级将来是要消灭的，但是现在要把他们团结在我们身边，不要把他们推开。"③

中共中央的新方针确定后，陈云领导中央财政经济委员会，从调整公私关系、劳资关系和产销关系入手，加强对私营工业的加工订货，同时加强对私营工商业的贷款发放，收购农副土产品，扩大城乡交流。这些措施出台后，私人工商业者仿佛吃了"定心丸"。这些措施，不仅为私营工业提供了较稳定的生产订单及所需原料，同时也给私营商业让出了一部分市场和销售利润，并通过调整价格、利率和税率等经济手段，促进了有益于国计民生的私营工商业的恢复和发展。

七届三中全会召开几个月后，全国各地市场的经济情况发生了显著的变化。工业生产由萎缩转向增长；私营工商业户开业的变多了，歇业的变少了；市场活跃起来，成交量增加，城乡物资交流密切。总之，全国经济情况大为改观，大城市里之前熄灭的霓虹灯也都亮了起来。事后，陈云在回顾1950年的工作时，十分感慨地说："去年我们做了很多工作，只有两个重点，一是统一，二是调整。统一是统一财经管理，调整是调整工商业。统一财经之后，物价稳定了，但东西卖不出去，后来就调整工商业，才使工商业好转。六月以前是统一，六月以后是调整。只此两事，天

---

① 中共中央党史研究室：《中国共产党历史 第二卷 1949—1978》（上册），第63页。
② 《毛泽东文集》（第六卷），第71页。
③ 同上书，第75页。

下大定。"①

在1950年的基础上，1951年的经济形势更加好转。私营工业生产总值增长39%，私营商业（包括纯商业和饮食业的坐商、行商、摊贩）销售额增长38.7%。私人资本主义的资本家对调整工商业政策带来的市场繁荣和丰厚利润感到振奋，武汉的一些资本家兴奋地表示："挂红旗五心已定，扭秧歌稳步前进。"②

私营工商业状况的好转，一方面刺激了城市经济的发展，保障了国计民生的基本需求；另一方面也使私营工商业逐渐进入国家计划管理的轨道。大多数私营企业开始依赖国营企业的加工订货，使得国营经济的领导地位更加巩固。1952年，全国各大城市接受加工订货、收购包销等的私营工业企业（包括手工业）的产值，占当地私营工业产品总值的比重，上海为58%，武汉为65.5%，西安为70.3%，杭州为63.7%。时任中共中央统战部部长的李维汉指出：私营企业的大多数……已不同程度地改变了资本主义企业的生产关系，不再是纯粹的私人资本主义性质，而是在人民政府管理之下的、同社会主义经济相联系的，并受工人监督的国家资本主义企业了。③

国民经济恢复期，建立全国统一的经济管理机构，是新政权组织领导经济工作的重要步骤。在中华人民共和国成立前的七届二中全会上，中共中央便决定成立对经济工作进行统一领导的机构。1949年3月，中共中央下发《关于财政经济工作及后方勤务工作若干问题的决定》，指出财政经济工作及后方勤务工作的统一问题，应该是在分区经营的基础之上，在可能与必需的条件下，

---

① 中共中央文献研究室编：《陈云传》（二），第718页。
② 同上书，第715页。
③ 《李维汉选集》，人民出版社，1987年，第398页。

有重点地、有步骤地走向统一。……中央应即成立财政经济委员会……①

1949年5月，根据中共中央的指示，陈云从东北来到北京，筹备建立中央财政经济委员会。7月，中央财政经济委员会（以下简称中财委）成立，陈云任主任，薄一波任副主任，隶属中央军委管辖。陈云主持中央财经工作，是经周恩来推荐、由中共中央和毛泽东决定的。薄一波回忆道："中央把整个财经工作委托给陈云同志，周总理是起了重要作用的。总理就对我谈过很多次，说：'在财经工作这一点上，我们是依靠陈云同志的。'这充分说明总理完全信任和依靠陈云同志。在信任陈云同志这个人才上，可以说，总理起了不小作用。"②

中财委下设六局一处：计划局、人事局、技术局、私营企业事务局、合作事业管理局、外资企业管理局和秘书处。根据陈云后来的总结，成立初期的中财委主要做了三件事：其一，在财政上、物资上支援前线。其二，调拨收购物资，供应大城市（首先是上海，其次为津汉），力求物价涨幅不过猛过快。其三，物色干部，找租房屋，筹备中财委本身及各部机构的建立。③

1949年中央政府成立后，陈云被任命为政务院副总理兼中财委主任，薄一波、马寅初为副主任。中财委内设的财经计划局，成为中华人民共和国第一个全国性的计划管理机构。其主要任务，是解决经济运行中的综合平衡问题和编制国民经济计划。与此同时，中央政府财经各部、各大行政区和省（市）自治区人民政府的财政经济委员会，也逐步相应设立了负责计划工作的局、处等

---

① 中央档案馆编：《中共中央文件选集（一九四九年一月至九月）》第十八册，中共中央党校出版社，1992年，第181、184页。
② 曹应旺：《开国财经统帅陈云》，中译出版社，2015年，第296页。
③ 程连升：《筚路蓝缕：计划经济在中国》，中共党史出版社，2016年，第45页。

机构，负责编制有关行业的计划控制数字和行业发展计划。从这时起，国家计划管理机构的框架开始形成。

在国民经济恢复期，中财委将计划管理作为经济管理的重要方法，运用于国民经济的稳定和恢复工作。基于"新民主主义经济是有计划的经济"的认识，中财委针对不同性质的经济，实行差别化的管理方式。对于国营大中型企业和国家基本建设，中财委实行指令性计划管理，即规定企业增加生产（数量、质量和品种）、提高劳动生产率及降低成本的任务，并建立严格的检查制度促其实现，从而使计划管理对国营企业的生产活动起到决定性作用。对于广大个体经济、私营经济和合作社经济，中财委则实行指导性计划管理，引导其生产经营活动尽量符合国家的需要。同时，中财委十分注重贯彻新民主主义经济纲领，努力采取多项措施保护和发展私营工商业，鼓励其为繁荣市场、发挥市场作用、恢复经济作出贡献。比如，贯彻国内贸易自由政策，允许商人获取利润；禁止各地随意限价、任意禁止出口、不许私商购货等现象；取消路条、通行证、采购证明书等制度；整顿税收，禁止同税重征；制定合理的价格。

在国民经济恢复期，正是由于中财委贯彻"大计划、小市场"的计划工作原则，对国民经济中国有、国营部分实行计划管理，不限制市场在一定范围内发挥重要调节作用，才使得半计划半市场的经济体制及以市场调节为基础的加强政府计划管理的经济运行机制逐渐形成。这种暂时的经济体制机制，在当时的历史条件下，适应了国营经济领导下多种经济成分并存发展的所有制结构，是一种比较适合中国国情的经济模式，有利于调动各方积极性，促进国民经济的恢复。到 1952 年，国家的工农业主要产品产量大部分已经恢复到或超过历史最好水平，工农业生产总值比 1949 年增长 73.8%，平均每年增长 20%。农业方面，1952 年农业总产值比 1949 年增长 48.4%，粮食总产量在 1952 年达到创纪录的 3 278 亿斤。工业方面，1952 年工业总产值超过抗日战争前的水平，比 1936 年增长 23%。

三、国民经济计划的编制工作在摸索中前进

中华人民共和国成立初期，中财委一方面致力于国民经济的稳定和恢复，一方面开始摸索全国的经济计划编制工作。

1949 年的《中国人民政治协商会议共同纲领》提出"中央人民政府应争取早日制定恢复和发展全国公私经济各主要部门的总计划"这一设想。随着统一的经济管理、计划管理机构的设立，中国的计划编制工作在中财委的领导下开始起步。

1950 年《国民经济计划编制办法》颁布后，中财委不仅组织制定了 1950—1952 年三年国民经济的奋斗目标，还制定了 1950 年、1951 年、1952 年三个"年度控制数字"，分别对当年的粮食、棉花、纱锭、钢铁产量，铁路通车里程和外贸出口创汇数量，财政收支和基本建设投资等提出大概的计划要求。同时，中财委还开始摸索编制中华人民共和国成立后第一个全国性国民经济综合计划——1950 年年度计划。

根据当时的规定，1950 年年度计划，首先由中央主管部门和各大行政区两个系统分别编制，中财委进行汇总，随后编制出全国的经济计划草案。中财委指示，年度计划要包括工业、农业、交通运输及邮电通信、基本建设、劳动、成本、零售商品周转、文化建设、保健及体育等九个方面的内容。中财委财经计划局根据这一指示，对各部门各地区的编制工作提出三点要求：第一，经济建设既要反对"慢性病"，也要反对"急性病"；第二，制定计划的方法，一方面要从实际出发，另一方面要照顾到将来的远景，必须分清轻重缓急；第三，生产计划与基本建设计划要严格

分开，基本建设计划一定要有前期的设计与施工计划。①

具体实践中，由于客观条件的限制，1950年年度计划的制定工作基本处于自发状态，各部门各地区工作进展并不一致，有些部门和地区则根本没有制定出来。许多制定出来的计划，出于各项恢复工作牵扯大量精力、经济计划工作缺乏资料和经验、时间紧迫等原因，质量不高，可执行性不强，一时难以完成。因此，中财委在1951年年初总结时指出："由上而下的控制数字与由下而上的具体计划相结合，才能制定一个有政策有方针的能实行的现实的计划。"②

通过不断摸索，1952年1月，中财委颁布《国民经济计划编制暂行办法》。该办法提出经济计划编制工作的程序为：计划经济管理的组织系统，包括中央经济各部门、地方政府和基层企事业单位；计划经济管理的基本原则是统一计划、分级管理，指令性计划和指导性计划相结合；计划的程序是先自上而下颁发计划控制数字，然后自下而上编制和呈报计划草案，再自上而下地逐级批准和下达计划任务，实现综合平衡。③ 不久，中财委明确提出经济计划"两下两上"的编制程序，即：先由地方或基层自下而上地提出编制计划的建议数字，然后由中财委自上而下地颁发编制计划的控制数字，再由地方自下而上地呈报根据控制数字编制的计划草案，最后由中央政府自上而下地批准和颁布计划。④

在国民经济恢复期，中财委直接领导每年财政收支计划、物资调运计划、工农业生产和交通运输恢复计划的制定工作，很好

---

① 中国社会科学院、中央档案馆编：《1949—1952中华人民共和国经济档案资料选编（基本建设投资和建筑业卷）》，中国城市经济社会出版社，1989年，第165页。
② 同上书，第177页。
③ 同上书，第185页。
④ 程连升：《筚路蓝缕：计划经济在中国》，第91页。

地支持、配合了国民经济的恢复工作。1952年11月,国家计划委员会正式成立,负责制定和组织实施全国的计划工作。

四、东北地区计划经济的最初实践

1948年11月,东北地区成为全国最先完全解放的地区之一。东北地区全境解放后,鉴于其雄厚的工业基础、丰富的矿产资源、良好的农业条件、便利的交通设施,中共中央提出"让东北工作先走一步"的方针,决定举全国全党之力帮助东北,使其休整、建设三年。当时,中共中央估计解放战争还要进行三年,休整、建设后的东北,可以成为解放战争胜利后全国经济建设的坚强后盾。于是,东北地区便立即开始进行全面恢复国营工业和有计划地开展建设等工作。

1945年日本投降后,东北工业遭受多次洗劫、破坏,大部分工厂、矿山停产。国民党政府变"接收"为"劫收",毫不重视生产,肆意盗卖工矿企业的机械设备,致使东北工业满目疮痍。东北解放后,人民政权接收了日伪和国民党官僚资本在东北的所有工厂、矿山、铁路、银行和其他企业,使之成为社会主义性质的国营企业。同时,还重点解决了交通运输保障、动力原料供应等问题。

在工业建设成为东北中心任务的大背景下,由于东北国营经济比重较高、战时特征明显、发展任务艰巨急迫,因此,中共中央东北局、东北行政委员会认为东北经济建设需要实行计划管理。再加上沈阳解放后有400多家厂矿被人民政权接收,开展计划工作的条件大体具备。于是,东北工业部首先将国营工业按照专业系统管理,从而改变了以往按照地域管理的办法。当时,东北的国营工业共分设电业、煤矿、机械、有色金属、金矿、林业、纺织、企业管理八个管理局及鞍山钢铁、本溪煤矿两家公司。

1949年1月,中共中央东北局、东北行政委员会发布《关于成立东北经济计划委员会及各级计划机关的决定》,其中规定:在东北财政经济委员会内,成立计划委员会,负责制定1949年整个东北地区国民经济建设的初步计划,并使之成为全区计划经济的领导机关;在东北行政区一级的工业、农业、军需、铁路、交通、商业、财政、银行各部门以及所属系统之内,成立计划处或计划科,专门负责计划工作;在各省及大区直辖市的财政经济委员会内,设立计划处,专门负责该省、市区域内的全部经济建设的计划工作。①

东北的国民经济计划委员会,由李富春任主任。在不久后的中共七届二中全会上,李富春在大会上发言指出:"没有全面的计划,就没有城市工作的正规化。"② 会后,他传达全会精神时,强调:"今天情况复杂了,任务繁重了,我们要进行细致的工业建设工作,就不能满足于大概的估计与一般的领导,而需要钻研业务,需要准确的计划、具体的领导和细密的组织工作。当政策、计划确定之后,要保证它的实现,就要依靠严密地组织每一个执行过程,具体钻研执行当中的问题,提出解决的办法,并且还要及时总结经验,推进工作。"③

国民经济计划委员会成立后,在李富春的领导下,开始了制定1949年国营工业计划的工作。3月,国民经济计划委员会提出1949年国营工业计划大纲及生产计划、修建计划、经理计划。5月,中共中央东北局和中财委批准了这个以重工业为重点的国营

---

① 吴承明、董志凯主编:《中华人民共和国经济史(第一卷1949—1952)》,中国财政经济出版社,2001年,第173—174页。
② 房维中、金冲及主编:《李富春传》,中央文献出版社,2001年,第357页。
③ 《李富春选集》,中国计划出版社,1992年,第67—68页。

工业生产与建设计划。

东北地区的1949年国民经济计划，是中国共产党领导下的解放区的第一个国民经济计划，也是中华人民共和国成立后实行的第一个区域性国民经济计划。编制过程中，李富春等人做了大量的调查研究工作，以便了解东北的经济状况、掌握编制计划的确切依据。李富春还注意学习国外编制国民经济计划的经验，听取各个经济、技术专家的意见和建议。这个计划，是以恢复为主、以重工业建设为重点的发展国民经济的年度计划，预期投资价值200万吨粮食的资金（因国民党统治时期遗留的严重通货膨胀，当时物价不得不以实物折算）。计划开始实施后，李富春激动地表示：这个国民经济恢复计划是东北地区工作重心从乡村到城市转变的一个"重要关键"，也是一个"重要标志"。[①]

在各方面的共同努力下，至1949年8月，东北地区绝大多数厂矿完成或超额完成了生产与修复计划。全年主要产品产量计划执行结果为：生铁完成183.5%，平炉钢锭完成128.4%，电炉钢锭完成157%，电铜完成125%，电铝完成103%，原煤完成124%，发电和购电量完成103%，工作母机完成114%，水泥完成109.4%。工人工资比1947年提高75%。

经过1949年的实践与摸索，1950年，经过中央政府批准，东北地区颁发《东北人民政府人民计划委员会组织条例》和《东北区各省（市）人民计划委员会组织条例》，进一步完善了计划管理体制。东北地区国民经济计划的圆满执行和计划管理体制的建立，为全国计划工作的建立和发展积累了丰富的经验。

---

① 利广安、王桂珍、秦明编：《纪念李富春》，中国计划出版社，1990年，第67页。

第二节 "一五"计划——中国由农业国向工业国转变的重要开端

在国民经济恢复和进行大规模经济建设的准备工作有了相当的基础后,中国共产党便将在全国范围内进行大规模计划经济建设的任务直接提到议事日程上来。根据国家统计局的统计,1952年与1949年相比,中国工农业总产值增长77.5%,年均增长21.1%,工农业总产值和主要产品产量均超过中华人民共和国成立前的最高水平。尽管如此,中国的国民经济状况依旧落后,现代工业在工农业总产值中仅占26.6%,重工业在工业总产值中仅占35.5%,工业水平远远落后于英美等国。从1953年开始,在中国共产党领导下,中国开始了以实施发展国民经济第一个五年计划为中心的大规模经济建设,这是实现由农业国向工业国转变的重要开端。

一、毛泽东指出,优先发展重工业的战略是"大仁政"

中共党史上,把1953年到1956年称为过渡时期,即从完成社会主义改造过渡到社会主义社会的时期。1953年,毛泽东正式将过渡时期的总路线表述为:"从中华人民共和国成立,到社会主义改造基本完成,这是一个过渡时期。党在这个过渡时期的总路线和总任务,是要在一个相当长的时期内,逐步实现国家的社会主义工业化,并逐步实现国家对农业、对手工业和对资本主义工商业的社会主义改造。这条总路线是照耀我们各项工作的灯塔,各项工作离开它,就要犯右倾或'左'倾的错误。"[1] 总路线的提

---

[1] 中共中央文献研究室编:《建国以来重要文献选编》(第四册),第602—603页。

出，是中共中央依据客观环境的新变化作出的重大决策，是七届二中全会所确定原则的进一步明确化和具体化，也符合当时中国的实际情况及社会发展规律。1954年，中共中央七届四中全会通过决议，正式批准过渡时期的总路线，使其成为全党的总行动纲领。同年9月，在第一届全国人民代表大会第一次会议上，过渡时期的总路线的内容被载入《中华人民共和国宪法》，成为整个国家的统一意志。

过渡时期的总路线，可以概括为"一化三改""一体两翼"。其主体任务是逐步实现社会主义工业化，"两翼"分别是对个体农业、手工业的社会主义改造以及对资本主义工商业的社会主义改造。其中，社会主义工业化，是国家独立、富强的必然要求和必要条件。这也是中共在七大时便提出的奋斗目标——没有工业，便没有巩固的国防，便没有人民的福利，便没有国家的富强。因此，在条件成熟的情况下，中共中央提出过渡时期的总路线，从根本上符合进行大规模有计划的经济建设、实现国家社会主义工业化的历史要求。

"实现国家社会主义工业化"的目标确定后，具体走什么样的发展道路，采取何种发展战略，则需要根据中国实际特别是历史条件、国际环境作出慎重选择。

从世界工业发展史看，道路主要有三种：一是英美式的，先发展轻工业积累大量资本，然后发展重工业；二是德日式的，政府投资重工业，民间投资轻工业，二者并重；三是苏联式的，优先发展重工业，短时期内建立独立完整的工业体系。当时，考虑到美帝国主义的战争威胁、西方资本主义国家的经济封锁，考虑到中国"一边倒"、投入社会主义阵营的外交现实，中共领导人决定，借鉴苏联经验、争取苏联外援，确定优先发展重工业的战略，快速实现工业化，增强综合国力和军事力量，抵御外敌威胁。毛泽东将这个战略概括为：重点是用一切方法挤出钱来建设重工业和国防工业。他生动描述了中国工业的现状："现在我们能造什么？能造桌子椅子，能造茶碗茶壶，能种粮食，还能磨成面粉，还能造纸，但是，一辆汽车、一架飞机、一辆坦克、一辆拖拉机都不能造。"① 他还称赞优先发展重工业的战略是为人民的长远利益的"大仁政"，指出：现在，我们的重点应当放在建设重工业上。要建设，就要资金。所以，人民的生活虽然要改善，但一时又不能改善很多。就是说，不可不照顾，不可多照顾。不能照顾小仁政，妨碍大仁政。② 可见，在当时的历史条件下，面对极其落后的状况和争先恐后发展的国际环境，中国从领袖到普通群众，都有着急切要求改变落后面貌，急切要求赶超世界发达国家的心情。

二、出访苏联，签订协议

进行大规模有计划的经济建设、实现国家社会主义工业化，计划的科学制定是必不可少的先决条件。"一五"计划是中国的第一个中长期计划，也是中国共产党第一次编制的全国性大规模建设计划，从着手制定到正式通过历时三年半。在当时既缺经验又缺资料、人才的条件下，"一五"计划的制定注定充满着困难和挑战。

1951年，在中共中央政治局扩大会议上，毛泽东提出"三年准备，十年计划经济建设"的方针，决定自1953年起实施第一个五年计划，并要求立即开始计划编制工作。会议决定成立五年计划编制工作领导小组，成员有周恩来、陈云、薄一波、李富春、

---

① 《毛泽东文集》（第六卷），第329页。
② 中共中央党史研究室：《中国共产党历史 第二卷 1949—1978》（上册），第201页。

宋劭文，具体工作由中财委计划局负责。会后，中财委开始试编"一五"计划。

1952年6月，《1953年至1957年计划轮廓（草案）》编制完成。其主要内容包括钢铁、有色金属、机器、汽车、船舶、电器、化学、建筑材料、电力、煤矿、石油、纺织、轻工业、交通、邮电等行业的建设计划。7月，负责编制工作的陈云致信毛泽东，就编制工作进行说明：这次写的五年计划的要点是在今后五年中要办些什么新的工厂。因此在这一方面花的工夫较多。原有工厂的生产方面，也写进去了。但估计这一方面的生产数字一般是低的，可能超过。将来需要好好再讨论的。所以首先集中力量研究今后五年中新办工厂，是为了七八月间可以向苏联提出一个五年中供我装备的要求。[1]

在收到中财委提交的草案后，中央政治局进行了讨论，认为可以将这个草案带到苏联去征求意见，以便更好地争取苏联援助。7月10日，周恩来给毛泽东、刘少奇、朱德、陈云等写了一封长信。信中写道："在七月份我拟将工作中心放在研究五年计划和外交工作方面。其他工作当尽量推开，所拟分工计划如下：对五年计划，当着重于综合工作，俾能向中央提出全盘意见，并准备交涉材料。"[2] 毛泽东接到信后，当日批示同意。

8月，周恩来、陈云、李富春率政府代表团携带《关于编制五年计划轮廓的方针》《中国经济状况和五年建设的任务（草案）》和《三年来中国国内主要情况及今后五年建设方针的报告提纲》等文件赴苏联。代表团成员包括工业、农业、林业、军事等各部门的主要负责人。时任东北工业部计划处处长的袁宝华回忆道：

---

[1] 孙业礼、熊亮华：《共和国经济风云中的陈云》，中央文献出版社，1996年，第116—117页。

[2] 《周恩来书信选集》，中央文献出版社，1988年，第474页。

"由于我们许多人是第一次出国,所以对我们要求很严格。在出国之前,陈云同志把我们召集起来,提出了纪律要求:一是不讲越过职权的话,不该讲的不要讲,该讲的也要先请示了以后再答复对方;二是在行动上,外出必须经过请示,批准后才可行动,如果要找人会客,必须有正式手续;三是在风俗习惯上,要入国问俗,按规矩办事;四是不能乱敬酒,不准喝醉酒,主要是因为苏联人爱喝酒,而且一喝酒就要喝醉为止;五是外出坐车要听从苏联方面的安排。"①

8月下旬,苏联领导人斯大林阅看了上述文件。文件上写道:"今后五年是中国长期建设的第一个阶段,其基本任务是:为国家工业化打下基础,以巩固国防、逐步提高人民的物质生活和文化生活,并保证中国经济向社会主义前进。"文件中,请苏联政府"将我们已提出的五年计划轮廓的方针、任务及主要指标加以审查。在中国是否可以如此建设,中国的建设如何与苏联及新民主主义国家的建设计划取得配合。并请苏联国家计划委员会与有关部门对我们的建设规模、时间及有关问题,加以具体的审查"。同时,还请苏联政府在设计、工业设备、专家、技术资料等方面提供援助。②

斯大林看完文件后,于9月3日约见周恩来、陈云、李富春、张闻天、粟裕等中国代表团成员。会谈中,周恩来强调,中国第一个五年计划的实现,取决于中国人民的努力和苏联的援助。周恩来还谈了中国"一五"计划的规模,最初拟定建设151个工厂(不包括航空工业、坦克制造、船舶制造等企业),现压缩为147个。随后,斯大林谈了三点意见:第一,中国三年经济恢复时期

---

① 陈夕主编:《中国共产党与156项工程》,中共党史出版社,2015年,第720页。
② 中共中央文献研究室编:《陈云传》(二),第827—829页。

的工作,"给我们这里的印象很好"。经过第一个五年计划,中国应当能够制造汽车、飞机、军舰。第二,中国工业发展的速度一定很快,但五年计划规定工业总产值每年递增速度为20%过高,应下降为15%为宜,计划要留有余地,要有后备力量。第三,苏联愿意为中国实现五年建设计划提供所需要的设备、技术、贷款等援助,并派出专家帮助中国。斯大林还对周恩来说:我们现在还不能说最后的肯定意见,需要用两个月时间加以计算之后,才能说可以给你们什么,不能给什么。你恐怕不能久等。周恩来回答:我们来时,预定我和陈云9月中旬就回去,李富春和一部分同志可以留下。①

9月22日,周恩来、陈云、粟裕等一行17人离开莫斯科回国。出发前,周恩来指定李富春代理代表团团长一职,领导各组留下来一面继续与苏方商量援助项目中的具体细节,一面学习计划管理的经验。代表团成员袁宝华回忆道:"在近一个月的时间里,由苏联计划委员会的14位副主席和主要委员分别给我们讲课,前后共讲了20多次。我们十几个人,分头把听课内容详细记下来并加以整理,编辑成一本书,就是后来由国家计委出版的《关于经济计划问题》。苏联专家讲授的主要题目有:国民经济计划工作的组织和国民经济计划的平衡方法;工业生产计划;黑色冶金计划工作;燃料工业计划;电力;机器制造;基本建设计划;劳动计划;干部教育及技术人员与工作的分配;人民财政收支计划;商品周转计划;生产费与周转费计划;农业计划;财务计划;物资技术供应与物资平衡计划;统计工作;新技术计划。"②

经过三个多月的紧张准备,1953年1月5日,苏联国家计委

---

① 师哲口述、李海文著:《在历史巨人身边:师哲回忆录》,九州出版社,2015年,第373页。
② 陈夕主编:《中国共产党与156项工程》,第729页。

同中国代表团举行首次小组会谈，全面研究中国的建设计划。经过长时间的讨论，苏联方面认为，中国"一五"计划草案中提出的工农业发展速度、铁路运输增长速度、基本建设指标等都过高，是力不能及的，必须降低。另外，苏联方面对钢铁、有色金属、化工、建筑材料、煤矿、石油、电力、机器制造、兵工等工业的新建、扩建规模，以及选择的厂址等也都提出了具体、中肯的建设性意见。其间，有一个事例较能反映中方经验和知识的不足。"一五"计划草案中提出，五年要修一万公里铁路。当时，中方并不太清楚修一万公里铁路需要多大的工作量，要投入多少资金，耗费多少人力、物力。苏联方面当即指出，根据中国当时的国力，五年不可能修一万公里铁路，技术上、财力上都做不到。苏联每年也难以做到修建两千公里铁路。因此，苏联方面建议中方大大降低这一指标。①

1953年5月13日，经过中苏双方协商，《关于苏维埃社会主义共和国联盟政府援助中华人民共和国中央人民政府发展中国国民经济的协定》的签字仪式正式举行。李富春受中共中央委托，代表中国政府签字。这一协定，规定苏联援助中国新建和改建工业项目。这些项目，后来被统称为"156项工程"，包括钢铁、有色冶金、煤矿、石油炼油、重型机械、汽车、拖拉机制造等，还有若干国防工业。它们的开工建设，构成了中国工业建设的核心和骨干。

三、全国计划系统确立"两下一上"的工作程序

周恩来、陈云等回国后，首先向中共中央政治局进行了汇报。随后，中共中央确定了必须以发展重工业为重点，集中有限的资

---

① 房维中、金冲及主编：《李富春传》，第430—431页。

金和建设力量，首先保证重工业和国防工业的基本建设，特别是确保那些对国家起决定性作用、能迅速增强国家工业基础与国防力量的主要工程的完成等指导思想。

为了贯彻发展重工业的既定政策，加强对计划工作的领导，加快"一五"计划的编制过程，1952年11月15日，中央人民政府委员会第19次会议通过决议，增设国家计划委员会（以下简称国家计委）。国家计委的工作任务是：在中央人民政府的领导下，负责编制我国长期和年度的国民经济计划。国家计委主席为高岗，副主席为邓子恢。国家计委当时被称为"经济内阁"。关于国家计委的工作，中共中央进行过专门的讨论。毛泽东考虑到正在进行的朝鲜战争，提出"边打、边稳、边建"的方针。他要求计划工作部门要学习苏联经验，并根据中国实际情况工作。国家计委成立不久，毛泽东就在中南海颐年堂接见计委的领导干部。他再次要求，做计划不要坐在屋子里做，要反对主观主义。

国家计委成立后，中共中央发出指示，要求系统地建立和健全各级计划机构：中央各部及所属专业局、省（市）和省属市以上的计划机构，应于1954年6月底以前建立和健全；各基层企业单位的计划机构及县（旗）机构的建立和健全，不得迟于1954年年底。指示中规定：中央人民政府所属各国民经济部门和文教部门及其所属各级计划机构的主要任务是"按照准确的统计资料和先进的技术经济定额，发掘潜力，正确地编制年度的（包括季度的计划，基层企业单位还应编制每月的计划）和长期的生产计划、基本建设计划、事业、财务及其他方面的计划；经常检查计划的执行情况，发现问题，及时向上级提出关于计划执行情况的报告和保证完成计划措施的建议"。各大行政区、各省（市）、省属市及县（旗）人民政府计划机关的主要任务是"按照中央颁发的控制数字，对本地区各经济、文化、教育部门编制的计划草案进行平衡计算，编制本地区国民经济的综合的年度计划与长期计划"。①

在全国计划机构建立和健全的同时，有关计划编制的程序和方法也在一步步完善。1952年12月，中共中央发布《关于编制1953年计划及五年建设计划纲要的指示》，提出以下要求：一是以"边打、边稳、边建"的方针指导国家建设工作，抗美援朝和经济建设必须并顾，这是我们制定计划的出发点；二是必须以发展重工业作为建设的重点，要集中使用国家有限的资金和建设力量来保证重工业和国防工业的基本建设；三是在编制计划时必须充分发挥现有企业的潜在力量，反对保守主义，并以平均的先进技术经济定额作为制定计划的标准；四是必须以科学的态度从事计划工作，使计划能够正确反映客观经济发展的法则，为此要加强周密的调查统计；五是各部门和各地方在制定计划时，必须要走群众路线，积极吸收群众特别是先进人物参加和讨论计划的编制；六是各部门和各地方在编制计划时，必须实行首长负责制，以确保编制任务的按期完成。②

1953年8月5日，中共中央批准试行国家计委制定的《关于编制国民经济年度计划暂行办法（草案）》。这是第一个比较具体的关于计划编制工作的全国性条例，阐明了计划编制的主要原则和要求。它的具体内容有：

一、国民经济计划应当根据我国社会经济情况和国家总的方针、政策和基本任务制定，要尽可能反映我国的基本经济法则和国民经济有计划按比例发展方针。

二、国民经济计划应当既积极又可靠，各种计划之间应当密切

---

① 中国社会科学院、中央档案馆编：《1953—1957中华人民共和国经济档案资料选编（综合卷）》，中国物价出版社，2000年，第350—351页。

② 同上书，第356—359页。

配合、相互衔接。

三、对于不同的经济成分应当有不同的计划，除对国营经济实行直接计划外，其他经济成分都实行间接计划。

四、对于不同的经济成分、不同规模的企业和事业应当有不同的要求，对中央各部所属的国营企业要作出比较完整的全面计划，对地方国营企业只要求几项主要指标，对合营企业和合作社的计划应更简化，对私人资本主义工业仅要求省（市）估计其总产值和主要产品产量，对个体手工业只要求省（市）估计其总产值，对个体农业则只能规定方向性的控制指标。

五、国民经济计划基本上按照中央主管部门和地区两个系统编制，内容上要各有侧重，最后由国家计委进行综合并编制。

六、年度计划确定后，中央各部、大区、省（市）及其所属各级计划部门均应制定季度计划，但内容上只限于国营、合营、合作社的工业、商业和交通运输业。

七、国民经济计划编制程序为"两上一下"，即自上而下颁发控制数字与指标，自下而上编制计划草案，再自上而下批准下达计划。

八、计划确定以后，在一些特殊情况下，经过一定的批准手续，可以对计划进行部分修改。

到1954年，根据自上而下、自下而上、上下结合的原则，全国计划编制工作"两上一下"的工作程序进一步完善：

第一步，提出和下达计划控制数字。国家计委在各单位编制计划前，先进行调查研究，广泛听取各方面意见，并对国民经济和社会发展的主要指标进行经济预测及初步综合平衡。在此基础上，提出控制数字，经国务院审查批准后，下达到各部门和省、市、自治区，以指导他们编制计划。控制数字主要包括：对基期计划执行情况的预计，计划期经济和社会发展的方针、任务、重点和需要采取的重大措施，国民经济发展速度，工农业主要产品产量，建议规模和投资方向，人民生活水平提高幅度，以及其他主要指标的初步设想。

第二步，编制和上报计划草案。各省、市、自治区和国务院各部门接到国家下达的计划控制数字后，结合本地区和本部门的实际情况进行研究，并将它分解，逐级下达到基层计划单位。各计划基层单位依据国家下达的控制数字，结合本单位的实际情况，制定出本单位的计划草案，上报上级主管单位。各省、市、自治区计划委员会和国务院各部门将本地区、本部门所属单位上报的计划草案经过汇总平衡后，制定出本地区、本部门的计划草案，报送国家计划委员会。与此同时，各省、市、自治区将其计划草案的有关部分抄送国务院各部门，国务院各部门将其计划草案的有关部分抄送省、市、自治区。

第三步，批准和下达正式计划。国家计划委员会在国务院各部门和各省、市、自治区计划委员会报送的计划草案的基础上，进行全国综合平衡，统筹安排，制定出全国的国民经济和社会发展计划草案，提交国务院审定后，报请全国人民代表大会审议批准。计划草案经过人民代表大会批准后作为正式计划，按隶属关系逐级下达到基层单位执行。①

四、"五年计划，计划五年"

根据中共中央的指示，1953年年初，陈云领导了"一五"计划的第三次编制工作。3月，由于长期高负荷工作，陈云病倒了，不得不暂时离开工作岗位到外地休养。第三次编制工作，主要是对之前的《一九五三年至一九五七年计划轮廓（草案）》（简称

---

① 程连升：《筚路蓝缕：计划经济在中国》，第93—94页。

《五年计划轮廓（草案）》）进行修改、充实，对五年基本建设投资在各部门的分配进行调整。由于当时苏联援助的项目没有最终确定下来，因此仍然没有能够拿出一个完整的计划草案。"一五"计划未定，而中共中央早已决定1953年开始实施"一五"计划，因此，第一年只能通过年度计划来体现。"一五"计划一边编制、一边实施的情况，是由当时缺乏资料、缺乏经验和缺乏人才的特殊历史条件所决定的。有人把这种具有浓厚探索色彩的编制过程形象地称为"五年计划，计划五年"。

陈云因病休息后，国家计委的负责人接手编制工作。1953年春，随中国代表团访苏的宋劭文回国，带回李富春的信、中国代表团与苏共领导人的谈话记录、五年计划的项目协议草案及斯大林等人对五年计划草案框架的意见等文件。6月，李富春回国后，向中共中央提交了《在苏联商谈我国五年计划的方针任务的意见》。为了提高计划的科学性、可行性，国家计委根据中共中央的要求，参照苏联的建议，对"一五"计划进行第四次编制。这次编制，对上一次计划草案做了较大的调整，将工业年平均增速由20%下降到14%至15%，并提出加快发展农业和交通运输业。然而，出于种种原因，这一次编制工作仍不能令中共中央和毛泽东感到满意。

1954年年初，毛泽东要求重新编制"一五"计划。2月，中共中央政治局扩大会议决定成立以陈云为主持人的八人工作小组，对"一五"计划进行第五次编制。陈云接到指示后，于2月19日召集中央财经、文教各部部长开会，布置编制工作。会上，陈云传达了毛泽东的指示。陈云鼓励大家：规定的时间非常紧，但现在编制"一五"计划有很多有利条件。首先，苏联援助项目已经确定，项目是141个，设计和设备安装的时间也已经安排好。其次，朝鲜战争已经停下来了，军费和意外的支出都已减少。再次，总路线已经宣布，而且经过广泛宣传已深入人心。最后，大家已经有了几次编制计划的经验。因此，短时间内完成这一任务是有可能的。

6月30日，陈云就编制"一五"计划的有关情况向中共中央政治局扩大会议做了汇报。汇报中，陈云明确提出，制定计划要分轻重缓急，哪些事能办，哪些事办不到，必须毫不含糊。他说，在财政方面要反对两种倾向：一种是冒进，即将财政收入全部分出去，搞到中途财政破裂；一种是保守，即有钱不用，妨碍建设。为了避免这两种倾向，一方面要保有一定数目的预备费，一方面要准备在年度计划中增加可能的投资。①

值得注意的是，在这次汇报中，陈云提出综合平衡法"四大比例、三大平衡"的具体要求。他指出：所谓综合平衡，就是农业与工业、轻工业与重工业、重工业各部门之间、工业发展与铁路运输之间要按比例发展，财政收支、购买力与商业供应、主要物资供需之间必须平衡。他强调：按比例发展的法则是必须遵守的，……合比例就是平衡的，平衡了，大体也是合比例的。②

8月，在陈云、李富春主持下，八人小组又接连举行了17次会议，对"一五"计划初稿逐章逐节进行讨论修改。10月，毛泽东、刘少奇、周恩来等在广州集中了一个月时间，共同审核草案初稿。11月，中共中央政治局又用了11天时间，仔细讨论了"一五"计划的方针任务、发展速度、投资规模、工农业关系、建设重点和地区布局，又提出许多修改意见。

1955年3月，中国共产党举行全国代表会议，通过《中华人民共和国发展国民经济的第一个五年计划（草案）》。7月，第一

---

① 程连升：《筚路蓝缕：计划经济在中国》，第95页。
② 中共中央文献研究室编：《陈云年谱》（修订本中卷），中央文献出版社，2015年，第325—326页。

届全国人民代表大会第二次会议召开，时任国家计委主任的李富春向大会作了《关于发展国民经济第一个五年计划的报告》，报告了"一五"计划的编制经过、基本任务和基本要求。

李富春在报告中，将"一五"计划的中心任务表述为"为实现国家的社会主义工业化奠定基础"。此外，他还阐释了具体任务："集中主要力量进行以苏联帮助我国设计的一百五十六个单位为中心的、由限额以上的六百九十四个建设单位组成的工业建设，建立我国的社会主义工业化的初步基础；发展部分集体所有制的农业生产合作社，并发展手工业生产合作社，建立对于农业和手工业的社会主义改造的初步基础；基本上把资本主义工商业分别地纳入各种形式的国家资本主义的轨道，建立对于私营工商业的社会主义改造的基础。"[1]

接着，李富春对"一五"计划的安排进行了说明。他表示，五年内全国经济建设和文化建设的支出总数为766.4亿元，其中属于基本建设的投资是427.4亿元，占55.8%。五年内，工业总产值每年递增14.7%，农业总产值平均每年递增4.2%。在工农业发展的基础上，1957年全国社会商品零售总额达到498亿元，比1952年增长80%左右。五年内文化、教育和科学研究事业将有较大发展。五年计划对人民物质文化生活水平的提高做了适当安排。五年内职工的平均工资约增长33%，农村人民的生活将逐步得到改善，随着生产的发展和商品化程度的提高，购买力将增长近一倍。[2]

此外，李富春还对"一五"计划的若干重大问题，比如基本建设规模、轻重工业的投资比重问题、大中小型工业企业的配合

---

[1] 房维中、金冲及主编：《李富春传》，第453—454页。
[2] 同上书，第454页。

问题、工业地区布局问题、工业建设的标准问题、提高企业经营管理水平、农业增产、保证市场稳定、培养干部及厉行节约等问题一一进行了说明。报告的最后，他说道："我国第一个五年计划是一个伟大的计划，它将开始改变我国百年来经济落后的历史，把我国向工业化的社会主义社会目标推进。"① 大会同意了李富春所作的报告，审批并批准了"一五"计划。

"一五"计划包括绪言和11章，共计11万余字。各章的标题分别是：1. 第一个五年计划的任务；2. 第一个五年计划的投资分配和生产指标；3. 工业；4. 农业；5. 运输和邮电；6. 商业；7. 提高劳动生产率和降低成本的计划指标；8. 培养建设干部，加强科学研究工作；9. 提高人民的物质生活和文化生活的水平；10. 地方计划问题；11. 厉行节约，反对浪费。

至此，中华人民共和国第一个经济建设蓝图终于完整地绘制出来了。中国将开始改变百年来经济落后的屈辱历史，朝着工业化社会主义社会目标不断推进。当时，中国实施五年计划的举动还引起国际社会的高度关注。《伦敦工人日报》评论说："（第一个五年计划）不仅对于中国是一件具有不可估计的重大意义的事情，并且对于全人类也是一件具有不可估计的重大意义的事情，因为新中国是一支和平力量。"②

五、中国历史上空前的投资举动

"一五"计划从1951年开始制定。由于中华人民共和国成立前留下的经济统计资料不齐全，国内资源状况掌握不明，原有企业生产能力估计不准，再加上从中央到地方，各级部门都缺乏编

---

① 房维中、金冲及主编：《李富春传》，第455—456页。
② 《第一个五年计划的编制与实施（1953—1957年）》，《中国产经》，2018年第3期，第75—83页。

制经济建设计划的经验，因此计划草案历经四年的修订、调整、补充，数易其稿，终于在1955年得到确定。但是，"一五"计划的建设任务实际上从1953年，即计划的编制过程中，便开始执行实施了。

"一五"计划规定，五年内国家用于经济建设的投资总额达766亿元。这是中国历史上空前的投资举动。用于工业基本建设的投资，占全部基本建设投资的58.2%，其中又有88.8%用于重工业建设，特别是"156项工程"。如前所述，苏联援建的"156项工程"成为中国工业建设的核心和骨干。"一五"计划中的工业化建设部分，实际上也是以"156项工程"为核心展开的。[①] "156项工程"的特点有：一是聚焦重工业和基础工业，包括国防、机械、电子、冶金、化学、能源等方面；二是填补空白，大部分对于中国来说都是先进的技术，填补了工业的空白；三是缓解地区间的不平衡，许多企业设在中西部，加快了中西部地区的工业化。

"156项工程"一共包括：7个大型钢铁联合厂、14个有色金属冶炼加工厂、32个机器制造厂、18个动力及电力机器设备制造厂、26个国防工厂、27个煤井和洗煤厂、24个电站、1个炼油厂、3个制药厂、1个造纸厂及其他。1955年3月，中苏又签订新的协议，增加了新项目，经过对项目的增减拆并，苏联援建的项目总共为166个，但习惯上仍称其为"156项工程"。"156项工程"中的第一批项目，1950年便已开工建设，如阜新海州露天矿、辽源中央立井等。绝大多数项目，是在1952年后开始施工的。1953年开工的长春第一汽车制造厂，是中国第一家现代化汽车制造厂。

---

① "156项工程"的实施，实际上是整个20世纪50年代中国工业化进程的标志，贯穿于整个"一五"计划和"二五"计划之中。

历经三年建设，长春第一汽车制造厂于 1956 年 7 月生产出第一辆解放牌汽车，结束了中国不能生产汽车的历史。位于河南洛阳的洛阳拖拉机制造厂和洛阳滚珠轴承厂，也都填补了国家在相关领域的空白。1954 年开工的国内最大的医药联合企业华北制药厂，投产后基本满足了国内对青霉素的需求，从根本上改变了青霉素依赖进口的状况。1955 年，在松花江北岸荒地上，施工人员艰苦奋战，建成了国内最大的染料厂、化肥厂以及亚洲最大的电石炉，它们组成了中国最大的化学工业基地——吉林化工区。"一五"计划期间，还扩建了国内最大的钢铁基地鞍山钢铁公司（新增大型轧钢厂、无缝钢管厂、七号炼铁炉），兴建了两个新的钢铁基地——武汉钢铁公司和包头钢铁公司，为全国钢铁工业的进一步发展奠定了基础。上述工业成就，对于当时的中国来说，都是令人振奋、催人奋进的消息。

尽管取得了很大的成绩，但不可否认的是，"一五"计划执行过程中，仍出现了一些问题，比如农业的发展远远落后于工业发展的需要。同时，能源、交通运输、原材料工业产品的生产，也不能满足工业建设的需要；技术、装备、资金、设计等方面，都严重依赖苏联的帮助；1953 年、1956 年，两次出现冒进、过热现象，建设规模和发展速度超出国家经济承受能力。但这些问题，中共中央大多及时发现，并采取一定的措施加以缓解或解决。

六、"我国计划史上的春天"

经过五年的艰苦奋斗，至 1957 年年底，"一五"计划以苏联援建的"156 项工程"为中心，施工建设限额以上工矿项目 921 个（其中全部投入生产的有 428 个，部分投入生产的有 109 个）。国家基本建设投资共 493 亿元，超过原定计划的 5.3%，加上企业和地方自筹部分，全国实际完成588亿元。新增固定资产492亿元，是1952年全国全部固定资产原值的1.9倍。

"一五"计划的各项指标都大幅超额完成，取得了令世人瞩目的辉煌成就。对此，国务院原副总理邹家华评价道："五十年代，我们在经济基础十分薄弱的情况下，集中力量，以'156'项为骨干，在冶金、机电、国防军工和水利等方面进行了大规模的重点建设。……这些重点项目的建成投产，不仅奠定了新中国工业化的初步基础，而且为以后进行大规模的建设和企业管理培养了干部，积累了经验。"①

工业的高速增长，初步改变了我国工农业总产值以农业为主的局面。1957年，工业总产值占工农业总产值的比重达56.8%。工业总产值中，轻重工业比例发生改变，重工业产值所占比重上升至45%。1957年，全国钢产量535万吨，是1952年的3.96倍；原煤产量1.31亿吨，是1952年的1.96倍；发电量193.4亿度，是1952年的2.66倍；机床2.8万台，是1952年的2.04倍。"一五"计划期间，一大批填补空白的基础工业部门相继建立，如飞机、汽车、发电设备、重型机器、新式机床、精密仪表、电解铝、无缝钢管、合金钢、塑料、无线电和有线电的制造工厂等。

新兴工业的相继建立，初步改变了中国工业门类残缺不全的面貌，为国家建立独立完整的工业体系和实现国民经济的技术改造奠定了基础。大量在中西部施工投产的工矿企业，使中国工业过分偏向东部沿海的布局得到改善。在重工业的带动下，农业和轻工业也得到了发展。人民的生活水平、平均消费水平、就业率也逐步提高，文化教育取得较大发展，城乡环境卫生和个人卫生状况有了显著改善。五年间，国家社会总产值平均每年增长11.3%；

---

① 国家统计局投资司编：《中国重点建设》，法律出版社，1991年，第434页。

工农业总产值平均每年增长 10.9%；国民收入平均每年增长 8.9%；物价基本稳定，财政收支平衡，略有结余（见图 1-1）。

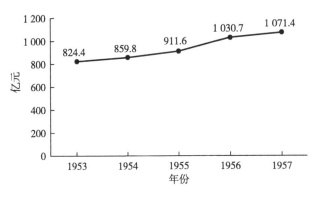

图 1-1 "一五"时期国内生产总值

"一五"计划对中国经济发展有决定性的加速作用。可以说，"一五"时期，中国所取得的工业生产成就，远远超过此前的 100 年。这一时期，也是 1978 年以前中国经济效益最好的时期，因此，被人们称为"我国计划史上的春天"。《剑桥中华人民共和国史》认为，"从经济增长数字看，'一五'计划相当成功。国民收入年均增长率为 8.9%（按不变价格计算），农业产出和工业产出每年分别以 3.8% 和 18.7% 的速度递增。由于人口年增长率为 2.4%，而人均产出率为 6.5%，这就意味着每隔 11 年国民收入就可以翻一番。与 20 世纪前半叶中国经济的增长格局相比——当时产出增长仅和人口增长相当——第一个五年计划具有决定性的加速作用。就是同 50 年代大多数新独立的、人均产出年增长率为 2.9% 的发展中国家相比，中国的经验也是成功的。例如印度，也是大陆型的农业经济国，最初的经济状况和中国相似，但它在 50 年代的人均产出增长率还不到 2%"①。

---

① 《第一个五年计划的编制与实施（1953—1957 年）》，《中国产经》，2018 年第 3 期，第 75—83 页。

第三节 经历大起大落的"二五"计划

1955年8月,"一五"计划正式颁布不到一个月,中共中央便已经开始考虑制定"二五"计划。10月11日,扩大的中共七届六中全会作出关于召开党的八大的决议,还把"关于发展国民经济的第二个五年计划的指示"作为大会四项议程之一定了下来。

当时,"一五"计划的进展十分顺利,整个国家从领导人到群众都意气风发、斗志昂扬,期待更进一步加快建设速度。国际上,由于第二次世界大战后国际形势相对平缓,各国都在加快经济发展。1957年,苏联提出要用20年赶上美国,进入共产主义;同年11月,毛泽东在莫斯科接见中国留学生时,也提出中国的钢铁和主要经济指标要用15年赶上或超过英国。

然而,令人意想不到的是,"一五"计划取得的巨大成果,也使得党内开始出现忽视研究、把握经济发展规律的现象,进而在经济建设上表现出"左"倾冒进。在此背景下,"二五"计划从制定到实施,经历了许多波澜和坎坷,最终也未能正式颁布。更严重的是,"二五"时期,中国还出现重大挫折和巨大的经济困难。

一、"各方面千军万马,奔腾而来"

1955年8月,国务院在北戴河召开会议,各部委均提出关于"二五"计划的各项指标。在此基础上,国家计委开始编制"二五"计划,并提出初步设想:到1962年,工农业总产值达到2 700亿元,粮食产量达到4 600亿斤,棉花产量达到4 300万担,年平均增长率分别是9.9%、3.6%、3.5%。这一增长速度,基本上是符合当时的客观情况的。10月,国家计委将这一设想上报中共中央和国务院。12月初,国家计委主任李富春专门向中共中央和毛泽东进行了汇报。

然而，就在这期间，党内发生了一场关于农业合作化速度问题的争论。其结果是，农业、手工业和资本主义工商业的改造都加速进行、急促完成。这也使得毛泽东认为，其他各方面的工作和建设都可以快速完成。1955年12月，他指出：这件事告诉我们，中国的工业化规模和速度，科学、文化、教育、卫生等项事业的发展规模和速度，已经不能完全按照原来所想的那个样子去做了，这些都应当适当地扩大和加快。① 可见，毛泽东对10月国家计委提交的报告是不满意的。根据毛泽东的指示精神，1956年1月1日，《人民日报》发表元旦社论，明确提出又多、又快、又好、又省的要求。

"多、快、好、省"是对经济建设的一种理想要求，即希望以较快的速度、较好的质量、较低的成本，取得更多的建设成果。其初衷是好的。但是，方针提出后，很快就被片面地理解执行了——很多人只注重"多、快"，忽略了"好、省"，只讲数量、速度，不看质量、成本。

急于求成的心态，叠加人们希望迅速实现工业化的期待、热情、干劲，很快扩散到经济建设的各个领域。1956年年初，国务院各经济部门再次召开会议。会上，在"提前实现工业化"等口号激励下，各部门纷纷提出，计划要尽量往前赶，要多准备生产能力，早上多上基本建设项目。对当时的情景，薄一波后来回忆：会议"将建设项目追加到745个，建成的追加到477个；几个月以后，又将建设项目追加到800个，建成项目追加到500多个。正像周总理所说的：'各方面千军万马，奔腾而来'，'基本建设一多，

---

① 中共中央文献研究室编：《建国以来重要文献选编》（第七册），第368页。

就乱了,各方面紧张'"①。

在这样的情况下,国家计委对"二五"计划进行了修改,扩大了建设规模,提高了生产指标。修改后的指标要求:至1962年,钢产量达到1 200万吨,煤达到2.4亿吨,发电量达到500亿度,化肥达到450万吨。可是,这样提高了的指标,仍不能满足各方面的要求。到了1956年4月,上述指标再一次被提高,新的指标要求:至1962年,钢产量达到1 400万吨,煤达到2.45亿吨,发电量达到550亿度,化肥达到600万吨;工业总产值达到1 960.5亿元,比1952年增长4.7倍。

可以看到,1956年春,中国经济建设领域的急躁冒进氛围愈来愈浓烈了。

二、周恩来忧心表示,"搞计划必须实事求是"

1956年春天,经济建设中的急躁冒进很快便引发一些不良反应。"不但财政上比较紧张,而且引起了钢材、水泥、木材等各种建筑材料严重不足的现象,从而过多地动用了国家的物资储备,并且造成国民经济各方面相当紧张的局面。"② 人们盲目要求上项目、争投资的势头,丝毫没有减弱的趋势。对此,周恩来等十分重视,并且想方设法做一些力所能及的工作,以缓解这种紧张局面。

1956年2月6日,周恩来同国家计委主任李富春、财政部部长李先念研究如何在计划会议、财政会议上压缩指标的问题。周恩来表示,已经存在"不小心谨慎办事,有冒进、急躁倾向"的

---

① 薄一波:《若干重大决策与事件的回顾》(上),第374页。
② 中共中央文献研究室编:《周恩来经济文选》,中央文献出版社,1993年,第279—280页。

情况，计委、财政部要"压一压"。① 随后，经过计划会议、财政会议的努力，年度基本建设投资压到了147亿元。② 2月8日，周恩来在国务院会议上强调，经济工作要实事求是。他表示："现在有点急躁的苗头，这需要注意。社会主义积极性不可损害，但超过现实可能和没有根据的事，不要乱提，不要乱加快，否则就很危险。""绝不要提出提早完成工业化的口号。冷静地算一算，确实不能提。"③ 4月10日，周恩来在国务院常务会议上指出："搞计划必须注意实事求是。""搞生产就要联系到平衡。"④

1956年6月，周恩来开始将精力转向直接抓"二五"计划建议的编制工作，以便在中国共产党第八次全国代表大会召开时向大会提交。当时离八大开幕只有两个半月的时间，国家计委的编制工作却陷入一筹莫展的困境之中，迟迟拿不出一个符合"既反保守又反冒进，坚持在综合平衡中稳步前进"方针的计划草案。

对于这种困境，李富春解释道：现在各部仍在要求增加投资和基建事业项目，这是和国家在第二个五年计划中所能发掘的人力、物力、财力有矛盾的。我们认为，不仅不能增加，而且照原来向中央汇报的规模和速度，还需减少。在今日以前，各部一直在考虑如何增加的问题，今日以后则要请各部注意研究如何减少的问题。如果各部不从这一方面做准备，则第二个五年计划就难以制定，也难以进行平衡。⑤

---

① 中共中央文献研究室编：《周恩来年谱（一九四九——一九七六）》（上卷），中央文献出版社，1997年，第545页。
② 薄一波：《若干重大决策与事件的回顾》（上），第375页。
③ 中共中央文献研究室编：《周恩来年谱（一九四九——一九七六）》（上卷），第545页。
④ 同上书，第564页。
⑤ 沈志华：《处在十字路口的选择：1956—1957年的中国》，广东人民出版社，2013年，第128—129页。

周恩来也十分着急。1956年7月，他连续召开国务院常务会议，讨论国家计委报送的两份"二五"计划草案。周恩来在会上指出："第一方案冒进了。对今天讨论的第二方案要精打细算，搞一个比较可行的方案，作为向八大的建议。这就需要打在稳妥可靠的基础上，要大致准确。"针对粮食产量指标，他指出："提出在1962年粮食产量达到5 500亿斤就有很大虚假，是很不可靠的。"针对工业生产指标，他指出："设想到1967年钢铁产量达到2 700万到3 000万吨，这是高的想法。我国工业化的关键不在于钢能否达到这个数字，而在于我国的水平。"针对财政收支指标，他指出："每年以16%的速度增长，我们觉得有困难，应该压下来，最后压到2 350亿，递增12%。"在会上，周恩来全力支持编制"二五"计划的建议，指示国家计委根据"一五"计划的经验，做好各项平衡工作，留有余地，即要正确估计工农业生产增长速度和国民收入总额，在此基础上安排积累与消费比例，妥善处理农、轻、重的比例关系，提出稳妥的投资总额，以编制出可行的方案来。①

会后，周恩来帮助国家计委再一次调整"二五"计划建议。7月下旬，新的方案编制完成。8月3日至16日，周恩来与陈云出席国务院常务会议，审查新编制的方案，再次对部分指标进行调整。回京后，他又召集国家计委有关人员对方案进行推敲，随后提交中共中央。17日晚，他出席中共中央政治局扩大会议，会议主要讨论《关于发展国民经济的第二个五年计划的建议（第三次稿）》。

---

① 中共中央文献研究室编：《周恩来年谱（一九四九—一九七六）》（上卷），第595—596页。

三、"二五"计划建议提交中共八大

1956年9月,就在《关于发展国民经济的第二个五年计划的建议(第三次稿)》提交中共中央后不久,苏联方面传来了关于"二五"计划草案的意见。

苏联关于五年计划的意见对当时的中国来说十分重要。为了征求苏联的意见,1956年6月19日,李富春便率中国代表团赴莫斯科,商谈"二五"计划轮廓草案及苏联援助中国等问题。8月17日,苏联国家计委的巴乌金、巴亦巴可夫向李富春反馈对计划轮廓草案的意见。

巴乌金表示,对这个草案所规定的发展国民经济的方针、任务和基本道路没有意见,但是感到这个计划相当紧张,对草案规定"二五"时期积累率由"一五"时期的20%提高到26%,同时还要使居民收入增加三分之一表示质疑;提出在这样紧张的情况下增长速度又这样快,是否会造成很大困难;农业计划要超额完成是困难的,特别是在农业的收获量方面;物资平衡方面有很大差额,有些重要物资的平衡有赤字;基本建设投资比"一五"时期增加近两倍,这样的增长比例太大了。他建议减少基本建设的投资,以缓解整个计划的紧张情况。巴亦巴可夫首先表示苏联将诚心诚意援助中国,也解释了苏联在这方面的一些困难。针对计划轮廓草案,他表示:"虽说第二个五年计划的农业指标定得偏高,但定低了也不成。……现在的指标虽说是紧张一些,我们没有要急剧削减的意思。"苏联方面的意见有一定的道理。李富春向中共中央报告,除个别问题外,99%都同意苏联方面的意见。他还说:"关于第二个五年计划的轮廓草案,我们自己也觉得各方面是很紧张的。从生产指标、发展速度、基本建设投资、建设规模、物资平衡和财政平衡等方面来看,巴乌金同志的意见都是很对的。

联系国民收入中积累的比例、劳动生产率的提高、成本的降低、人民生活的提高等指标也都值得重新考虑。……这个轮廓草案是必须修改的,而修改的结果则是要降低。"①

9月1日,苏共中央正式给中共中央复信,认为中国方面的"二五"计划草案拟定的国民经济发展速度是紧张的,而比较正确的做法,就是要考虑现实的可能性,以很谨慎地确定国民经济的发展速度。信中明确表示:中国要求苏联在"二五"期间为109个新建企业提供技术援助,苏联将尽量予以满足,但所需设备,要从1961年起才能开始供应(某些项目1960年开始供应),更早地供应设备是不可能的。②

苏联的复信,对周恩来主持修改"二五"计划草案起到了积极的作用。9月9日,《关于发展国民经济的第二个五年计划的建议(草案)》最后定稿,准备上报中国共产党第八次全国代表大会。从7月初到9月上旬,周恩来主持的关于修改"二五"计划的会议和商谈共计20多次,他还多次向毛泽东汇报修改情况。毛泽东三次写信就"二五"计划的修改提出意见。

1956年9月,周恩来在中国共产党第八次全国代表大会上作了《关于发展国民经济的第二个五年计划的建议的报告》,这个报告总结了第一个五年计划的经验教训,提出了第二个五年计划的五项基本任务和12个主要问题。大会通过了《关于发展国民经济的第二个五年计划的建议》,对第二个五年计划时期国民经济发展和改造采取的方针及部署,对工农业主要产品的计划数字,均提出了建议:工业总产值增长一倍左右,农业总产值增长35%,基本建设投资比"一五"计划时期增长一倍左右。这个建议是按照

---

① 房维中、金冲及主编:《李富春传》,第485—487页。
② 薄一波:《若干重大决策与事件的回顾》(上),第383页。

既反保守又反冒进的指导思想提出来的，对"二五"计划时期的经济建设总规模和重大比例关系进行了综合平衡，从宏观决策上使五年计划有了稳妥的基础和科学的依据。对此，陈云在1957年年初总结建设经验时说："建设规模的大小必须和国家的财力物力相适应。适应还是不适应，这是经济稳定或不稳定的界限。像我们这样一个有六亿人口的大国，经济稳定极为重要。建设的规模超过国家财力物力的可能，就是冒了，就会出现经济混乱；两者合适，经济就稳定。"①

1957年2月，国务院正式接受了中共八大提出的《关于发展国民经济的第二个五年计划的建议》，并责成国家计委具体落实。

四、风云突变，国家经济建设脱离健康发展的轨道

八大后，国家计委按照中共中央的建议精神，集中力量进行落实，编制"二五"计划。当时在国家计委工作的经济学家薛暮桥在《第一个五年计划的总结和关于第二个五年计划的安排》报告中提出："我们的第二个五年计划必须从可能出发来安排整个建设计划。因为第二个五年计划和第一个五年计划不同。在第一个五年计划时，我们中国的重工业非常落后，基本上是白纸上画画，画在这里也可以，画在那里也可以，安排起来比较容易。第二个五年计划就不同了，因为在第一个五年计划里安了几个柱子，那么第二个五年计划就要很好地配合起来。第一个五年计划的前一二年主要是做准备工作，勘察、设计、准备资料，一直到现在还没有全部上马，因此遇到困难马上下马很容易，有力量多上一些，没有力量少上一些。到了第二个五年计划156项都上了马，再加上几十项新的，这时再下马就很困难了，因为搞一项重工业就需要

---

① 曹应旺：《开国财经统帅陈云》，中国对外翻译出版公司，2015年，第138页。

五六年，如果搞上两三年就不搞了，就是搞了一半就放在那里，这样损失就太大了。因此，第二个五年计划就必须更加慎重，根据我们的国力、国民收入来作适当的安排。"①

就在"二五"计划紧张有序地编制的过程中，1957年冬开始，毛泽东对1956年经济工作中的反冒进提出批评，改变了中共八大确定的既反保守又反冒进的指导思想。这样，按照中共八大精神进行的"二五"计划编制工作，也不可避免地难以沿着原有的轨道进行下去了。对此，薛暮桥回忆道："我们本着既积极又稳妥的精神，估算'二五'时期的国民收入为4 000亿元，按积累率25%计算，五年投资总额是1 000亿元，这个建议在党的八大第一次会议讨论通过。富春同志回国后，也参加反冒进工作，1957年上半年，经过反复讨论，曾经考虑把1 000亿元总投资压到950亿或900亿元。按此精神，安排1958年的钢产量为624万吨（1957年是535万吨）。不料1957年冬，毛主席大批'反冒进'。"②

1958年2月2日，《人民日报》发表社论《我们的行动口号——反对浪费，勤俭建国》，社论提出了"全国大跃进"的口号。2月3日，《人民日报》紧接着又发表了题为《鼓足干劲，力争上游！》的社论，批评了"反冒进"的思想。随着"大跃进"和人民公社化运动的发动，整个经济建设和其他各项建设均脱离了健康发展的轨道。这一年春天召开的南宁会议和成都会议，又改变了中共八大确定的"要随时注意防止和纠正右倾保守的或'左'倾冒险的倾向，积极地而又稳妥可靠地推进国民经济的发展"的正确经济建设方针。此后，全国在这种氛围的鼓动下，各地区、各部门纷纷修改计划，提高指标。一些省提出"苦战三年，

---

① 《薛暮桥文集》（第四卷），中国金融出版社，2011年，第215页。
② 《薛暮桥文集》（第十四卷），第149页。

改变面貌，十年计划，五年完成"的目标，一些部门纷纷提出"超英赶美"的时间进度表。

由于各地区、各部门纷纷修改计划，提高指标，原先拟定的"二五"计划草案的轮廓不断被突破，作为综合经济部门的国家计委面临着来自各地区、各部门的巨大压力。为了跟上"大跃进"的步伐，国家计委在汇总各地区、各部门重新拟定的计划的基础上，对"二五"计划草案的原有指标进行了调整。然而，由于"大跃进"运动发展迅速，国家计委调整的步伐始终跟不上各地区、各部门提高指标的速度。因此，国家计委只好提出"两本账"的初步设想：整个"二五"计划期间，基本建设总投资额的第一本账、第二本账分别是1 500亿元、1 600亿元，钢产量的分别是2 500万吨、3 000万吨，原煤的分别是3.8亿吨、4.2亿吨，原油的分别是1 000万吨、1 500万吨，发电量的分别是850亿至900亿度、1 100亿度，粮食的分别是6 000亿斤、7 000亿斤，棉花的分别是6 500万担、7 500万担。这个设想所提出的指标，全部大大高于中共八大所建议的指标。

1958年5月，中共八大二次会议召开。会议通过了"鼓足干劲，力争上游，多快好省地建设社会主义"的总路线。会议通过了重新修订的"二五"计划指标。这个指标是各地区、各部门一再追加的结果，严重脱离了经济发展的客观实际，是难以实现的。这样，中共八大二次会议就把国民经济发展的第二个五年计划纳入了"大跃进"的轨道。这是一次全面发动"大跃进"的会议。会后，"大跃进"运动在全国范围内从各方面开展起来，并进入高潮。当时，因生病短暂住院的国家计委主任李富春得知脱离实际的指标数字后，吃惊地说："山中方七日，世上已千年。"①

---

① 《薛暮桥文集》（第十四卷），第149页。

8月，在北戴河举行的中共中央政治局扩大会议，讨论并通过了《关于一九五九年计划和第二个五年计划问题的决定》，该决定提出，第二个五年计划的基本目标是使粮食产量达到15 000亿斤或者更多，钢产量达到8 000万吨至1亿吨，并且提前五年实现十二年科学规划，在主要科学技术部门赶上世界先进水平，将我国提前建成为一个具有现代工业、现代农业和现代科学文化的伟大的社会主义国家，并创造向共产主义过渡的条件。① 这表明，以高指标、瞎指挥、浮夸风和"共产风"为主要标志的冒进思想已经泛滥开来。

由于国民经济计划严重脱离中国经济的现实情况，加上三年自然灾害、苏联撕毁援助合同的影响，中国国民经济严重失衡。这使得"二五"计划的各项指标更加难以完成。这段时期是中国经济波动幅度最大的时期，工业产值增长速度最高时达到55%，最低时则为下降38%。1960年成为中华人民共和国成立之后经济下滑最严重的一年。到1962年，国民经济与1956年最初提出的"二五"计划相比，除原煤、石油、发电量达到规定指标外，钢、水泥、粮食、棉花等许多重要工农业产品产量都远远低于规定指标。

整个"二五"计划期间，中国的社会总产值和国民收入的年平均增长率是负增长（见图1-2）。三年的"大跃进"运动，没有使经济发展加快，反而使之遭受严重损失。农业遭到极大破坏，粮食供应前所未有的紧张，国民经济出现中华人民共和国成立以来最为严重的困难。从1961年开始，中华人民共和国的历史进入国民经济调整期。

---

① 中共中央文献研究室编：《建国以来重要文献选编》（第十一册），第371页。

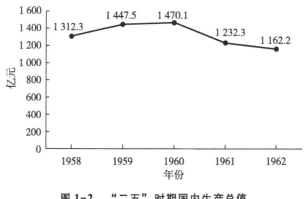

图 1-2 "二五"时期国内生产总值

第四节 "二五"计划后的调整与八字方针

进入 20 世纪 60 年代，中国的经济形势到了十分严峻的地步。面对"大跃进"造成的紧张局势，中共中央决心认真开展调查研究，纠正错误，调整政策。中共中央、国务院决定，在"二五"计划时期的后两年（1961—1962）对国民经济进行调整，然后再用三年时间（1963—1965）继续调整，作为"二五"计划到"三五"计划的过渡阶段。

一、"不要隐讳我们犯的错误，只有抓紧总结，才能及时指导"

1960 年 6 月，中共中央在上海召开政治局扩大会议，讨论"二五"计划后三年（1960—1962）的补充计划。会上，中共中央政治局认为，工业指标还是偏高。针对"大跃进"中只强调"多、快"而忽视"好、省"的问题，李富春发言指出："我们的老观点，多快好省就是搞多一点，搞快一点，但是实际经验表明，不一定搞得多，搞得快，就可以多快好省，可能有些方面多我们作得不好，反而少慢差费。"对于计划工作，李富春强调，应当"留有余地，留有机动，留有后备"。邓小平赞同李富春的意见，插话说："不尊重科学，一定的规章制度不要，就是盲目，这就很顶钱，很花工。"①

毛泽东在这次会议上提出："建设时间还太短，认识不足，要经常总结，使我们的认识更加全面一点。不要隐讳我们犯的错误，只有抓紧总结，才能及时指导。"针对后三年的计划，他指出："宁可打低一点，在年度中去超过。决不可以打得过高，以至于超不过。"② 对于工业指标，他说："过去有个时期，包括我在内，想那个大数目字，比如一亿吨钢，实在有味道。多少年之后，我们有一亿吨钢，接近美国，那该多好呀！我看，现在不要着重那个东西，要着重门类样样都有，钢与钢材的规格很高。""总而言之，这次会议要解决这个问题。"③

毛泽东的讲话表明，他当时对于纠正虚浮和脱离实际的问题，心情是焦急的。会议期间，他还写了《十年总结》一文，总结中华人民共和国成立以来特别是"大跃进"以来经济建设中的经验教训，指出："对于我国的社会主义革命和建设，我们已经有了十年的经验了，已经懂得了不少的东西了。但是我们对于社会主义时期的革命和建设，还有一个很大的盲目性，还有一个很大的未被认识的必然王国。我们还不深刻地认识它。我们要以第二个十年的时间去调查它，去研究它，从其中找出它的固有的规律，以便利用这些规律为社会主义的革命和建设服务。"④ 毛泽东的分析、总结，以及对实事求是原则的强调，对经济领域的调整有不容忽

---

① 房维中、金冲及主编：《李富春传》，第542页。
② 同上书，第540页。
③ 中共中央党史研究室：《中国共产党历史 第二卷 1949—1978》（下册），中共党史出版社，2011年，第574页。
④ 中共中央文献研究室编：《建国以来重要文献选编》（第十三册），第371—372页。

视的意义。于是，在上海召开的政治局会议对"二五"计划后三年（1960—1962）的补充计划中的指标进行了压缩。同时，会议还在两个问题上取得明确认识：一是坚持以农业为基础的方针，加强农业；二是制定计划要留有余地。①

二、"大家按计划办事，不要想到哪里就做到哪里"

在上海召开的政治局会议结束后不久，1960年7月，中共中央在北戴河召开工作会议，主要讨论国际形势，同时也讨论国内经济问题，落实和安排国民经济计划。

在会上，李富春就国内经济问题作报告。他本着对"大跃进"的问题进行总结、反思的思路，提出五点意见：一是坚决贯彻自力更生、勤俭建国的方针；二是以农业为基础，以工业为中心，真正做到工农业并举；三是以少数的大型企业为骨干，而以中小企业为主，遍地开花；四是坚决缩短基本建设战线，保重点，保质量，质量和数量并举；五是坚决贯彻全国一盘棋，中央、协作区和省市三级结合，共同制定全国统一的计划。李富春还指出：上海会议以前，大家都感到基本建设战线拉长了，结果是基本建设的项目层层扩大，生产就不能不层层加码。我们必须接受教训，下决心缩短基本建设战线，下决心搞三级结合，统一计划。②

会议期间，还召开了国务院各工业部部长和各省市工业书记会议。会上，李富春再次讲话，严肃批评了一些部门和地方热衷于层层加码的现象，总结了"综合全面的研究、安排考虑不够"的基本教训。他还明确宣布：明年在这样的基础上，必须贯彻全国一盘棋，一本账。第一，计划只搞一本账，不要搞第二本账；

---

① 中共中央党史研究室：《中国共产党历史 第二卷 1949—1978》（下册），第574页。

② 房维中、金冲及主编：《李富春传》，第543—544页。

第二，各省、市定了计划后，不来计划之外的东西，大家按计划办事，不要想到哪里就做到哪里。①

国家经济面临严峻局面，遏制形势恶化刻不容缓。作为经济工作领导人的李富春，焦急的心情可想而知。会议期间，李富春还提出了调整经济的建议。针对当时工业生产的实际情况，他提出应对工业实行整顿、巩固、提高，对于国民经济同样必须进行必要的整顿，调平补齐，巩固提高。"整顿、巩固、提高"，这就是后来调整国民经济八字方针的雏形。因为国际形势的变化，会议没能就调整问题进行更加深入的讨论。

不过，李富春的部分意见还是得到了中共中央的赞成。1960年8月，中共中央连续发出指示，指出在胜利前进的过程中遇到了困难，最突出的问题是粮、钢增产困难，粮、钢的供求关系紧张。中共中央决定，在保粮、保钢的前提下，压缩基本建设战线，加强农业战线，并决定以后国民经济计划不再搞两本账，不搞计划外的东西，不留缺口。②

三、"现在是下决心纠正错误的时候了"

在北戴河期间，李富春就国民经济调整问题同邓小平交换了意见。邓小平对此表示赞同和支持，还建议应该将其作为编制国民经济计划的指导思想。

1960年8月中下旬，在国家计委研究讨论1961年国民经济计划控制数字时，李富春再次明确提出：制定国民经济计划的方针"应以整顿、巩固、提高为主，增加新的生产能力为辅；着重解决配套、补缺门、前后左右和品种质量问题，以便取得主动"。随

---

① 房维中、金冲及主编：《李富春传》，第545—546页。
② 中共中央党史研究室：《中国共产党历史 第二卷 1949—1978》（下册），第575页。

后，国家计委向中央各财经部门及各地区通报了李富春的意见，强调"编制明年计划的方针，应以整顿、巩固、提高为主"。①

李富春的意见得到周恩来的大力支持。8月30日至9月5日，国家计委向周恩来汇报工作时，提交了《关于一九六一年国民经济计划控制数字的报告》。报告中提出：1961年国民经济计划的方针应以整顿、巩固、提高为主，增加新的生产能力为辅；压缩重工业生产指标，缩短基本建设战线，加强农业和轻工业的生产建设，改善人民生活。周恩来看了报告，认为："对方针的提法与其讲整顿，不如提调整。"同时，他还"建议增加'充实'二字，从而形成了'调整、巩固、充实、提高'的八字方针"。八字方针的基本内容是：以调整为中心，调整国民经济各部门之间失衡的比例关系，巩固生产建设取得的成果，充实新兴产业和短缺产品的项目，提高产品质量和经济效益。②

9月30日，经周恩来签发，中共中央批转了国家计委《关于一九六一年国民经济计划控制数字的报告》。中共中央基本同意国家计委的意见，要求各部门、各地区根据报告的内容，分别编制计划草案。这个报告首次完整地提出"调整、巩固、充实、提高"的八字方针。八字方针也成为国民经济调整期的重要指导方针，在中国经济建设史上开启了重要一页。

此后，情况越来越向好的一面发展。11月3日，中共中央委托周恩来主持制定《关于农村人民公社当前政策问题的紧急指示信》，经毛泽东审阅并修改后发出。其中的核心内容，是要求中国共产党全党用最大的努力来坚决纠正"共产风"。11月15日，毛泽东起草了《中共中央关于彻底纠正五风问题的指示》，要求各地

---

① 房维中、金冲及主编：《李富春传》，第547页。
② 薄一波：《若干重大决策和事件的回顾》（下），第921—922页。

党委"必须在几个月内下决心彻底纠正十分错误的共产风、浮夸风、命令风、干部特殊风和对生产瞎指挥风,而以纠正共产风为重点,带动其余四项歪风的纠正"①。他还在为中共中央起草的一个批示语中写道:毛泽东同志"是同一切愿意改正错误的同志同命运、共呼吸的。他说,他自己也曾犯了错误,一定要改正。例如,错误之一,在北戴河决议中写上了公社所有制转变过程的时间,设想得过快了"②。毛泽东作出这样的自我批评,就是希望广大的干部能够认识到,"现在是下决心纠正错误的时候了"③。毛泽东还号召全党,大兴调查研究之风,一切从实际出发,要求1961年成为实事求是年、调查研究年。

为了扭转经济困难的局势,周恩来、李富春等提出了国民经济调整设想,毛泽东也下定了纠正错误的决心。严峻的事实也教育人们:必须客观地估计形势,下决心集全党之力,正视问题,纠正失误。于是,便有了八届九中全会上党的指导方针的重要转变。

1961年1月,中共八届九中全会召开。会议着重讨论了李富春作的关于国民经济情况的报告。报告指出了国民经济中存在的严重困难、问题及发生的原因。根据当时的经济情况和存在的困难、问题,李富春提出,国民经济经过三年"大跃进",出现了新的不平衡和新的问题。这就需要从1961年起,在两三年内实行调整、巩固、充实、提高的方针,即调整各个部门之间已经变化了的相互关系,巩固生产力和生产关系在发展、变革中获得的丰硕成果,充实新发展起来的一些事业的内容,提高那些需要进

---

① 中共中央文献研究室编:《建国以来重要文献选编》(第十三册),第610页。
② 中共中央党史研究室:《中国共产党历史 第二卷 1949—1978》(下册),第573—574页。
③ 中共中央文献研究室编:《建国以来重要文献选编》(第十三册),第610页。

一步改善的新事物的质量。对于"调整"的实质性内容，李富春着重进行了阐述，提出三个观点：一是按照农业、轻工业、重工业的次序安排经济生活，把农业放在国民经济的首要地位；二是加强综合平衡工作，调整各部门之间的比例关系，适当控制重工业特别是钢铁工业的发展速度，适当缩小基本建设规模；三是实行全国一盘棋，加强集中领导，整顿企业，改进企业管理工作。①

中共八届九中全会通过了李富春的报告，并在会议公报中采纳李富春的建议，正式向全党和全国人民宣布，从1961年起对国民经济实行调整、巩固、充实、提高的八字方针。全会决定在全国各大区重新成立六个中央局，即中共中央华北局、东北局、华东局、中南局、西南局、西北局。全会要求，将经济管理权集中到中央、中央局和省（市、自治区）三级，两三年内更多地集中到中央、中央局，以加强中央对各大区各项工作的统一领导和全面安排。

中共八届九中全会上指导方针的重要转变，表明国民经济建设正式转入调整的轨道。

四、"现在无论农业或者工业，都需要有一个恢复时期"

八届九中全会后，中共中央从认识论的高度强调"不调查没有发言权"的重要性，并在全党之中大兴调查研究之风。党的领导人首先以身作则，组织调查组或亲自深入一线进行调查研究。毛泽东组织了三个调查组，分别由他的秘书田家英、胡乔木、陈伯达率领，赴浙江、湖南、广东农村进行调查。毛泽东本人也在随后不久离开北京赴广州，在沿途同河北、山东、江苏、浙江、

---

① 中共中央文献研究室编：《建国以来重要文献选编》（第十四册），第26—28页。

江西、湖南和广东等省委负责人进行深入交谈,听取汇报。刘少奇到湖南进行了实地调查。周恩来到河北邯郸地区、武安县和天津等地进行了调查。朱德先后到上海、浙江、福建、江西、广东等省市进行调查研究。陈云到上海青浦县的小蒸公社进行了调查研究。邓小平、彭真直接领导五个调查组,在北京顺义、怀柔两县进行调查。中共中央和各中央局,国务院各部门,以及各省、市、自治区党政负责人,也都纷纷下基层,深入县、社、队进行重点调查。

大兴调查研究之风有力地推动了全党经济政策调整的步伐。在调查研究的过程中,人们逐渐冷静下来,开始思考如何解决最困难、最现实的问题。1961年春,中共中央在广州召开工作会议。会上,毛泽东主持起草《农村人民公社工作条例(草案)》(简称"农业六十条"),进一步尝试系统地解决生产大队内部生产队与生产队之间的平均主义和生产队内部社员与社员之间的平均主义这两个重大问题。"农业六十条"规定,把人民公社基本核算单位下放到生产队(相当于初级社规模),停办公共食堂,恢复自留地,允许发展家庭副业和手工业,开放农村集贸市场;1961年减少粮食收购,提高农副产品收购价格,在基本建设投资中增加农业机械生产的比重。然而,由于一些领导干部害怕被当成右倾,不敢大胆调整,因此对当年的经济调整造成不利影响。

工业方面,1961年五六月间的中央工作会议,同意李富春再降钢产量指标的建议。同年秋,《中共中央关于当前工业问题的指示》下发,这份指示提出:再不能犹豫了,必须当机立断,该退的就坚决退下来。如果不下这个决心,仍然坚持那些不切实际的指标,既不能上,又不愿下,我们的工业以至整个国民经济就会陷入更被动、更严重的局面。① 根据这份指示精神，国家计委对八届九中全会所定的计划指标又进行了较大的调整：对1961年的计划指标，钢降至850万吨，煤降至2.74亿吨；对1962年的计划指标，钢、煤和基本建设投资分别调整至750万吨、2.5亿吨和42.3亿元。7月，在邓小平的主持下，由李富春、薄一波负责，通过广泛调查研究，形成了《国营工业企业工作条例（草案）》（简称"工业七十条"）。9月，"工业七十条"经中共中央工作会议讨论通过并发布试行。"农业六十条""工业七十条"的出台，对调整经济、提高各方面积极性起到了有力的作用。

1962年年初，各方面的调整已经进行了一年多的时间，经济的严重困难局面开始有了转变。但是，整个经济形势依然严峻，一些比较严重的问题还在逐渐显现，并持续产生着影响。农业、重工业、轻工业总产值以及粮食产量仍在下降。全国城乡人均粮、油、布的消费量连续第三年下降，人民生活处在中华人民共和国成立以来最困难的时期。面对这种形势，党内外思想认识上还存在种种疑问、分歧。对于八字方针，有些人思想上还有疑虑，对其必要性缺乏深刻认识；有些人信心不足，怨天尤人；有些人持观望态度，踌躇不前。这些现象表明，全党还需要认真总结经验、统一认识。

为此，1962年1月至2月，中共中央召开扩大的中央工作会议。参会的有中央和省、地、县委四级主要负责人以及部分大厂矿和军队的负责人，共7 118人。历史上也称这次会议为"七千人大会"。这次会议比较系统地初步总结了"大跃进"以来经济建设工作的基本经验教训，在列举社会主义建设的成就后，指出了工

---

① 中共中央党史研究室：《中国共产党的九十年（社会主义改革和建设时期）》，中共党史出版社、党建读物出版社，2016年，第516页。

作中的缺点和错误。毛泽东在会上指出：社会主义建设上，我们还有很大的盲目性。社会主义经济对我们来说还有许多未被认识的必然王国。① 会议取得了在当时的历史条件下所能取得的重要成果，对推动国民经济全面调整起到了积极作用。

"七千人大会"结束后，中共中央又接连召开中央政治局常委扩大会议（即"西楼会议"）、中央工作会议（即"五月会议"）。在认真分析研究经济形势的基础上，中共中央决定重新成立中央财经小组，以陈云为组长，李富春、李先念为副组长，进一步研究经济问题。陈云在会上指出："现在无论农业或者工业，都需要有一个恢复时期。农业的恢复大约三年到五年；工业在三五年内，也只能放慢速度，只能是调整和恢复。"② 中央财经小组重新修订了1962年的国民经济计划，还研究提出了关于国民经济调整的措施——坚决缩短工业生产建设战线，坚决减少职工和城镇人口，加强农村人民公社生产队的领导。

西楼会议、五月会议结束后，按照中共中央的部署，国民经济的调整开始大刀阔斧地进行起来：

一是大力精简职工，减少城镇人口。1962年实际减少城镇人口1 048万，精简职工850万。从1961年到1963年6月，全国共精简城镇人口2 600万，精简职工1 887万。对此，周恩来评价道：下去这么多人，等于一个中等国家搬家，这是史无前例的。③

二是压缩基本建设规模，停建缓建大批基本建设项目。1962年，基本建设投资从1960年的388.69亿元减少到71.26亿元。

---

① 中共中央党史研究室：《中国共产党的九十年（社会主义革命和建设时期）》，第521页。
② 中共中央文献研究室编：《建国以来重要文献选编》（第十五册），第180页。
③ 中共中央党史研究室：《中国共产党的七十年》，中共党史出版社，2005年，第349页。

三是缩短工业战线。1962年,全国工业企业数比1959年减少38%,工业总产值按可比价格计算,比1960年下降48.48%。

四是投入大量物力、人力、财力,支援农业。与此同时,国家减少粮食征购量。

五是加强财政管理,稳定市场,回笼货币,抑制通货膨胀。

经过一系列正确、果断的措施,国民经济的调整工作较快地产生了效果。1962年年底,国民经济渐渐复苏,农业生产开始回升,农业总产值结束了连续三年下降的局面,国家财政也结束了连续四年赤字的局面。此后,国民经济开始稳步增长,到1965年年底,调整国民经济的任务全面完成,工农业生产总值超过历史最高水平,工农业生产中农业、轻工业、重工业的比例关系实现了在新的基础上的协调发展,扭转了"以钢为纲"所造成的比例失调状况,积累与消费的比例关系基本恢复正常,财政收支平衡,市场稳定,人民生活水平有所提高。工业生产能力大幅提高,电子、原子能、航天等新兴工业部门从无到有或从小到大逐步得到发展。石油工业发展取得突破性成就,1965年国内需要的石油已全部自给。交通运输业取得长足发展,除西藏自治区外各省(自治区、直辖市)都有了铁路。教育、卫生、文化、体育等事业成就相当可观,严重危害人民健康的天花、霍乱、麻风病等疾病或被灭绝或得到有效防治。

第五节 "三五"计划——从关注"吃穿用"到以备战为中心

1964年12月至次年1月,国民经济调整任务即将完成之际,第三届全国人民代表大会第一次会议举行。会议提出了一个令中国人民倍受鼓舞的历史性的任务,即实现国家的"四个现代化",在不太长的历史时期内,把中国建设成为一个具有现代农业、现代工业、现代国防和现代科学技术的社会主义强国,赶上和超过世界先进水平。

"四个现代化"总目标的提出,是中国共产党人对社会主义建设道路进行深入探索和对中外发展经验进行全面总结后,通过反复权衡、对比、思考,才最终确定下来的。对于这个任务,毛泽东特意解释说:"我们不能走世界各国技术发展的老路,跟在别人后面一步一步地爬行。我们必须打破常规,尽量采用先进技术,在一个不太长的历史时期内,把我国建设成为一个社会主义的现代化的强国。"①

怎么实现"四个现代化"的总目标?中共中央提出可以分为两步,即从第三个五年计划开始,第一步,经过三个五年计划时期,建立一个独立的、比较完整的工业体系和国民经济体系;第二步,全国实现农业、工业、国防和科学技术的现代化,使中国经济走在世界前列。尽管有着美好的期待和精心的部署,但是历史的发展并不总是如预料中那般顺利。后来的历史表明,国际形势的变化使中国不得不改变建设的战略重点,也扰乱了中国"三五"计划、"四个现代化"建设的最初设想。

一、"吃穿用计划"

从 1963 年起,中国便开始考虑"三五"计划的编制问题。2月,在国家计委领导小组会议上,李富春表示:我国"一穷二白",有六七亿人,吃、穿、用是个大问题。只有把人民生活安排好,才能更好地建设。② 因此,他提出,第三个五年计划的目标,是集中力量解决人民的吃、穿、用问题。

7月,邓小平在工业问题座谈会上传达中共中央指示:还要进

---

① 《毛泽东文集》(第八卷),第 341 页。
② 《李富春选集》,第 305 页。

行三年调整,重点是巩固、充实、提高,创造条件,为第三个五年计划做好准备。这样,就基本确定,1966年是"三五"计划的开局之年。同时,各方面也基本确定:把基本解决吃穿用问题作为"三五"计划的首要任务,同时兼顾国防建设,加强基础工业对农业和国防工业的支援。

于是,经过紧张的前期准备,1964年,国家计委党组向中共中央书记处提出《第三个五年计划(一九六六至一九七〇)的初步设想(汇报提纲)》。在这个文件里,首先拟定了"三五"计划的基本任务:第一,大力发展农业,基本上解决人民的吃穿用问题;第二,适当加强国防建设,努力突破尖端技术;第三,与加强农业和加强国防相适应,加强基础工业,继续提高产品质量,增加产品品种,增加产量,使我国国民经济建设进一步建立在自力更生的基础上。相应地发展交通运输业、商业、文化、教育、科学研究事业,使国民经济有重点按比例地向前发展。①

文件还提出,同基本任务相适应,要把计划工作也转到以农业为基础的轨道上来。于是,初步设想的"三五"计划各项指标,首先比较充分地考虑了农业的需要(如化肥、化纤、农业用电和排灌机械等),再兼顾国防的需要,从以上两个方面出发来安排重工业——基础工业。②

《第三个五年计划(一九六六至一九七〇)的初步设想(汇报提纲)》,将以发展重工业为中心,以优先发展重工业来安排计划的指导思想,改变为以大力发展农业、基本解决人民吃穿用问题为发展国民经济的首要任务。因此,它后来也被称为"吃穿用计划"。中央书记处听取完国家计委党组的汇报后,邓小平表示:

---

① 薄一波:《若干重大决策和事件的回顾》(下),第841页。
② 国家计委党组:《第三个五年计划的基本任务》,《党的文献》,1996年第3期,第10页。

"这次计划是按照新的方法搞的。还是以农业为基础,以工业为主导。工业搞不好,农业和国防也上不去。但是,工业还是首先为农业服务,为吃穿用服务,为兼顾国防服务。方针提得好。"①

二、毛泽东考虑"三五"计划的出发点是准备战争

在向中央书记处汇报并得到邓小平的肯定后,1964 年 5 月,国家计委党组正式将《第三个五年计划(一九六六至一九七〇)的初步设想》提交中共中央工作会议讨论。会前,国家计委领导小组的各位成员,向毛泽东汇报了关于"三五"计划的初步设想。汇报中,李富春主讲,李先念、谭震林、薄一波、陈伯达等补充。毛泽东一边听取汇报,一边插话,提出自己的想法。毛泽东对"三五"计划的具体想法,彻底改变了"三五"计划原本的指导思想。

当汇报到第三个五年计划期间铁路交通只能搞那么多时,毛泽东插话:酒泉和攀枝花钢铁厂还是要搞的,不搞我总是不放心,打起仗来怎么办?

当汇报到基础工业、交通同各方面还不适应时,毛泽东插话:没有坐稳,没有站稳,是要跌跤子的。两个拳头——农业,国防工业;一个屁股——基础工业,要摆好。要把基础工业适当搞上去;其他方面不能太多,要相适应。②

毛泽东还说:……但小而不全比大而不全好,大而不全就要浪费,小了就可能比较全。……打仗,我还是寄希望于步兵。原子弹要有,搞起来也不会多,但要搞起来,搞起来吓吓人。黄色

---

① 杨茂荣:《六十年代我国经济建设战略布局的一次重大调整——"三五"计划的设想、制定和实施》,《党的文献》,1996 年第 3 期,第 26—32 页。
② 《毛泽东在国家计委领导小组汇报第三个五年计划设想时的插话(节录)》,《党的文献》,1996 年第 3 期,第 10—11 页。

炸药和大炮很顶事，帝国主义对这个很怕。①

毛泽东所说的"打仗"，就是"准备战争"。当时，国际形势出现新的动荡，中国周边的形势也逐渐紧张起来，美国对越南北方的战争也逐步扩大。在此情况下，经济工作中备战的问题开始凸显。因此，毛泽东考虑"三五"计划的出发点，已经转移到怎样更好地准备战争上来了。他把农业和国防工业相提并论，强调基础工业是"屁股"，"要把基础工业适当搞上去"，还特别提到要关注酒泉和攀枝花的钢铁厂。可见，毛泽东这时心中已经出现了三线建设的雏形。

三、"攀枝花搞不起来，睡不着觉"

中央工作会议期间，5月27日，在中央政治局听取会议分组讨论情况的汇报时，毛泽东进一步明确提出三线建设的任务。他首先批评道：前一个时期，我们忽视利用原有的沿海基地，后来经过提醒，注意了，最近几年又忽视屁股和后方了。② 其后，他指出：在原子弹时期，没有后方不行。"三五"计划要考虑解决全国工业布局不平衡的问题，要搞一、二、三线的战略布局，加强三线建设，防备敌人的入侵。③

毛泽东所说的"一、二、三线"，是按照中国地理区域划分的——东北及沿海地区为一线，云、贵、川、陕、甘、宁、青、晋、豫西、鄂西、湘西等地区为三线，一、三线之间的地区为二线。这一次，毛泽东特别强调应该在四川的攀枝花建立钢铁生产

---

① 李富春：《关于第三个五年计划初步设想的说明（节录）》，《党的文献》，1996年第3期，第11—14页。
② 李富春：《关于计划安排的几点意见》，《党的文献》，1996年第3期，第20—23页。
③ 中共中央文献研究室编：《周恩来传》（四），中央文献出版社，2011年，第1596页。

基地，酒泉也提到了，但不是摆在第一，第一是攀枝花。毛泽东还表示，要到西昌开会，或者到成都开会，甚至说要把工资拿来搞攀枝花。①

毛泽东听完汇报的第二天，5月28日，中共中央政治局常委、书记处书记和各中央局负责人立刻开会，研究讨论毛泽东对"三五"计划的意见。与会者统一思想，一致认为，应该在加强农业生产、解决人民的吃穿用问题的同时，迅速开展三线建设，加强战备。

有了前面的铺垫，6月6日，毛泽东便在中央工作会议上讲话，表明态度，给出明确指示。他首先总结计划工作的教训，表示：过去制定计划的方法基本上是学苏联的，先定下多少钢，然后根据它来计算要多少煤炭、电力和运输力量，再计算要增加多少城镇人口、多少福利；钢的产量变小，别的跟着削减。这是摇计算机的办法，不符合实际，行不通。这样计算，把老天爷计算不进去，天灾来了，偏不给你那么多粮食，城市人口不增加那么多，别的就落空；打仗计划不进去，国家援助也计划不进去。因此，毛泽东强烈要求改变计划方法。

接着，毛泽东开始阐述备战的重要意义，说道：只要帝国主义存在，就有战争的危险。我们不是帝国主义的参谋长，不晓得它什么时候要打仗。决定战争最后胜利的不是原子弹，而是常规武器。他明确要求：要搞三线工业基地的建设，一、二线也要搞点军事工业。各省都要有军事工业，要自己造步枪、冲锋枪、轻重机枪、迫击炮、子弹、炸药。有了这些东西，就放心了。攀枝花钢铁工业基地的建设要快，但不要潦草，攀枝花搞不起来，睡

---

① 刘少奇：《继续控制基本建设，着手搞西南三线》，《党的文献》，1996年第3期，第19—20页。

不着觉。为了强调攀枝花的重要性,毛泽东甚至激动地表示:你们不搞攀枝花,我就骑着毛驴子去那里开会;没有钱,拿我的稿费去搞。①

毛泽东之所以如此强调战备和三线建设,理由是战争的危险依然存在。当时,不仅国际局势从缓和走向紧张,中国周边环境也出现了紧张气氛。中苏两国意识形态分歧公开化,苏方甚至在中国新疆多次挑起武装冲突;印度军队多次侵入中国境内,引发边界冲突,以至于1962年中国军队进行自卫反击并取得胜利;美国支持在台湾的国民党武装窜犯中国东南和广东沿海,并派遣军队进入越南,导致战争升级。这些情况,使毛泽东判断,战争危险已经迫在眉睫,必须加强战备,把国内建设重点转向三线建设,才能防患于未然。

四、按毛泽东的要求,进一步研究"三五"计划和三线建设问题

毛泽东多次明确表态,力图使"三五"计划指导思想转向后,国家计委努力调整思路,积极贯彻毛泽东的主张。5月28日,李富春在中共中央政治局常委、书记处书记和各中央局负责人会议上,就"三五"计划安排问题谈了意见。他表示:"搞好计划,必须尽可能吃透两头,一头是主席的思想和中央的方针、政策,例如摆好战略布局、坐稳屁股、多快好省;一头是调查研究,工农业生产和基本建设都有很多潜力,首先计委要下去调查三个月,同各地区一起研究计划。"②他还进行了自我检讨:"按农轻重的次序,首先努力发展农业,基本上解决吃穿用,这个战略安排,在这一次长远计划的设想中比较注意到了,但是,还有两个战略布

---

① 薄一波:《若干重大决策和事件的回顾》(下),第843页。
② 房维中、金冲及主编:《李富春传》,第634页。

局问题我们在计划中注意不够：一个是工业布局的纵深配备问题。……另一个是张家口到白城子的铁路……如果不早作安排，将来一旦有事，东北的物资就运不出来。"①

6月6日，毛泽东在中央工作会议上表态后，国家计委和李富春立刻贯彻毛泽东关于三线建设的指示，决定派工作组到各大区考察，为三线建设和进一步研究"三线"计划做好准备。然而，考察中，对于攀枝花地区建厂的问题出现了分歧。西南局和四川省委认为该地交通不便、人烟稀少、农业基础差，不宜作为厂址，建议选择乐山；中央有关部委负责人和专家则主张在攀枝花建厂，充分利用其煤、铁、水资源丰富和地点隐蔽的优势。双方各执一词，方案迟迟不能落地。周恩来考虑再三，决定将问题向毛泽东请示。

根据薄一波的回忆，毛泽东听完汇报后，大为不满，说：乐山地址虽宽，但无铁无煤，如何搞钢铁？攀枝花有铁有煤，为什么不在那里建厂？钉子就钉在攀枝花！②

此后，越南战争的升级、形势的变化，使毛泽东对三线建设的推进力度感到不满意。8月中旬，他询问李富春，三线建设为什么这么慢？李富春解释道：攀枝花地区地理条件复杂，勘探需要时间，我们缺乏资金，筹措三线建设的投资计划需要开会研究。毛泽东当即说：没有钱用我的工资。他还指出：三线建设的步子太慢，责任在国家计委，并批评国家计委计划方法不当，工作不力；要立即把三线建设好，把大工厂和科研机关搬进去。③

毛泽东的催促，令具体负责执行的李富春十分着急。他马上

---

① 李富春：《关于计划安排的几点意见》，《党的文献》，1996年第3期，第20—23页。
② 薄一波：《若干重大决策和事件的回顾》（下），第846页。
③ 房维中、金冲及主编：《李富春传》，第636页。

同有关方面再次进行研究,随后于8月19日联名薄一波、罗瑞卿向中共中央、毛泽东递交报告,初步提出三线建设的若干部署和实施意见。与此同时,中央书记处专门召开会议讨论三线建设问题。毛泽东在会上再次强调要"备战",提出现在工厂可以一分为二,抢时间迁到内地去;各省都要搬家,建立自己的战略后方。会议决定,首先集中力量建设三线,在人力、物力、财力上给予保证;新建项目都要摆在三线;一线能搬的项目要搬迁,短期不能见效的续建项目一律缩小建设规模;在不妨碍生产的条件下,有计划有步骤地调整一线。① 这一决定,标志着经济建设的战略重点,由以大力发展农业、提高人民生活为中心,转向以加速三线建设、增强国防实力为中心的战备轨道。

五、三线建设的全面铺开及"三五"计划的制定

为迅速落实毛泽东、中央书记处关于三线建设的决策,国家计委、国家建委、国家经委进行了分工。同时,还分别成立西南、西北三线建设指挥部,负责三线地区的新建、扩建、迁建项目的计划协调、物资供应。

1964年10月,中共中央批准下发《一九六五年计划纲要(草案)》,确定三线建设的总目标,即采取多快好省的方法,在纵深地区建立一个工农业结合的、为国防和农业服务的比较完整的战略后方基地。从1965年年初起,全国各地的建设队伍、物资陆续集中到三线地区。同年夏,三线建设进入实质性实施阶段,并逐渐形成建设小高潮。

三线建设陆续开展的同时,1965年年初,毛泽东点将余秋里

---

① 中共中央党史研究室:《中国共产党历史 第二卷 1949—1978》(下册),第690—691页。

等五人组成"小计委",实际主持国家计委的工作,负责以战备为中心编制和调整"三五"计划。"小计委"很快便初步提出"立足于战争,从准备打仗出发,把加强国防放在第一位;加快三线建设,改变工业布局,发展农业,大体解决吃、穿、用,加强基础工业和交通运输,把屁股坐稳,发挥一、二线生产潜力,有目标有重点地积极地发展新技术"①的"三五"计划方针。

毛泽东对新的"三五"计划方针感到比较满意。6月,他在听取编制"三五"计划的汇报时,一方面从加强战备、加快三线建设的需要出发,提出农轻重的次序要违反一下,吃穿用每年略有增加就好;另一方面又强调对老百姓不能搞得太紧,第一是老百姓,不要丧失民心,第二是打仗,第三是灾荒,计划要考虑这三个因素。根据以往的经验教训,毛泽东还提出:鉴于过去的经验,欲速则不达,还不如少一点慢一点能达到。要根据客观可能办事,绝不能超过客观可能,按客观可能还要留有余地。②

"小计委"按照毛泽东的指示,再次修改计划方案。9月,"小计委"向中共中央工作会议提出《关于第三个五年计划安排情况的汇报提纲》(以下简称《汇报提纲》)及三个附件。《汇报提纲》提出,从1966年到1970年,"三五"计划的方针任务是:第三个五年计划必须立足于战争,从准备大打、早打出发,积极备战,把国防建设放在第一位,加快三线建设,逐步改变工业布局;发展农业生产,相应地发展轻工业,逐步地改善人民生活;加强基础工业和交通运输的建设;充分发挥一、二线的生产潜力;积极地,有目标、有重点地发展新技术,努力赶上和超过世界先进

---

① 中共中央党史研究室:《中国共产党历史 第二卷 1949—1978》(下册),第693页。
② 同上。

水平。①

《汇报提纲》在突出强调三线国防建设、着重于改变工业布局的同时，遵照毛泽东的多次指示，在提出发展国民经济的各项主要指标上，都留下了比较大的余地。

"三五"计划的主要指标是：1970年工农业总产值为2 700亿元至2 750亿元，比1965年增长55%至58%，平均每年递增9%左右。其中，农业总产值约700亿元至750亿元，比1965年增长26%至35%，平均每年递增5%至6%；工业总产值约为2 000亿元，比1965年增长69%，平均每年递增11%。

1970年的工农业主要产品产量指标是：粮食4 400亿至4 800亿斤，棉花4 400万至4 800万担，棉纱900万件，棉布75亿米，钢1 600万吨，原煤2.8亿至2.9亿吨，发电量1 100亿度，原油1 850万吨，化肥1 800万吨，农药36万吨，机床6.5万台，汽车8万至9万辆，拖拉机2.36万台。②

至此，历经八个月的艰苦努力，"三五"计划终于正式出台。"三五"计划基本适应当时的国内外形势，对生产力布局做了全面的调整，从总结历史经验出发，比较好地处理了经济建设与人民生活、工业与农业、积累与消费的关系，提出加快实现"四个现代化"进程的重要措施。对此，周恩来评价道："这个计划，比较来说，搞得更落实一些，更实际一点。同时，也把过去十多年的建设初步总结了一下。所以，这是一个比较好的计划。"③

---

① 陈夕主编：《中国共产党与三线建设》，中共党史出版社，2014年，第171页。
② 雷厉：《历史风云中的余秋里》，中央文献出版社，2006年，第43页。
③ 中共中央文献研究室编：《周恩来年谱（一九四九——一九七六）》（中卷），第763页。

六、努力完成"三五"计划

1966年本应是"三五"计划的开局之年,然而,突如其来的"文化大革命",猛烈地冲击着国家政治、经济、文化生活的各个方面,致使整个社会动荡不安,经济的运行更是十分艰难。

1967年、1968年工业生产连续下降,不仅使国家陷入极端困难的境地,也使"三五"计划有完全落空的危险。周恩来等人决心扭转这种局面。1969年2月至3月,根据周恩来的指示,中断两年的全国计划会议召开。会议强调,要"大力加强国防工业、基础工业和内地工业的建设"①,重申了"三五"计划对三线建设的部署。

由于中共中央采取强有力的措施整顿生产秩序,恢复和加强各地的领导班子及经济计划部门,甚至派出军队参与接管,严令限期完成一批被停顿的"三五"计划重点工程,经济领域的困难局面得到缓解。随后,一批重点项目便重新上马。

1969年起,国民经济开始缓慢复苏,扭转了工业生产连续下降的不利局面。1970年,国民经济继续以较快速度发展。"三五"时期的经济增长见图1-3。由于1969年、1970年国民经济的较快发展,"三五"计划规定的各项指标大部分得以完成。粮食产量4 850亿斤,超过"三五"计划指标50亿至450亿斤。工业产品产量也大部分完成计划,原油产量突破3 000万吨,超过计划指标60%以上。工农业总产值超过计划指标10.4%至14%。财政收支方面,五年当中四年有结余,五年合计结余10.5亿元。

"三五"计划安排的三线建设和其他重点建设项目,也取得了

---

① 马泉山:《新中国工业经济史(1966—1978)》,经济管理出版社,1998年,第74页。

令人瞩目的成就。1967年，第一颗氢弹爆发成功。1968年，胜利油田建成投产，南京长江大桥建成通车。1969年，宝成铁路电气化工程投入运营。1970年，人造地球卫星上天，长江葛洲坝水利枢纽工程上马兴建。五年里，三线建设的国防、钢铁、有色金属、燃料、电力、机械、化学等工业基地已经初具规模，成昆铁路、湘黔铁路、湘渝铁路等建成通车。

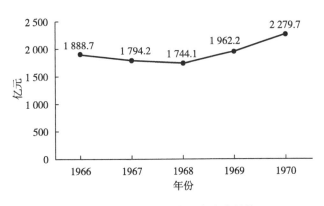

图 1-3 "三五"时期国内生产总值

在严重困难的环境下，"三五"计划之所以能够取得这样的成就，原因在于：一是20世纪60年代前期经济调整奠定了一定的基础；二是"三五"计划吸取了以往的教训，计划指标安排得较为合理；三是以周恩来为代表的一大批干部及广大群众进行了不懈努力与抗争。

第六节 "四五"计划——"三个突破"与两次调整

在十分困难的情况下，中国人民经过艰苦奋斗，完成了"三五"计划。1969年、1970年的经济复苏，一方面提振了人心；另一方面，在当时的历史条件下，却没有使人们对这种复苏的性质及实际状况产生清醒的认识。很多人误以为，只要"抓革命"，就能"促生产",就能使经济建设出现"新的跃进"。他们甚至将经济复苏归功于"文化大革命",以为"一个工农业生产的新高潮正在出现"①。

在这样的国内外背景下,"四五"计划在编制、实施过程中,又出现盲目追求高速度和高指标的现象。

一、盲目追求高速度、高指标导致"三个突破"

1970年2月15日至3月21日,全国计划会议召开。各地区、各部门以及11个军区代表参加会议。会议讨论、拟定了《1970年国民经济计划和第四个五年计划国民经济计划纲要(草案)》,还专门谈了军工、劳动工资、基本建设、体制改革等问题。

会议提出,"四五"计划时期国民经济发展的任务是:狠抓备战,集中力量建设大三线强大的战略后方,改善布局;大力发展农业、加速农业机械化的进程;狠抓钢铁、军工、基础工业和交通运输的建设;加强协作,大搞综合利用,积极发展轻纺工业;建立经济协作区和各有特点、不同水平的经济体系,做到各自为战、大力协同;大力发展新技术,赶超世界先进水平;初步建成我国独立的、比较完善的工业体系和国民经济体系,促进国民经济新飞跃。②

会议和"四五"计划的纲要(草案)体现出三个特点:一是通过高投资盲目追求高速度、高指标。五年合计基本建设投资1 200亿至1 300亿元,大大高于"三五"计划的850亿元,还规定工业年平均增长速度为12.8%。这些过高的计划指标,又遭到

---

① 中共中央党史研究室:《中国共产党历史 第二卷 1949—1978》(下册),第825页。
② 陈东林编著:《三线建设:备战时期的西部开发》,中共中央党校出版社,2003年,第211页。

各地区、各部门的层层加码，比赛翻番。煤炭部门提出：力争1975年煤炭产量跃居世界第一。轻工业部门提出：主要轻工业产品在五年内翻一番。电力部门提出：1975年发电能力超过英国和联邦德国。重工业部门更是要求：1975年钢产量达到4 000万吨，生产能力达到5 000万吨。然而，1969年全国的钢产量仅有1 330万吨。显然，这些指标和目标，在当时的历史条件下，是不切实际、难以达到的。二是不惜一切财力、物力，建设战略后方，试图以军事工业带动整个国家工业化。三是地区工业布局严重不平衡。纲要（草案）中计划用于大三线的建设投资和大中型建设项目均占全国计划内投资和大中型项目的一半以上，三线地区国防科技工业投资计划为平均每年25亿元，比"三五"计划时期增加了48%。

此外，这次会议还提倡各地发展"小而全"的经济体系，要求全面下放管理权限，大力发展地方工业、"五小"工业。这次会议后，各地区、各部门在执行的过程中，冒进之风又刮了起来。人们争相上项目、攀比着铺摊子，国家基建计划一再被突破。这种举动的结果是，1970年的生产指标虽有增长，却带有不小的盲目性，隐患丛生。

1971年，情况仍旧没有改变。作为"四五"计划纲要（草案）的第一年，1971年的主要经济指标都得以完成，但是盲目追求高指标、高速度导致的国民经济比例失调问题，也在这一年完全暴露并恶化了。

这期间，国民经济出现"三个突破"的严重局面，即职工人数突破5 000万，工资支出突破300亿元，粮食销售量突破800亿斤，大大超过预定计划，并由此引发了一系列问题。1970年和1971年，原计划增加职工306万人，实际增加983万人。1972年年底，职工人数又超计划招收183万人。

"三个突破"带来的,首先是国家财力、物力的高度紧张。其次是超标招收的职工导致农业劳动力减少,引发粮食供应的紧张。1972年,全国粮食缺口巨大,不得不动用库存粮、增加粮食进口。最后,由于超标招收职工需要发放工资,因此带来货币发行量的突破。1971年和1972年共增发货币27.6亿元,超计划12.6亿元,给物价造成很大压力。对此,周恩来严肃地指出:"票子发多了,到了最大警戒线。三个突破不如这一个突破。"①

"三个突破"带来的,还有经济的严重失序和效益降低。依赖高投资、高积累保证重工业高速增长的做法,导致农业、轻工业发展不足,影响了人民生活水平的提高。短时间内过多、过快地将大量骨干企业的管理权下放至地方,打乱了原有的协作关系和生产秩序,新的秩序又没有及时建立起来,这就导致高投资收获的反而是较低的经济效益和投资效果。

二、"过去能搞的,现在搞不出来?我对此非常难过"

1971年七八月间,毛泽东在视察南方途中,派工作人员借上街的机会做社会调查,了解基层实际情况。有工作人员回来后报告,辛辛苦苦排了半天队,才买到一条的确良的裤子。毛泽东很惊讶,问道,怎么买一条裤子还要排半天队?毛泽东还问周恩来,为什么不能多生产一些。周恩来回答,我们没有这个技术,还不能生产。毛泽东又问,买一个行不行啊?周恩来回答,那当然行。②然而,在当时的政治环境下,如果不是毛泽东主动提出,其他任何人是不能决定从西方发达国家进口成套技术设备的。

1971年9月,林彪出逃的"九一三"事件发生后,周恩来主

---

① 中共中央文献研究室编:《周恩来经济文选》,第640页。
② 《第四个五年计划的编制与实施(1971—1975年)》,《中国产经》,2018年第6期,第70—75页。

持中共中央的工作。他以批判极"左"思潮为切入点,针对企业里的无政府主义思潮严重、纪律废弛、管理混乱、生产设备失修、知识分子受歧视、各级领导对抓生产感到疑虑等问题,进行经济整顿,以加强统一领导,健全规章制度,促进市场发展。

"九一三"事件前后,国际形势也发生了新变化:1971年7月9日,美国国家安全事务助理基辛格秘密访华,他代表美国政府表示:美国不再与中国为敌,也不再孤立中国。1972年2月21日,美国总统尼克松访问中国,中美共同签署《上海公报》,结束了长达25年的相互隔绝状态,实现了双边关系正常化。同时,中苏关系也开始缓解。上述外交事件,使得中国的战备趋于缓和。

1971年12月,周恩来在全国计划会议上听取国家计委及余秋里的汇报。他明确指出,现在我们的企业乱得很,要整顿。他还说:"'三个突破'对国民经济各方面带来一系列的问题,不注意解决,就会犯错误。"① 为了贯彻周恩来关于整顿企业的指示,余秋里等主持起草了《1972年全国计划会议纪要》,明确规定:要加强统一计划,整顿企业管理,落实干部、工人、技术人员政策,反对无政府主义,把产品质量放到第一位。在企业管理上,要恢复和健全岗位责任、考勤、技术操作规程、质量检验、设备管理和维修、安全生产、经济核算等七项制度,要抓好产量、品种、质量、原材料燃料动力消耗、劳动生产率、成本、利润等七项指标。② 这次会议反映了绝大多数干部群众要求恢复生产、发展经济的迫切愿望,体现了周恩来长期以来致力于恢复和发展生产、反对经济工作中无政府主义的意愿,成为工矿企业深入开展整顿工作的依据。

---

① 《我们的周总理》编辑组编:《我们的周总理》,中央文献出版社,1990年,第55页。

② 余秋里传记组:《余秋里传》,解放军出版社,2017年,第454页。

此后，周恩来进一步从抓产品质量入手，努力扭转经济领域无人负责、无章可循的混乱局面。1971年12月，他在听取关于航空工业产品质量问题的汇报时，要求航空系统各级主要领导亲自抓产品质量，恢复合理的规章制度。他激动地表示：一架飞机质量不好我心里也不安，我有责任，我要负责。他还说：不能认为凡是资本主义国家的东西都不好，它们也是劳动人民创造的嘛！不要以为我们什么都能搞，要批判地学习外国的东西。① 此后，周恩来多次针对飞机、汽车等产品的质量问题作出批示，告诫有关企业要引起警惕、解决问题。

除了飞机、汽车等"大"的工业产品，罐头、衬衣、照相机等"小"产品的质量，周恩来也时刻放在心上。1972年春，国内一些日用工业品企业屡次出现质量问题，周恩来对此深感不安。他批评道：现在，"我们出口数量不大，质量却这么差！这怎么向国家交代？向人民交代？向领袖交代？""为什么台湾能搞，我们搞不了？过去能搞的，现在搞不出来？我对此非常难过。""我们只能基本自给，哪能说完全自给呢？需要进口的还得进口嘛！""产品质量不稳定，就是规章制度执行不好，要遵守好的规章制度，好的工艺流程。""现在是不敢管，无政府主义泛滥，领导机关不敢说话。"②

针对国民经济领域的其他问题，周恩来也都领导进行了调整。1972年6月，国务院发出文件，要求严格控制增加职工和加强工资基金管理，规定：未经国务院批准，新增职工人数不得超过计划。凡未经批准超计划招收的职工及违反政策增加工资的，银行有权拒绝支付，并向上反映。同时，国家还动员了一部分超标招

---

① 中共中央文献研究室编：《周恩来传》（四），第1819页。
② 同上。

收的职工返回农村。① 8月，国家计委党组向中共中央报送了《关于当前国民经济中几个问题的报告》。报告改变以往将战备放在国民经济首位的提法，提出要把农业放在首位，并将支援三线是一、二线"主要任务"的提法改为"重要任务"。报告指出，当前存在基建战线过长、职工人数增加过多的问题，建议采取以下措施：把农业放在国民经济的首位，重新审查今年的基建计划，严格控制职工人数，努力提高产品质量，降低物资消耗，抓紧落实党的政策。②

在一年多艰苦工作的基础上，1973年2月，根据周恩来的指示精神，国家计委研究和制定了解决粮食销量、工资总额、职工人数突破国家计划的严重问题的具体措施：一是大力加强农业，增加粮食储备。做好工业对农业的支援，加快农业机械化的速度。支援农业的钢材，一定要落实，不得挤占。二是缩短基本建设战线。1973年基本建设投资，预算内原来安排281亿元，压到270亿元，减少11亿元。三是压缩国防和行政开支。四是精减职工。1973年不招工，一个劳动指标也不给。只安排转业、复员军人、大专毕业生。基本建设的民工，县以下企业的职工，能减的要减一些。几天后，国家计委将有关情况向周恩来进行汇报。周恩来激动地指出："国民经济要按比例发展，但现在根本没有比例！""职工人数、工资总额、粮食销售量三项都突破了计划数字。去年我讲了这个问题，但没有抓。确实没有'王法'了。""不只三个突破，货币发行也突破了。"③

由于措施得力，经过一段时期的努力，"三个突破"的问题终

---

① 武力主编：《中华人民共和国经济史》（增订版上卷），中国时代经济出版社，2010年，第550页。
② 同上。
③ 中共中央文献研究室编：《周恩来经济文选》，第638—639页。

于逐步得到解决。1973年,由于严格控制基本建设投资规模及职工人数、工资总额、货币投放,国民经济计划各项主要指标都完成或超额完成。农业总产值比上年增长8.4%,工业总产值比上年增长9.5%,工业与农业的比例关系严重失调的情况有所缓解,财政收支平衡,略有结余。

三、"搞社会主义建设,不能不搞生产,不能不搞技术"

周恩来领导的批判极"左"思潮、整顿经济秩序的举措,受到广大干部群众的拥护支持,却遭到江青反革命集团的嫉恨与攻击。1974年年初,江青反革命集团发起反击"右倾回潮"和"批林批孔"运动,使得在周恩来等直接领导下刚刚趋向稳定的局势又出现混乱,全国经济严重滑坡。1974年1月至5月,煤炭产量比上年同期减少6.2%,铁路货运量比上年同期减少2.5%,钢产量比上年同期减少9.4%,化肥产量比上年同期减少3.7%。1974年,全国工农业总产值比上年仅增长1.4%。其中,工业总产值只增长0.3%,生产增长速度明显下降。财政收入比上年减少5亿元,支出增加25亿元。人民生活受到严重影响,商品供应日趋紧张,副食品、棉布、糕点乃至火柴的供应量都在下降。

这时的毛泽东,明确表达了希望发展国民经济的强烈愿望。1974年,他在接见外宾后,听取了李先念关于国民经济情况的汇报。其间,他向李先念一再叮嘱:"把国民经济搞上去。"① 随后,李先念在中共中央政治局会议上进行了传达。根据毛泽东关于安定团结和把国民经济搞上去的指示,1975年1月召开的第四届全国人民代表大会第一次会议比较突出地提到国民经济的发展和现

---

① 陈冠任编著:《治国录:毛泽东与1949年后的中国》(4),中共党史出版社,2014年,第1317页。

代化建设目标。会议重新明确"四个现代化"的宏伟目标,指出,"我们要在一九七五年完成和超额完成第四个五年计划""再用二十多年的时间""在本世纪内把我国建设成为社会主义的现代化强国"①。

1974年年底至1975年年初,另一件重要的事情是,经毛泽东的提议,邓小平先后担任国务院第一副总理、中共中央军委副主席兼解放军总参谋长、中共中央政治局常委、中共中央副主席。四届全国人大一次会议确定以周恩来、邓小平为核心的国务院领导人选。这些人事任命,为邓小平主持国务院的工作奠定了组织基础。

1975年2月,周恩来病情加重。经毛泽东同意,邓小平开始主持国务院的工作。受命于危难之际的邓小平,根据毛泽东关于安定团结和把国民经济搞上去的指示,在毛泽东、周恩来的支持和叶剑英、李先念等的配合下,提出关于摆脱动乱、加快经济恢复和发展的一系列措施,进行了在当时历史条件下所能进行的一切努力。他把毛泽东的指示提到"纲"的高度,多次在各种会议上强调全党要讲大局,明确指出:"现在有一个大局,全党要多讲。……把我国建设成为具有现代农业、现代工业、现代国防和现代科学技术的社会主义强国。全党全国都要为这个伟大目标而奋斗。这就是大局。"他还坚定地表示:"听说现在有的同志只敢抓革命,不敢抓生产,说什么'抓革命保险,抓生产危险'。这是大错特错的。……对于当前存在的问题,要有明确的政策。要从大局出发,解决问题不能拖。拖到哪一年呢?搞社会主义怎么能等呢?"②

邓小平在经济领域的整顿,首先以整顿铁路部门为扭转混乱

---

① 《政府工作报告汇编》编写组:《政府工作报告汇编(1954—2017)》(上卷),中国言实出版社,2017年,第334、338页。

② 《邓小平文选(一九七五—一九八二)》,人民出版社,1983年,第4、7页。

局面的突破口。在中共中央召开的解决铁路运输问题的会议上,他指出:"目前生产形势怎么样?……去年一年,工业生产情况是不好的。今年是第四个五年计划的最后一年,生产再搞不好,势必影响第五个五年计划的实行。我们必须预见到这种形势,认真抓这个问题。"谈到怎样把国民经济搞上去时,他强调:"分析的结果,当前的薄弱环节是铁路。铁路运输的问题不解决,生产部署统统打乱,整个计划都会落空。"为了解决铁路问题,他提出要加强集中统一领导,建立必要的规章制度,增强组织性纪律性,反对派性。① 根据邓小平的指示精神,铁道部部长万里提出"安全正点、畅通无阻、四通八达、当好先行"的要求,对铁路系统进行大力整顿。到1975年4月底,铁路整顿初见成效,全国20个铁路局有19个超额完成计划。全国铁路日装车平均达到53 700多车,比2月份多10 000余车;煤炭日装车达到17 800多车,五年来第一次完成生产计划。

铁路整顿初见成效后,邓小平又把目光转移到其他系统。他指出:铁路运输迅速好转,对各行各业都有很大影响和推动。他还在国务院会议上强调:铁路一通,就暴露出冶金、电力等各行各业的问题。各部都要自己打算打算,怎样工作,怎样解决老大难问题。下一步的中心是要解决钢的问题。②

1975年前四个月,全国钢铁生产没有完成任务,欠产钢195万吨。5月,邓小平主持国务院办公会议,讨论钢铁整顿问题。他说:对钢铁生产,我看到了解决问题的时候了,解决的条件也成熟了。各个行业都要支持。现在的问题是,你们敢不敢接受中央的支持,敢不敢按中央这次的批示要求去办。……要找那些敢于

---

① 《邓小平文选(一九七五—一九八二年)》,第4—6页。
② 中共中央文献研究室编:《邓小平年谱(1975—1997)》(上),中央文献出版社,2004年,第28—29页。

坚持党的原则、有不怕被打倒的精神、敢于负责、敢于斗争的人进领导班子。……要敢字当头。……搞社会主义建设，不能不搞生产，不能不搞技术。①几天后，邓小平进一步提出解决钢铁问题的四条措施。6月起，为了切实把钢铁工业抓上去，中共中央从上到下加强了对钢铁部门的领导。经过整顿，鞍山钢铁公司、武汉钢铁公司、太原钢铁公司等重点企业的生产形势开始好转。到6月份，全国钢的平均日产量达到72 400吨，超过全年2 600万吨钢计划的平均日产水平，开始补还亏产部分。其他工业部门也开始整顿，生产形势明显好转。

财经整顿，是对铁路整顿和钢铁整顿起配合作用，从总体上扭转经济状况的重要方面。1975年年初开始，新任财政部部长张劲夫就开始着手财经整顿，恢复相关机构建制，调回大批工作人员。4月，财政部召开全国税务工作会议，强调发挥税收作用，加强税收管理，严肃纳税纪律，坚决堵塞漏洞，维护国家财政收入。8月，财政部和中国人民银行根据国务院要求，开始起草《关于整顿财政金融的意见》，强调要努力促进工农业生产的发展、调整财政收入、节约财政支出、迅速扭转企业亏损、加强基本建设拨款的管理、加强信贷管理、控制货币发行、改进财政和信贷管理体制、严格财经纪律等问题。《关于整顿财政金融的意见》还针对当时生产遭到破坏、资金过于分散的状况，提出财政资金需要适当集中，强调国家的财政方针政策、国家预算、税法税率、全国性的开支标准、企业基金提留的比例、生产成本和商品流通费用的开支范围等都由中央统一规定，并提出从1976年起，加强省、市、自治区财政收支的权力和责任，实行"定收定支，收支挂钩，总

---

① 中共中央文献研究室编：《邓小平年谱（1975—1997）》（上），中央文献出版社，2004年，第47—48页。

额分成,一年一定"的财政体制。① 财政整顿收效明显,许多工业部门和商业部门又开始树立起社会主义要抓积累、企业要讲经济效益的观念,许多企业纷纷开始重视管理,努力扭亏为盈。

在邓小平的领导和支持下,国防科技的整顿也同时进行。新任国防科学技术委员会主任张爱萍,坚定地开展了整顿工作,恢复了各级工作机构,使连续严重混乱八年的国防科学技术委员会的科研、生产在几个月内都走上正轨。在军事工业上,有400多家重点企业进行了领导班子的调整和产品质量大检查,科研、生产秩序有所好转。尤其值得一提的是,1975年下半年开始,国防科技战线连续取得佳绩:7月,成功发射第一颗人造地球卫星;11月,成功发射返回式遥感人造地球卫星,使我国成为继美国、苏联之后第三个掌握回收卫星技术的国家;12月,又成功发射一颗人造地球卫星。

邓小平领导的铁路整顿、钢铁整顿、财经整顿、国防科技整顿,扭转了经济领域的混乱局面,促使一大批干部群众大胆抓生产、抓业务,促使很多好的制度和措施得以恢复,促使国民经济出现良好发展的势头。1975年下半年,邓小平还提出通盘研究经济发展问题。针对整个工业存在的散和乱的问题,7月中旬,国务院委托国家计委起草《关于加快工业发展的若干问题》(简称"工业二十条")。8月,在讨论"工业二十条"文件时,邓小平提出七点指导性意见:一是确立以农业为基础、为农业服务的思想;二是引进新技术、新设备,扩大进出口;三是加强企业的科学研究工作;四是整顿企业管理秩序;五是抓好产品质量;六是恢复和健全规章制度;七是坚持按劳分配原则。② "工业二十条"虽然

---

① 项怀诚主编:《中国财政50年》,中国财政经济出版社,1999年,第168页。
② 《邓小平文选》(第二卷),人民出版社,1994年,第28—30页。

最终未能正式下发，但其主要精神逐渐在全面整顿中得以贯彻，对工业整顿产生了十分积极的影响。

四、"四五"计划历经曲折最终完成

1975年，邓小平领导的全面整顿取得了明显的成效，国民经济由停滞、下降迅速转向回升。

1975年，全国工农业总产值按可比价格计算，比上年增长11.9%。粮食产量达到5 690亿斤，比上年增长3.36%，创历史最高水平；钢产量达到2 390万吨，比上年增长13.16%；原煤产量达到4.82亿吨，比上年增长16.71%；原油产量达到7 706万吨，比上年增长18.83%；发电量达到1 958亿度，比上年增长17.39%；铁路货运量8.9亿吨，比上年增长12.9%。财政收入815.6亿元，比上年增加32.5亿元。

1975年是完成"四五"计划的最后一年。在这一年，工农业总产值完成"四五"计划要求的101.7%，其中，农业完成104.5%，工业完成100.6%。主要产品产量完成情况是：粮食103.5%，棉花96.5%，钢79.7%，原煤109.5%，原油110.1%，发电量103.1%。预算内基本建设投资完成101.6%，财政收入完成98%。

"四五"时期，虽然国民经济发展几经周折，但经过各方面的整顿，社会主义建设在一些重要领域仍然取得了一定进展，对建立独立的、比较完整的工业体系和国民经济体系发挥了重要作用（见图1-4）。1975年工农业总产值比1970年实际增长42.7%。中美两国关系开始走向正常化，中华人民共和国在联合国的一切合法权利得到恢复。

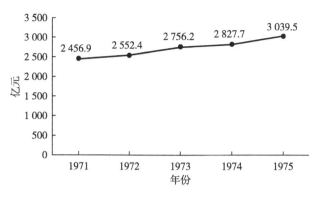

图1-4 "四五"时期国内生产总值

这一时期,施工的大中型建设项目为2 579个,其中有700多个全部建成。同时,国务院批准国家计委《关于增加设备进口、扩大经济交流的请示报告》,确定从国外大规模引进成套设备和单机,武钢一米七轧机、北京石化总厂、辽阳石油化纤厂等一批重点工程开始施工建设。成昆铁路、湘黔铁路、襄渝铁路、攀枝花钢铁厂、中国二汽、刘家峡水电站等重大工程取得显著成果。洲际火箭首次飞行实验基本成功,高产量的籼型杂交水稻的实验成功并在南方13省推广等重大科技成就产生广泛影响。

"四五"计划能够得以完成,与1972年周恩来领导的批判极"左"思潮、1975年邓小平主持的全面整顿有着重要关系。1972年前后,在周恩来的领导下,经过经济调整,"三个突破"带来的不利影响基本得以消除。1975年,由于邓小平大力开展整顿工作,被破坏的社会经济秩序得以逐渐恢复。

第七节 经历伟大历史转折的"五五"计划

"五五"计划的制定始于1974年。是年初,国家计委向国务院提出关于拟定长远计划的报告。1975年,在对国民经济进行全面整顿的过程中,邓小平高瞻远瞩,开始抓制定长远规划的工作。

11月，全国计划会议讨论国家计委拟定的《发展国民经济十年规划要点》。12月，经中共中央政治局和国务院讨论修改，形成《发展国民经济十年规划纲要（草案）》（简称"十年纲要"）。"五五"计划没有独立文本，全部内容都包含在"十年纲要"之中。"十年纲要"反映了在当时的历史条件下，饱受动乱之苦的绝大多数干部群众实现"四个现代化"的决心和愿景。然而，由于"反击右倾翻案风"运动和1976年粉碎江青反革命集团的斗争，"十年纲要"和"五五"计划均未能正式下达及执行。

一、经济受到严重冲击的1976年

1975年年底制定的"十年纲要"，对"五五"计划提出如下要求：建立起比较稳固的农业基础，粮食产量比1975年增长16%—25%，棉花产量增长18%—24%；建立起比较丰富多彩、适应国内市场和外贸需要的轻工业，棉纱产量比1975年增长26%；建立起比较发达的重工业，钢产量比1975年增长58%，煤炭增长30%，石油增长95%，发电量增长60%；"五五"计划期间，工农业总产值年均增长7.5%—8.1%；到1980年，独立的、比较完整的工业体系和国民经济体系建立起来。

1976年，本应是"十年纲要"执行的第一年。然而，年初，"反击右倾翻案风"运动愈演愈烈，矛头直指邓小平，导致邓小平不能再继续主持中共中央的工作。1月28日，毛泽东提议由华国锋主持中共中央的日常工作。2月2日，根据中共中央的通知，华国锋任国务院代总理。自此，华国锋同时主持中共中央和国务院的日常活动。

当时，由于"四人帮"的鼓吹、推动，"反击右倾翻案风"运动在全国强行展开，1976年成为生产建设受破坏极为严重的一年。对于"四人帮"冲击经济工作的行为，时任国务院副总理、主持国家计委工作的谷牧，在1976年5月31日的日记中记叙了这样一个细节：当晚，中共中央政治局听取谷牧汇报计划调整工作，谷牧提前到达会场。江青一见到他就挑衅地质问："你为什么把一套进口的化肥设备放在大庆？你给我拆掉！"谷牧说："这不是我定的，要拆的话就请政治局作决定！"江青继续吵吵嚷嚷，还质问谷牧是不是有洋奴思想。谷牧严肃地予以否认。这时，已出任代总理的华国锋走进会场，见状便走过来问："你们吵什么？"在谷牧说明了情况后，华国锋说："这是毛主席批准的！"江青才不说话了。随后，张春桥站出来替江青说话："我就反对你们这个办法，动不动就拿毛主席压我们！"①

1976年，在"反击右倾翻案风"运动的冲击下，许多地区交通堵塞严重，大批工矿企业生产秩序再度混乱，计划指标难以完成。全年工农业总产值比上年仅增长1.7%，远低于计划要求的7%—7.5%。其中，农业增长2.5%，低于计划要求的4%；工业增长1.3%，低于计划要求的8.2%—9%。绝大多数主要产品产量没有完成计划：粮食产量5 726亿斤，完成计划的99%；棉花4 111万担，完成计划的79%；钢2 046万吨，完成计划的79%，甚至低于1971年的水平；原煤48 300万吨，完成计划的101%；原油8 710万吨，完成计划的低限指标；发电量2 031亿度，完成计划的96%；棉纱1 080万件，完成计划的88%；铁路货运量82 116万吨，完成计划的91%。

1976年，基本建设投资共完成359.5亿元，比上年减少32.8亿元，建设项目投产率只有5.7%，为历史上投资效果最差的年份之一。年度财政赤字29.62亿元。全国工交、商业企业亏损额达113亿元。粮食亏损额达50亿元。全国人均粮食消费量仅有

---

① 谷牧：《谷牧回忆录》，中央文献出版社，2014年，第288—289页。

380.56斤,甚至低于1952年395.34斤的水平。

从地区看,作为国家重要工业基地的上海,工业设备完好率只有60%左右;郑州铁路局全年发生12起全局性大堵塞,全年少运煤近1 100万吨,造成12个省市缺煤少电、停工停厂;"天府之国"的四川、"鱼米之乡"的浙江,都从产粮大省变为需要国家大量返销粮食的省份。

1976年的经济混乱局面,使1975年的整顿成果毁于一旦。叶剑英曾把谷牧叫到家中,打开收音机作掩护,听取谷牧关于经济形势的汇报。听完后,叶剑英忧虑地说:"问题严重啊!只能尽量减少些损失了。你担子重啊!"① 可见,"四人帮"和"反击右倾翻案风"运动,给国民经济造成多么严重的破坏。由于各项工作都没有走上正轨,修订"十年纲要"和"五五"计划的工作也暂时中断。

二、粉碎"四人帮"和新的"跃进"计划的形成

1976年9月,毛泽东逝世,举国悲恸。此时,"四人帮"却加紧实施夺取党和国家最高领导权的阴谋活动。危急关头,华国锋、叶剑英、李先念、汪东兴等人经过慎重考虑和反复商量,并征得中央政治局多数成员的同意,果断对"四人帮"采取隔离审查措施,一举粉碎江青反革命集团。

随着"四人帮"的倒台和"文化大革命"的结束,中国人民被压抑已久的生产积极性和为实现"四个现代化"而奋斗的意愿终于得到释放,许多停工的工厂纷纷恢复生产。中共中央在稳定国内政治局势的同时,也竭力整顿、恢复生产。1977年与1978年,中国进入国民经济与社会发展由乱向好的转折时期。

---

① 谷牧:《谷牧回忆录》,第265页。

"文化大革命"刚结束时,由于"四人帮"制造的经济秩序混乱、唐山大地震的破坏,工业生产、交通运输、财政收入都受到很大影响,国家财政状况极为困难。因此,中共中央、国务院首先致力于紧缩开支、压缩投资、减轻资金和物资压力,保证有限的资金投向生产建设领域。1977年3月,国务院转发了国家计委等部门关于坚决压缩和严格控制社会集团购买力的请示报告。同时,全党形成了大抓经济建设,加快发展生产力的统一认识,中共中央先后召开第二次全国农业学大寨会议和全国工业学大庆会议,号召全国人民掀起"抓革命、促生产"的高潮,努力把国民经济搞上去。

1977年起,国民经济的计划工作也逐渐步入正轨。为了确立1977年经济的发展目标和方案,3月,国务院召开全国计划会议。会议的指导思想是:抓革命、促生产、促工作、促战备,备战、备荒、为人民,把"四人帮"干扰破坏所造成的损失夺回来;广泛、深入地开展工业学大庆、农业学大寨的群众运动。会议认为,在1977年的计划中,要着力解决三个突出问题:第一个是农业和轻工业不适应生产建设和改善人民生活的需要,这是当前国民经济中的主要问题;第二个是燃料动力工业和原材料工业的发展赶不上整个国民经济发展的需要;第三个是已经铺开的基本建设规模,超过了当前财力、物力的可能。① 根据会议的讨论意见,国家计委起草了《关于1977年国民经济计划几个问题的汇报提纲》。同时,还安排了1977年的主要生产指标:农业总产值增长4.6%,工业总产值增长8%,国家直接基本建设投资比上年减少23%。

经过1977年一年的努力,国民经济得到一定的恢复。工业总

---

① 张晋藩、海威、初尊贤主编:《中华人民共和国国史大辞典》,黑龙江人民出版社,1992年,第799页。

产值增长14.4%，基本建设投资完成330亿元。但是农业没有完成计划，粮食比上年减产71亿斤，棉花比上年减产13万担；与人民生活密切相关的职工住宅、城市公用事业、商业服务等仍然存在突出问题。

经济恢复的另一面，是指标过高、急于求成的现象又开始抬头。4月，在全国工业学大庆预备会议上，华国锋在没有得到地质勘探结果论证的情况下向石油部负责人提出：石油部不能只有一个大庆，年产5 000万吨石油就满足了，要搞十来个大庆，必须在2000年以前搞出来。① 4月19日，《人民日报》发表《抓纲治国推动国民经济新跃进》，重新提出"跃进"口号，要求"赶超'三个水平'"，即"首先达到和超过本单位历史最高水平；再赶超全国同行业的最高水平；进而赶超世界先进水平"。② 5月，华国锋在全国工业学大庆会议上明确提出："石油部门要为创建十来个大庆油田而斗争。所有企业，都要努力向大庆看齐。"9月，在中央政治局讨论电力问题时，国家计委报告，1977年电力生产"全年可以增长10%，超过年度计划8%的指标"。华国锋当即提出，为什么只有10%呢？今年完成10%不应自满，应当有12%。要"挽起袖子大干"。"抓纲治国"，今年初见成效，要见大一点，打倒"四人帮"，天下大治，速度可以快，请计委准备一下，怎样把速度搞上去。③ 华国锋还要求国家计委制定一个加快国民经济发展速度的23年设想，并根据这个设想制定十年规划，主要是"五五"的后三年和第六个五年计划，提交全国人民代表大

---

① 中共中央党史研究室：《中国共产党历史 第二卷 1949—1978》（下册），第1000页。
② 《抓纲治国推动国民经济新跃进》，《人民日报》，1977年4月19日。
③ 中共中央党史研究室：《中国共产党历史 第二卷 1949—1978》（下册），第1000页。

会讨论通过。

在这种氛围下，1977年11月，国家计委向中共中央提交《关于经济计划的汇报要点》，提出"五五"后三年的主要任务是打好两大战役：一是把农业搞上去，每年以4%—5%的速度增长，到1980年要基本实现农业机械化，粮食产量达6 700亿斤；二是把燃料、动力、原材料工业搞上去，规定工业总产值平均每年的增长速度要达到10%以上。1980年钢产量要达到3 600万吨，原煤6.5亿吨，原油1.3亿—1.5亿吨，发电量3 000亿度。国家预算内基本建设投资"五五"后三年拟安排1 200亿元，五年合计1 780亿元。《关于经济计划的汇报要点》还提道：今后八年，即到1985年以前，在基本建设方面，全国要新建和续建120个大型项目，基本建设投资将接近过去28年的总和。到2000年以前，全面实现农业、工业、国防和科学技术的现代化。中央政治局经过讨论，认为计划是积极的，经过努力是可以实现的，并决定提交全国计划会议。①

根据《关于经济计划的汇报要点》，在1977年11月24日至12月11日召开的全国计划会议上，形成了《一九七六年到一九八五年发展国民经济计划十年规划纲要（草案）》。1978年，中共中央、国务院批准并下达了这份草案。这份文件中，不少指标又有所提高，规定：到1985年，粮食产量将达到8 000亿斤，钢产量达到6 000万吨，原油产量达到2.5亿吨。1976年到1985年，工农业生产十年平均增长速度为8.7%，其中工业增长速度为10%；财政收入十年合计为12 800亿元；基本建设投资十年合计为4 580亿元。

---

① 中共中央党史研究室：《中国共产党历史 第二卷 1949—1978》（下册），第1001页。

事实证明，无论是《关于经济计划的汇报要点》，还是《一九七六年到一九八五年发展国民经济计划十年规划纲要（草案）》，所提指标都过高了，超过国家财力和物力所能承受的限度，是新的"跃进"计划。当时就有一些领导人提出不同意见。余秋里就认为，石油从长远看，指标是可以的，问题是近三年后备储量小，石油没有过关，三线地区没有发现大油田。① 对于计划提出的指标，当时主管经济工作的李先念表示，这个规划正在讨论中，提出这个指标、那个项目可以，但还没有研究清楚，不要拿到人大会议上去通过。②

华国锋则对于这个指标明显过高的计划给予了充分肯定，认为这个设想是积极的、有雄心壮志的，经过努力是可以实现的。在没有经过充分讨论和科学论证的情况下，第五届全国人民代表大会通过了这份草案。之所以会造成这样的局面，一是因为过分看中农业学大寨、工业学大庆群众运动的作用，忽视了经济建设的客观规律；二是把发达国家实现现代化的经验和积极向中国投资的有利形势看得过于简单，而忽视了中国国情。③

《一九七六年到一九八五年发展国民经济计划十年规划纲要（草案）》提出的目标任务严重脱离国情，具体指标定得十分高。比如：要求到20世纪末，许多省的工业要赶上和超过欧洲的发达国家；各项主要经济指标要接近、赶上、超过世界先进水平等，原油产量要达到2.5亿吨。薛暮桥听完这些指标后，回到家里，生气到拍着椅子扶手失声痛哭起来。他说，国民经济已经到了崩溃

---

① 中共中央党史研究室：《中国共产党历史 第二卷 1949—1978》（下册），第1002页。

② 张树军：《大转折——中共十一届三中全会实录》，浙江人民出版社，1998年，第59页。

③ 中共中央党史研究室：《中国共产党历史 第二卷 1949—1978》（下册），第1001页。

的边缘，这个报告还陷在分钱分物的数字里，不讲政策，不图指导方针的改变。①

为了完成《一九七六年到一九八五年发展国民经济计划十年规划纲要（草案）》中的高指标，1978年的经济建设呈现出两个重要特点。一是过大的积累比重导致经济比例结构失调。1978年的基本建设投资总额，从年初计划的322亿元，一路追加到500.99亿元，比1977年增长31%。将当年的投资项目总规模与年度投资相比，在今后不再上任何新项目的情况下，完成全部投资需要八年时间。为了支持规模巨大的基本建设，全年积累率达到36.5%，是1953年以来第三高的年份，仅次于1959年、1960年的积累率。二是引进项目规模过大，实施过急。在"新跃进"思想指导下，1978年3月，国家计委提出，今后八年（1978年至1985年）的引进规模由65亿美元增加为180亿美元，其中1978年内拟签约60亿美元。中共中央批准这个方案后，各方面又相继提出一批引进项目。到当年9月，提出的十年内引进的总规模已增至800亿美元。在这样的情况下，为了支付到货的设备款，中国银行用吸收海外存款和从欧洲金融市场筹措贷款的办法，共筹集51亿美元，其中欧洲金融市场的贷款，年利率高达15%—16%。由此造成国家的财政负荷极重，并加剧了长期存在的经济结构比例失调问题。

有一个例子，可以说明当时经济结构比例失调的程度。1978年，时任国家计委副主任的康世恩接到了一封来信，诉说市场上买不着头发卡子的困扰，希望他关心、过问一下。这封信让康世恩的心情久久不能平静。他说，小小头发卡子，既不需要多少钢

---

① 《第五个五年计划的编制与实施（1976—1980年）》，《中国产经》，2018年第7期，第72—79页。

材,又不需要复杂的加工技术,连女同志这点基本需要都不能满足,实在太不像样子了。①

三、十一届三中全会实现伟大历史转折

1978年12月,经过充分准备,中国共产党第十一届中央委员会第三次会议召开。会上,邓小平作了题为《解放思想,实事求是,团结一致向前看》的纲领性讲话。会议开始全面认真纠正"文化大革命"中及其以前的"左"倾错误,坚决批判了"两个凡是"的错误方针,作出了把党和国家工作重心转移到经济建设上来、实行改革开放的历史性决策。会上,陈云正式提出要对国民经济进行必要的调整,得到邓小平的支持。会议提出:一些重大的比例失调状况没有完全改变过来,生产、建设、流通、分配中的一些混乱现象没有完成消除,城乡人民生活中多年积累下来的一系列问题必须妥善解决。我们必须在这几年中认真逐步地解决这些问题,切实做到综合平衡,以便为迅速发展奠定稳定的基础。②

十一届三中全会后,邓小平和陈云在经济决策上相互配合与支持,对国民经济计划进行调整。1979年1月1日,陈云在《国务院关于下达一九七九、一九八〇两年经济计划的安排(草案)》上批示:"国务院通知中'一九七九年有些物资还有缺口',我认为不要留缺口,宁可降低指标。宁可减建某些项目。"四天后,他又将新华社一份反映物资缺口问题的材料批转华国锋、邓小平等,指出:"我认为有物资缺口的不是真正可靠的计划。"对此,邓小平十分支持,指出:"我们要从总方针来一个调整,减少一些钢铁厂和一些大项目。引进的重点要放在见效快、赚钱多的项目上。

---

① 《第五个五年计划的编制与实施(1976—1980年)》,《中国产经》,2018年第7期,第72—79页。
② 杨明伟:《晚年陈云》,现代出版社,2015年,第26页。

今年计划有些指标要压缩一下，不然不踏实、不可靠。"①

1979年3月，中共中央政治局讨论国家计委修改过的1979年国民经济计划和经济调整问题。陈云讲了四点意见：

一、我们搞四个现代化，讲实事求是，先要把"实事"搞清楚。我国有九亿多人口，百分之八十在农村，革命胜利三十年了还有要饭的，需要改善生活。这是一个大问题。我们是在这种情况下搞四个现代化。

二、按比例发展是最快的速度。单纯突出钢，证明不能持久。冶金部提出，要用外国人的钱把钢的发展都包下来，是把问题看简单了，孤立了。不按比例，靠多借外债，靠不住。

三、要有两三年调整时间，最好三年。现在国民经济比例失调，比一九六一年、一九六二年严重得多。基本建设项目太多，迅速下决心丢掉一批；地方工业、社办工业如果同大工业争原料、争电力，也要停下来。过去十年欠了账，"骨头"搞起来了，"肉"欠了账。调整的目的，就是要达到能比较按比例地前进。

四、到2000年年末，钢的指标不能定得太高了，达到8 000万吨就不错了，1985年搞6 000万吨钢根本做不到。冶金部要把重点放在钢的质量、品种上，真正把质量、品种搞上去，就是很大的成绩。②

邓小平也表示：中心任务是三年调整。这是个大方针、大政策。……这次调整，可以肯定地说，没有很大的决心是搞不成的。首先要有决心，东照顾、西照顾不行，决心很大才干得成。……过去提"以粮为纲""以钢为纲"，是到该总结的时候了。③ 在邓小平、陈云的推动下，这次政治局会议原则同意国家计委修改和

---

① 中共中央文献研究室编：《陈云年谱》（修订本下卷），第261页。
② 中共中央文献研究室编：《三中全会以来重要文献选编》（上），第67—71页。
③ 杨明伟：《晚年陈云》，第37—38页。

调整过的1979年国民经济计划，决定用三年时间调整国民经济。

四、"调整、改革、整顿、提高"八字方针提出

1979年4月，中共中央召开工作会议，李先念代表中央作题为《关于国民经济调整问题》的重要讲话。他提出，今后经济工作的方针是："调整、改革、整顿、提高"。以调整为中心，"边调整边前进，在调整中改革，在调整中整顿，在调整中提高"①。会议决定，从1979年起，要用三年时间进行调整，坚决把各方面严重失调的比例关系基本上调整过来，继续整顿好现有企业，积极、稳妥地改革工业管理和经济管理体制，使整个国民经济真正纳入有计划、按比例、健康发展的轨道。调整分为两个阶段：1979年至1980年年底为第一阶段，着重调整农轻重、积累和消费的比例关系，增加城乡居民收入。1981年至1982年为第二阶段，着重削减基建规模，控制消费，平衡财政收支，稳定经济局势。②

关于经济调整问题，当时决策层在指导思想上也一直存在分歧，有的认为需要调整，有的则认为只需要整顿。争论得很激烈，许多人希望经济保持高速度增长。房维中回忆道：一部分省市和部门的领导人思想通了，认为不调整不行。一部分人思想并没有通，说刚刚提出组织"大跃进"，要三年见成效，怎么一下又来了个调整，接受不了。经济发达的地区要求允许继续前进，经济不发达的地区要求不要一刀切，对于一些大项目，都提出这也不能下那也不能下。③

对于房维中提到的这些问题，邓小平在当时强调，要使中国现代化，至少有两个主要特点是要注意的。一个是底子薄；一个

---

① 武力主编：《中华人民共和国经济史》（上），第674—675页。
② 同上书，第676页。
③ 《房维中文集》，中国计划出版社，2009年，第318页。

是人口多，耕地少。陈云也指出，我国社会经济的主要特点是农村人口占80%，而且人口多，耕地少。要认清我们是在这种情况下搞四个现代化的。会议总结中华人民共和国成立以来经济建设中的经验教训，指出，经济建设必须从我国国情出发，符合经济规律和自然规律；必须量力而行，循序渐进，经过论证，讲求实效，使生产的发展同人民生活的改善密切结合；必须在坚持独立自主、自力更生的基础上，积极开展对外经济合作和技术交流。①

根据上述指导方针，1979年5月，国务院发出通知，正式对1979年国民经济计划进行调整：国家预算内直接安排的基本建设投资由457亿元降为360亿元，加上利用外汇贷款安排的基本建设投资，共计400亿元，与1978年持平。农业生产增长速度由5%—6%调整为4%；工业生产增长速度由10%—12%调整为8%。对于这个调整计划，李先念评价：究竟计划中还有什么不平衡的东西，不大清楚，从本子上看是平衡了，实际上可能还有不平衡。但我基本上同意这个计划本子，现在已经过了一个季度，再调可能会更不平衡，而且几个月也调不下来。我认为，这个本子，可以起个刹车的作用，作为一个基础，便于1980年继续进行调整。②

拟定1980年计划时，继续贯彻执行了以调整为中心的"调整、改革、整顿、提高"的八字方针。其间，陈云说明了两个观点。一是为什么不能靠赤字搞建设。陈云说，我们的基本建设投资，必须是没有赤字的。不要用自由外汇兑换成人民币来弥补基本建设投资的赤字，也决不能靠发票子来弥补基本建设投资赤字，因为这将难以为继。他主张1980年必须去掉基本建设投资中的赤

---

① 中共中央党史研究室：《中国共产党的九十年（改革开放和社会主义现代化建设新时期）》，中共党史出版社、党建读物出版社，2016年，第685页。

② 《李先念传》编写组：《李先念传（1949—1992）》（下），中央文献出版社，2009年，第1089页。

字。二是说明利用外资的可能限度。陈云认为，外债基本有两种：第一种是买方贷款，第二种是自由外汇贷款。买方贷款每年能使用多少，不取决于主观愿望，而取决于国内为它配套所需的投资数量。借到的自由外汇只能用于小项目，或迅速见效的项目，有些还要用来购买武器。用于偿还大项目借款本息的可靠外汇来源，只能来自增加出口的收汇。因此，像宝钢、平果铝矿、三峡水电站等那样大的工程，每个五年计划大体只能建成一个。中国的现代化除了要上若干个大项目，着重点应该放在国内现有企业的挖潜、革新、改造上。要先生产，后基建；先挖潜、革新、改造，后新建。我们应该探索在这种条件下的发展速度。①

后来，根据陈云的指示精神，计划指标分别被定为：1980年工农业总产值比上年增长5.5%，其中农业总产值增长3.8%，工业总产值增长6%。

一方面，1979年、1980年两年的调整取得了不小的成绩，一些重大的比例关系开始向着合理方向发展，经济生活开始活跃起来，人民生活有所改善。特别是采取了一系列大幅度提高农产品价格、扶持轻纺工业的措施，改善了人民生活，缩小了工农业产品的剪刀差，提高了农业和轻工业的比重，在一定程度上缓和了农、轻、重比例失调的矛盾。

然而，另一方面，经济领域突出的问题仍然存在。国民经济比例失调的情况并未从根本上改变过来，积累和消费的分配超过国民收入的总额；基本建设开支和消费开支超过财政收入，产生巨额财政赤字，1979年财政赤字达到中华人民共和国成立以来的最高水平；基本建设规模仍然过大，计划内大中项目全部建成，

---

① 《第五个五年计划的编制与实施（1976—1980年）》，《中国产经》，2018年第7期，第72—79页。

还有1 500亿元缺口；外贸逆差大，1979年进口大于出口31.1亿元人民币。

到1980年年底，国民经济的形势是：货币发行量132亿元，货币流通量接近引起经济危机的临界点。零售物价总指数也在迅速提高。以调整为中心的八字方针，在这个时候还没有产生预期的效果。如果不立即进行大的调整，财政赤字将继续扩大，货币量将继续增多，物价将继续上涨，社会动荡、政局不稳将不可避免。为避免这些情况的发生，中共中央决定，1981年进行进一步的调整，实现财政、信贷平衡。然后再用五年或更长一点的时间，完成各项调整任务，实现经济结构和管理体制合理化，使国民经济走上健康发展的轨道。

总的来说，"五五"时期，国民经济取得了一定的成就：国民经济年均增长7.84%（见图1-5），最高年份达到11.7%；工农业总产值年均增长8.1%，农业总产值年均增长5.1%，工业总产值年均增长9.2%，其中，轻工业年均增长11%，重工业年均增长7.8%，五年新增固定资产年均增长1 747.31亿元。

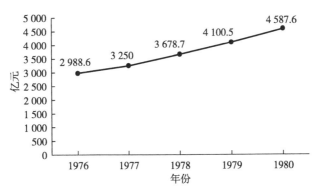

图1-5 "五五"时期国内生产总值

这一时期，农村改革序幕揭开，家庭联产承包责任制从初步推行阶段进入大发展阶段。开展扩大企业自主经营权改革试点，城市经济体制改革初步展开。探索引进外资的政策措施和方法，决定兴办深圳、珠海、汕头、厦门四个经济特区。"五五"时期末，绝大部分指标都完成或超额完成了调整后的计划指标，较好地解决了国民经济重大比例失调问题。第一产业比重上升到30.1%，改变了自1968年以来农业比重下降的趋势。压重工业促轻工业初见成效，轻工业在工业总产值中所占的比重上升到47.2%。人民生活有比较明显的改善，全民所有制单位职工平均实际工资五年增长31.2%，城乡人民平均消费水平提高26.8%。教育科技战线的面貌发生显著变化，知识和知识分子重新受到重视，强调科学技术是生产力，正式恢复高考。

第二章　改革中的五年规划

本章的主要内容是五年规划的改革发展时期，包括"六五"到"十五"的五个五年规划。这25年开启了中国改革开放事业和中国特色社会主义现代化建设的征程，推进了从计划经济体制向社会主义市场经济体制的改革和转型，提前实现了国民生产总值到20世纪末比1980年翻两番的经济目标。这一时期，中国基本完成由传统农业国向工业国的转型，完全解决了人民的温饱问题，开启了中国经济发展史上前所未有的"高速"时代。这个时期的五年规划制度也不断走向成熟、规范和完善，从指令性计划逐步转变为兼具指令性、预测性、指导性的计划，充分发挥了服务国家战略目标、引导市场资源配置、指导政府宏观管理的重要作用。

第一节　"六五"计划——国民经济迎来又一个快速增长期

"六五"计划，是继"一五"计划后又一个比较完备的五年计划。这一时期,中国的经济经过充分调整后,开始迅速增长:农村首先出现承包权改革,广大农民的生产积极性极高,长期以来困扰中国的温饱问题逐步得到解决。

一、邓小平强调"重点是要抓调整,改革要服从于调整,有利于调整,不能妨碍调整"

"六五"计划的第一次编制是在1975年。当时,"六五"计划同"五五"计划一起进行编制。可惜的是,1976年,计划被搁置一旁,没有继续执行。到了1978年2月,第五届全国人大第一次会议正式公布了"六五"计划。然而,这时的"六五"计划,指标定得过高,严重脱离国家的实际情况。

1979年和1980年,经过两年的调整,经济混乱局面得到改善。因此,1980年年底,中共中央召开一系列会议,在对全国形势进行符合实际估量的基础上,决定"在经济上实行进一步调整,政治上实现进一步安定"[1]。在这些会议上,邓小平、陈云、李先念强调:基本建设要退够,压缩1981年计划;宝钢、22个成套进口项目,不行就放下来;发展速度达到5%有困难,4%也可以,并不丢面子。陈云着重讲了调整问题,表示:"调整意味着某些方面的后退,而且要退够。""这次调整不是耽误,如不调整才会造成大的耽误。""我们这次调整是清醒的健康的调整,我们会站稳脚跟,继续稳步前进。"[2]

邓小平十分支持陈云,指出:"我完全同意陈云同志的讲话。这个讲话在一系列问题上正确地总结了我国三十一年来经济工作

---

[1] 《政府工作报告汇编》编写组编:《政府工作报告汇编(1954—2017)》(上卷),第449页。

[2] 曹应旺:《开国财经统帅陈云》,第184页。

的经验教训，是我们今后长期的指导方针。"他还对怎样"退够"进行了阐述："这次调整，在某些方面要后退，而且要退够……""只有某些方面退够，才能取得全局的稳定和主动，才能使整个经济转上健全发展的轨道。""所谓某些方面要退够，主要是说，基本建设要退够，一些生产条件不足的企业要关、停、并、转或减少生产，行政费用（包括国防开支和一切企业事业单位的行政管理费用）要紧缩，使财政收支、信贷收支达到平衡。生产建设、行政设施、人民生活的改善，都要量力而行，量入为出。这就是实事求是。下决心这样做，表明我们真正解放了思想，摆脱了多年来'左'的错误指导方针的束缚。"① 接着，邓小平继续坚定地表示："今后一段时间内，重点是要抓调整，改革要服从于调整，有利于调整，不能妨碍调整。"② 针对"六五"计划的编制问题，邓小平也强调，必须去掉不切实际的设想，去掉主观主义的高指标，要通过调整，继续摆脱一切老的和新的框框的束缚，真正摸准、摸清我们的国情和经济活动中各种因素的相互关系，据以正确决定我们的长远规划的原则，然后着手编制切实可行的第六个五年计划。③

在邓小平、陈云的合力推动下，这次会议对1981年的计划指标进行了切合实际的调整、修订：工农业总产值预计增速从5.5%下调至3.7%；财政收入从1 154.5亿元减为1 056.6亿元；基本建设投资从550亿元减为300亿元，预计比1980年减少40%。这样，就为"六五"计划打下良好开局奠定了基础，也为"六五"计划的制定提出了正确的指导原则。会议还决定：在整个"六五"计划期间都进行调整，目的是进一步解决过去遗留下来的阻碍经济

---

① 《邓小平文选》（第二卷），第354—355页。
② 同上书，第362页。
③ 同上书，第356页。

发展的各种问题，争取实现财政经济根本好转，为"七五"计划奠定良好的基础。

二、"久别重逢"的五年计划——"六五"计划向全社会公布

为了调查实际情况，更科学地编制"六五"计划，1980年年底开始，国家计委开始进行第三次编制的前期准备工作。12月，国家计委以及曾经主持国家计委工作的余秋里都对1977年至1980年的工作进行了全面的梳理、总结、检查。李先念听完后表示，不是余秋里的问题，大家都急于求成，"秋里同志风格高，他把责任都自己担起来了，这样他一检讨，大家都没有意见了"。李先念还强调："要彻底纠正'左'的错误，就要认认真真总结经验，并在今后工作中切实加强调查研究，坚持实事求是原则。编计划，作预算，搞平衡，一定要从实际出发，一就是一，二就是二，不能做虚假文章，更不能凭主观偏见。我们过去往往在这方面吃了亏。当然完全准确不可能，但要力求符合实际，大体准确。经济部门，特别是计划部门，要认真总结这方面的经验教训，引以为戒。"①

随后，国家计委党组内部就如何落实中共中央指示进行了讨论。讨论中，党组成员、副主任房维中分析说："长期以来的经济工作和计划工作，除了体制外，我感到有三个问题：一是急，急于求成；二是粗，缺乏深入研究和认真平衡；三是不讲究经济效果。""急，领导上有责任，计委也有责任。1958年的大跃进计划，就搞冒了，1959、1960年又不肯下来，计委都应当承担一定的责任。1970年以后，计委坚持把生产搞上去是好的，但对人民生活

---

① 《李先念论财政金融贸易》编辑组编：《李先念论财政金融贸易（一九五〇——一九九一年）》（下卷），中国财政经济出版社，1992年，第557页。

注意不够，积累率过高。1977年搞二十三年设想，1978年定1979年计划，指标都搞高了，建设规模大了。计委是综合部门，有些精神固然来自上面，但经过计委提出的方案，又对领导决策起重大影响。如果计委头脑冷静，认真地向中央提出有根据的建议，中央是会重视的。"①

1981年3月，国家计委提出拟定"六五"计划和十年设想的初步意见。6月，国家计委发出《关于拟定"六五"专题规划的通知》，要求有关部门分别研究制定农业、日用消费品、财政、能源、机械等12个专题规划。同时，国家计委还会同有关部门，到全国各地开展大量的调查研究和测算工作，组织有关专家对拟定的计划指标进行科学论证。

10月，中共中央政治局再次讨论"六五"计划的控制数字。邓小平提出，今后经济发展速度总的来说不会慢，但是头一个五年、十年，速度不可能很高。头几年，要非常谨慎，重大的事情要稳当一些，摸着石头过河，看准了再搞。"六五"期间工农业总产值的增长速度，计划定为4%，争取5%。国内建设资金，中央缺钱，但地方、企业、社队有钱。可以用集资的办法把这些钱用起来。② 这次会议将提高经济效益作为经济工作的中心任务，还确定今后二十年分为两个阶段，前十年的主要任务是打基础，后十年则要集中精力振兴。

根据中共中央的意见，国家计委继续编制"六五"计划草案。邓小平"保四争五"思想的提出，促使经济、计划领域解放了思想，摆脱了束缚。李先念也表示同意4%的速度。他说："32年来，在发展经济上，究竟我们是低速度吃亏多，还是高速度吃亏多？

---

① 《房维中自选集》，中央文献出版社，2015年，第43页。
② 《第六个五年计划的编制与实施（1981—1985年）》，《中国产经》，2018年第8期，第83—91页。

经验证明，还是高速度吃亏多一些。……安排速度总是要合情合理，实事求是，能够达到的速度而不去争取是不对的，但是，脱离实际，片面追求高指标、高速度，危害更大。……明年经济的增长速度，安排为4%，并不消极，还是积极的，可以在执行过程中争取超过。"① 对此，房维中当时也意识到："热衷于高速度，追求建设规模，好像速度慢一点、规模小一点就不得了，而对经济效果如何，则很少考虑，很少分析，很少检查。因此造成'高速度、高积累、低效率、低消费'这一种不正常、不合理的现象。讲经济计划工作的转变，在这方面必须有一个大的转变。"②

为了实现这个"大的转变"，1982年1月，国务院正式下达"六五"计划控制数字的通知，要求各省、市、自治区和各部门根据最新精神，结合各自的实际情况，认真研究制定各自的"六五"计划草案，4月底前报送国家计委。然后，由国家计委整理、编制成全国的"六五"计划草案。

4月至6月间，中央财经领导小组多次听取国家计委关于"六五"计划的汇报，并就农业、能源、交通的发展，集中财力，利用外资，加强教育以及企业的调整和整顿等问题做了具体指示。

9月，国家计委再次向中央财经领导小组请示"六五"计划的有关问题，提出"六五"财政平衡存在两个问题：一是"六五"后三年又出现一些新的减收增支因素；二是考虑增加的200亿元重点建设投资，资金来源还没有落实。为此，中共中央马上召集会议，商讨解决办法。会上，国务院副总理、国家计委主任姚依林提出集中200亿元资金的四条办法：一是从全民所有制单位和各省、市、自治区以及地县属大集体企业的预算外资金中提取10%，

---

① 《李先念论财政金融贸易》编辑组编：《李先念论财政金融贸易（一九五〇——一九九一年）》（下卷），第561页。

② 《房维中自选集》，第45页。

3年共120亿元；二是从人民银行的短期贷款中抽取一部分，3年共30亿元；三是人民银行多上缴利润，3年共30亿元；四是国家财政增拨基本建设投资，3年共20亿元。原来实行的发行国库券、向地方借款的办法，继续实行。① 会议一致同意姚依林提出的办法。这样，"六五"计划编制过程中的一个重大困难便得到了解决。

至此，经过多轮调整、修订的"六五"计划，终于大体成形了，并于1982年12月10日经第五届全国人大五次会议审议通过。此时，"六五"时期已过去两年。然而，这毕竟是改革开放新时期编制、公布的第一个"五年计划"，表明中国经济建设走上了健康发展的轨道。因此，当《人民日报》上公开发布"六五"计划的内容时，有人感慨道："二十多年过去了，又在报纸上看到五年计划，真有久别重逢之感。这件事本身就说明，我国的政治生活和经济生活已经重新走上健康发展的轨道。"②

三、计划经济体制迎来重要转变——中共十二大提出"计划经济为主、市场调节为辅"

1982年9月，中国共产党第十二次全国代表大会举行。大会对开创社会主义现代化建设新局面作出全面部署，把继续推进经济建设作为全面开创新局面的首要任务，确定从1981年到20世纪末的20年，我国经济建设总的奋斗目标。这个奋斗目标是，2000年，国内生产总值增加到2.8万亿元左右，人民生活达到小康水平。大会充分考虑中国实现现代化的长期性和艰巨性，从指导思

---

① 张晋藩、海威、初尊贤主编：《中华人民共和国国史大辞典》，第963页。
② 《第六个五年计划的编制与实施（1981—1985年）》，《中国产经》，2018年第8期，第83—91页。

想上解决了经济建设领域长期存在的急于求成、急躁冒进的问题,提出在战略部署上分两步走,前十年主要是打好基础,积蓄力量,创造条件,后十年要进入一个新的经济振兴时期。

大会还将陈云提出的"一要吃饭、二要建设""计划经济为主、市场调节为辅"等主张,作为指导经济建设的重要原则。大会报告指出:"正确贯彻计划经济为主、市场调节为辅的原则,是经济体制改革中的一个根本性问题。我们要正确划分指令性计划、指导性计划和市场调节各自的范围和界限,在保持物价基本稳定的前提下有步骤地改革价格体系和价格管理办法,改革劳动制度和工资制度,建立起符合我国情况的经济管理体制,以保证国民经济的健康发展。"①

"计划经济为主、市场调节为辅"的提出,表明中国共产党探索经济体制改革过程中在认识上跨出重要一步。它对突破高度集中的计划经济体制,提高人们对市场在经济发展中的重要性的认识,产生了很大的影响。两个月后,陈云继续就计划与市场问题进行了研究,提出进一步的思考和看法。他表示:"对这个问题,要站在历史唯物主义和辩证唯物主义的高度看。历史上的生产从来是盲目的、'无政府'的,直到进入了社会主义社会之后才有了计划。现在计划经济和市场调节都要向广度和深度发展,广要广到国外,深要深到每个人的劳动。"②

后来,陈云继续发展他的思想,针对出现的某些摆脱国家总体计划的错误倾向提出警告。当时,在十二大结束之后,一些地区和部门又出现乱上基本建设项目、乱铺摊子的苗头,有些人表露出只强调搞活经济,不顾总体战略部署的倾向。对此,陈云强

---

① 中共中央文献研究室编:《十二大以来重要文献选编》(上),人民出版社,2011年,第23页。

② 朱佳木:《论陈云》,中央文献出版社,2010年,第513页。

调，在战略步骤上要抓住两个十年的区别，前十年必须稳当，如果在这十年中乱上基本建设项目，经济又会出现混乱。他还批评不少地方利用预算外资金乱上项目，是"对自己的小建设、小革命很起劲，对大建设、大革命不起劲"。他利用"鸟"与"笼"的比喻来阐述计划与市场的关系，说道："搞活经济是对的，但是必须在计划的指导下搞活。这就像鸟一样，捏在手里会死，要让它飞，但是只能让它在合适的笼子里飞，没有笼子，它就飞跑了。笼子大小要适当，但是总要有个笼子，这就是计划经济。市场调节只能在计划许可的范围以内。"① 从此，"鸟"与"笼"关系的论断，迅速在全国传播开来，产生深远的影响。

四、"六五"时期取得重大成就

由于"六五"计划制定得切合实际，执行也比较坚决，再加上前期经济调整到位、重大比例关系趋于协调，因此，中国国民经济在"六五"时期调动起各方面的积极性，形成强大的推动力，取得了重大的成就。

1985年同1980年相比，全国工农业总产值按1980年不变价格计算，平均每年增长11%（见图2-1），其中工业总产值平均每年增长12%，农业总产值平均每年增长8.1%。国内生产总值平均每年增长9.7%，远远超过原计划每年增长4%—5%的速度。"六五"时期，关系国计民生的重要产品产量也大幅度增长，粮食年平均产量37 062万吨，多于"五五"计划时期的30 530万吨；棉花产量224万吨，远远多于"五五"计划时期的132万吨。粮食和棉花产量的大幅度增加，为解决温饱问题提供了有利条件，这一时期也是中华人民共和国成立以来农业发展最快的时期。1985

---

① 中共中央文献研究室编：《陈云传》（四），第1665—1666页。

年，原煤产量、原油产量、发电量、钢产量分别为85 000万吨、12 500万吨、4 073亿度、4 666万吨，而1980年的产量分别只有62 000万吨、10 600万吨、3 000亿度、3 700万吨。许多轻工业产品特别是呢绒、电视机、洗衣机、电冰箱等中高端产品产量急剧增长。机械行业和电子行业达到国际上比较先进水平的产品品种成倍增加。

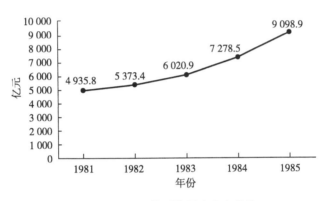

图2-1 "六五"时期国内生产总值

"六五"时期，全民所有制单位固定资产投资总额达到5 300亿元，新增固定资产3 880亿元，建成投产大中型项目496个；国家财政收入由"五五"时期末的逐年下降转为逐年上升，到1985年实现了收支略有盈余；对外开放成为基本国策，对外经济贸易和技术交流打开新局面，进出口贸易总额比"五五"时期翻了一番；葛洲坝水利枢纽第一期工程、上海宝钢一期工程、京秦铁路、引滦入津工程等重点建设项目纷纷完工；科技、教育、文化事业出现了繁荣兴旺的局面，五年取得重要科研成果3.3万项，普通高等学校在校学生增加近50%；人民生活得到显著改善，五年合计在城镇安排就业的劳动力达到3 500多万人，城乡人民消费水平迅速提高，全国除粮食、食用油外，已基本取消票证，敞开供应。总之，"六五"时期是中国经济迅速发展和取得重大成就的时期，也是中华人民共和国成立以来发展最快的时期之一。

不可否认的是,"六五"计划成功的背后,也隐藏着一些问题和失误。从1984年下半年开始,出现经济过热、货币发行过多、国民收入超分配等现象。工业生产速度增长过快、固定资产投资和消费基金增加过快、部分商品价格上涨过猛,给国民经济增添了很多不稳定因素。这些因素,在此后的几年逐渐发酵,给经济发展造成了很大困难。

另外值得一提的是,"六五"计划时期的高速增长引发了邓小平的一些思考和担心。他表示:"这里就提出一个问题,如果我们的年度计划定低了,而实际增长速度高出很多,会产生什么影响?对这个问题,要抓紧调查研究,作出符合实际的分析。"他还建议:"总结历史经验,计划定得过高,冒了,教训是很深刻的,这方面的问题我们已经注意到了,今后还要注意。现在我们要注意另外一个方面的问题。总之,制定计划遵循的原则,应该是积极的、留有余地的、经过努力才能达到的。"[①] 这一番话,为改进计划工作提供了重要的思路。

第二节 "七五" 计划——改革、起伏与发展

1984年,中共十二届三中全会通过《中共中央关于经济体制改革的决定》,使用了"有计划的商品经济"的提法。从此,中国进入全面改革的新的发展阶段。全面改革加速了经济的发展,也加速了关于计划与市场关系这一重要的理论与实践问题的争论。

一、"有计划的商品经济" 之后理论继续突破

十一届三中全会以后,改革开放、思想解放的浪潮推动理论

---

① 邢贲思主编:《〈邓小平文选〉大辞典》,中共中央党校出版社,1994年,第655页。

界不断进行探索，取得新的进展。在计划与市场关系问题上，提出了"社会主义是计划经济与商品经济的统一""社会主义经济应该实行计划调节与市场调节相结合"等观点。1982年，中国共产党第十二次代表大会报告正式提出"计划经济为主，市场调节为辅"。

十二大之后，理论探索仍在继续。1984年10月中共十二届三中全会通过的《关于经济体制改革的决定》，明确提出社会主义经济是"有计划的商品经济"，从而取代了"计划经济为主，市场调节为辅"的提法。《关于经济体制改革的决定》作出了理论上的重大突破，为中国改革明确了方向，有力地推动了改革开放、思想解放的进程。

一年后，1985年9月，中共十二届四中全会进一步强调发展商品、资金、劳务、技术四大市场，扩大市场调节的范围。然而，理论的发展道路是曲折的，争论依旧存在。一些人从"左"的观点出发，又一次提出姓"社"姓"资"的问题，甚至掀起一场批判运动。

面对上述情况，邓小平坚持市场经济的改革方向，多次发表关于计划与市场的谈话。1985年10月，邓小平在会见外宾时提到，社会主义和市场经济之间不存在根本矛盾。问题是用什么方法才能更有力地发展社会生产力。我们过去一直搞计划经济，但多年的实践证明，在某种意义上说，只搞计划经济会束缚生产力的发展。把计划经济和市场经济结合起来，就更能解放生产力，加速经济发展。① 1987年2月，邓小平在谈论中共十三大筹备和报告起草等问题时，指出："为什么一谈市场就说是资本主义，只有计划才是社会主义呢？计划和市场都是方法嘛。只要对发展生产

---

① 邢贲思主编：《〈邓小平文选〉大辞典》，第818页。

力有好处，就可以利用。它为社会主义服务，就是社会主义的；为资本主义服务，就是资本主义的。好像一谈计划就是社会主义，这也是不对的，日本就有一个企划厅嘛，美国也有计划嘛。我们以前是学苏联的，搞计划经济。后来又讲计划经济为主，现在不要讲这个了。"①

1990年年底，邓小平同江泽民、杨尚昆、李鹏等谈话。指出：我们必须从理论上搞懂，资本主义与社会主义的区分不在于是计划还是市场这样的问题。社会主义也有市场经济，资本主义也有计划控制。不要以为搞点市场经济就是资本主义道路，没有那么回事。计划和市场都得要。不搞市场，连世界上的信息都不知道，是自甘落后。② 作为中国第二代领导集体的核心，邓小平多次不厌其烦地就计划与市场关系问题表态，关于这个问题争论的激烈性由此可见一斑。

二、"力"的界限在哪里——"七五"计划在论争中编制

计划与市场关系问题未能从根本上得到解决，直接影响到"七五"计划的编制，也对计划管理体制改革产生了更为直接的影响。

1983年开始，国务院便着手准备"七五"计划的编制工作，组织有关部门和专家就经济领域的重大问题进行讨论，要求国家计委在上半年拿出"七五"计划的"总盘子"。1984年2月，国家计委在提交《关于制定"七五"计划的指导方针的汇报材料》时指出：当前生产形势很好，但是财政困难，国民经济正面临一

---

① 中共中央文献研究室编：《邓小平年谱（1975—1997）》（下），第1168页。
② 《邓小平文选》（第三卷），人民出版社，1993年，第364页。

个逐步扩大的通货膨胀的威胁。① 国家计委之所以反映这个困难，是因为在当时各地区、各部门为了实现翻两番，纷纷要求在"七五"时期扩大建设规模。

针对国家计委请示的问题，李先念指出："还是两句老话：量力而行，尽力而为。建国以来出过几次基建规模过大，很重要的一个原因就是没有把'力'的概念弄清楚。……'力'的界限在哪里？就是要保持财政收支、信贷存放、物资供求的平衡。"② 时任国家计委主任的宋平后来回忆时也说："'七五'期间，我们遇到的一个很大的矛盾是国家投资不足，如果像过去那样把过多的资金用于长时间只投入不产出的新项目上，用有限的资金就难以保证经济的持续稳定增长和人民生活的进一步改善，也难以为长远发展作必要的准备。……把建设工作的重点放到对现有企业的技术改造、改建扩建方面来，……就能够在资金不足的情况下较好地完成'七五'期间所面临的任务。"③

1984年9月，国务院全体会议讨论"七五"计划的建设方针，决定：一、以现有企业的技术改造和改建扩建为主，充分挖掘潜力。坚决把投资的重点放在原有企业、原有工业基地的技术改造和改建扩建上，凡是能在原有基础上改建、扩建增加生产能力的，就不要搞新建。二、大力发展消费品生产，活跃城乡市场，满足社会需要。三、继续搞好能源、交通、通信、原材料等重点建设。四、面对世界新技术发展的形势，在经济发展战略上，采取相应对策，积极地、合理地调整产业结构。五、对外开放，不是权宜

---

① 《第七个五年计划的编制与实施（1986—1990年）》，《中国产经》，2018年第9期，第90—97页。

② 《李先念论财政金融贸易》编辑组编：《李先念论财政金融贸易（一九五〇—一九九一年）》（下卷），第565页。

③ 《第七个五年计划的编制与实施（1986—1990年）》，《中国产经》，2018年第9期，第90—97页。

之计,而是我们的国策。①

在上述决定的基础上,1985年3月,"七五"计划起草小组成立。参加起草小组的成员,许多是中青年学者和在经济问题上有创见的经济管理者。短短几个月,起草组便先后完成四稿方案。7月初,中共中央书记处讨论"七五"计划第四稿后认为,原则上可以,但需要进一步修改。十余天后,中共中央书记处和国务院召开讨论会,广泛征求对"七五"计划第五稿的意见。

1985年8月,起草组完成"七五"计划的第六稿。这一稿增加了基本指导原则,强调把改革放在首位,使改革和建设互相适应,互相促进。随后,中央政治局召开扩大会议,讨论了第六稿,在表示原则同意的同时,又提出若干重要修改意见。起草组根据这些修改意见,形成第七稿。8月底,中共中央办公厅发出通知,就《中共中央关于制定国民经济和社会发展第七个五年计划的建议》广泛征求意见。起草组在征求意见的基础上修改后形成第八稿。

1985年9月16日,中国共产党第十二届中央委员会第四次全体会议举行。全会决定于9月18日召开中国共产党全国代表会议。9月18日至23日,中国共产党全国代表会议通过《关于制定国民经济和社会发展第七个五年计划的建议》(以下简称《建议》),并指出:"这个文件是在中央书记处和国务院主持下,经过一年多来反复酝酿、讨论制定出来的。它还不是计划本身,而是关于如何制定'七五'计划的建议。"② 这表明,中共中央决定恢复"二五"计划时期实行的由中共中央提出五年计划建议的做法,之后,再由国家计委根据建议开展具体的编制工作。

---

① 《第七个五年计划的编制与实施(1986—1990年)》,《中国产经》,2018年第9期,第90—97页。

② 同上书,第92页。

《建议》中包括"七五"时期经济工作的基本指导思想、关系经济社会发展全局和方向的一些重要指标、经济社会发展的战略方针和主要政策措施、经济体制改革的设想和步骤。《建议》针对计划与市场的关系问题提出：我国社会主义经济是以公有制为基础的有计划的商品经济。国家计划应当成为从宏观上对经济活动进行管理、调节和控制的主要依据，保证国民经济大体按比例协调发展。在国家计划中，必须充分重视价值规律，自觉运用市场机制，使经济生活充满生机和活力。

《建议》提出把"七五"时期划分为两个阶段：前两年要着重控制总需求，固定资产投资大体维持在1985年的水平，主要解决投资、消费增长过猛问题，以实现供求平衡；后三年酌情增加建设投资。《建议》还将"七五"时期经济社会发展的主要奋斗目标定为：争取基本上奠定有中国特色的新型社会主义经济体制的基础，大力促进科学技术进步和智力开发，不断提高经济效益，使1990年的工农业总产值和国民生产总值比1980年翻一番或者更多一些，使城乡居民的人均实际消费水平每年递增4%—5%，使人民的生活质量、生活环境和居住条件都有进一步的改善。与过去的五年计划相比，"七五"计划的建议指标不多，而是以制定发展战略和方针政策为主。

1985年9月23日，十二届四中全会的最后一天，邓小平、陈云、李先念先后在会上讲话。邓小平指出，这次会议通过的制定"七五"计划的建议，方针政策是正确的，确定的目标是切合实际的，是一个好文件。"七五"这五年很重要。如果经过这五年，使改革基本就绪，经济又能够持续、稳定、协调地发展，我们实现十二大提出的本世纪末的目标，就有了充分的把握。①

---

① 中共中央文献研究室编：《十二大以来重要文献选编》（中），第287页。

陈云说，经济体制改革，是为了发展生产力，逐步改善人民生活。农村的改革已经取得了明显的效果。城市的经济体制改革，总方向是正确的，具体的步骤措施，正在探索中。要走一步看一步，随时总结经验。坚持把改革搞好。①

李先念说，这次会议通过了制定"七五"计划的建议，并调整了中央三个委员会的部分成员，这些都是全党工作正在迅速前进的里程碑。今后一个时期的任务，就是组织我们在"七五"期间建设和改革的宏伟工程的施工，把规划和蓝图变为现实。②

根据《建议》和邓小平、陈云、李先念等的指示精神，国务院进一步对"七五"计划的安排进行深入研究，以提出保证计划实现的具体办法。随后，《中华人民共和国国民经济和社会发展第七个五年计划（草案）》正式出炉。1986年4月，这个计划草案经六届全国人大四次会议批准后实施。一个新的五年计划周期刚刚开始之时，就制定出完整的经济和社会发展计划，这在中国计划工作史上是第一次。

三、"七五"开局过热，陈云提醒"头脑要清醒些"

"七五"计划规定，五年内全国工农业总产值增长38%，平均每年增长6.7%，其中农业增长4%（加上村办工业为6%），工业增长7.5%（扣除村办工业为7%）；国民经济生产总值增长44%，平均每年增长7.5%。值得一提的是，"七五"计划还首次在指标体系中增加"国民生产总值"，将其作为计划、统计和评价国民经济发展的主要综合指标；同时，在产业结构安排中，规定一、二、三产业在国民生产总值中的比重。这些，都是"七五"计划的新特点。

---

① 中共中央文献研究室编：《十二大以来重要文献选编》（中），第293页。
② 同上书，第298页。

1986年是"七五"计划的开局之年。年初，全国计划工作会议提出要执行"巩固、消化、补充、改善"的八字方针，着力控制固定资产投资和消费基金增长过快的现象。陈云在会议简报上语重心长地批示："要多搞是爱国，但是实事求是地搞才是真爱国。同志们！头脑要清醒些。"① 由于采取加强和改善宏观调控、实现经济稳定的政策，1986年的经济形势好于上年——在遭受严重自然灾害的情况下，农业总产值增长超过计划要求，工业生产由上年的超高速增长回归正常增长，固定资产投资和消费基金增长过猛的现象都有所抑制。然而，这一年经济中的不稳定因素仍未消除，某些方面存在着进一步加剧的危险。主要有：社会总需求依旧偏大，消费需求增长快；经济效益偏低，部分产品质量下降；生产和投资结构不合理，固定资产投资规模偏大，经济的结构性矛盾凸显；财政赤字较多，货币供应量过大。

上述不稳定的因素在1987年进一步加剧。1987年虽然提出财政信贷双紧的合理政策，却没有很好地执行，导致问题集中爆发——通货膨胀加剧，社会生产和消费总量不平衡，经济秩序较为混乱。首先，由于货币供应增多、消费品供给不足、部分企业哄抬物价等，1987年的物价迅速上涨（1月为5%，12月为9.1%，全年平均为7.3%），人民实际生活水平有所下降。其次，人均粮食产量下降以及工业生产速度依旧过快，导致工农业比例持续失调。最后，基本建设投资仍偏大，计划外在建项目和开工项目过多，建设领域浪费过多、结构不合理、效益较差等问题十分突出。

考虑到1987年的经济情况，中共中央将当年的全国计划工作会议提前至9月召开。会议提出，1988年的计划安排的总方针是：收紧财政和信贷，控制需求，稳定物价，保持经济的平衡和稳定

---

① 中共中央文献研究室编：《陈云年谱》（修订本下卷），第392页。

发展。具体目标是：控制货币增发量，货币供应量增速低于经济增长率与计划的物价上涨率之和；财政赤字低于1987年计划水平；市场零售价指数必须低于1987年的水平；国家外汇结存略高于1987年年末达到的水平；农业生产保持4%的增幅，工业生产在降低物质消耗、减少资金占用、提高产品质量、保证适销对路的前提下增长8%；城乡居民的平均实际收入略高于1987年的水平。为了实现上述目标，会议提出，要准备过几年紧日子，采取根本性措施，有一个连续三年的长期安排，并坚定不移地推行下去。

1988年2月，中共中央政治局召开全体会议，强调：1987年经济生活中存在的突出问题是物价上涨幅度过大，1988年的经济工作，要全面理解和正确掌握进一步稳定经济、进一步深化改革的方针，以改革总揽全局。3月，全国人大七届一次会议通过的《政府工作报告》提出：1988年将采取"放、调、管相结合的路子"，来解决宏观失控问题，下决心使经济降温。这次人大会议上，还通过了国务院机构改革方案，启动新一轮机构改革。根据新一轮机构改革的精神，国家计委作为经济管理部门，将从直接管理为主转变为间接管理为主，"下决心只管大事不管小事"，强化宏观管理职能，淡化微观管理职能。6月，新的国家计委成立。姚依林在成立大会上表示："概括地说，新计委的职能主要是要进行宏观调控、平衡、协调、服务。"①

到了1988年，尽管采取了一系列措施，但计划执行情况同样并不理想。经济过热达到近几年的最高峰，供求总量矛盾和结构性矛盾不断加剧，货币投放量、物价涨幅居高不下，出现明显的通货膨胀；粮、棉、油不同程度地减产，农业总产值比上年增长

---

① 《第七个五年计划的编制与实施（1986—1990年）》，《中国产经》，2018年第9期，第90—97页。

3.2%，没有达到计划增长4%的要求；工业总产值比上年增长20.7%，大大超过计划增长8%的要求；社会商品零售总额比上年增长27.8%，扣除价格因素，实际增长7.9%；1月至10月，物价上涨幅度高达16%。1988年，还成为中华人民共和国成立以来货币发行最多的一年。

与此同时，1988年还发生"价格闯关"改革及全国性的抢购风潮。由于居民对物价上涨的反应敏感，"价格闯关"改革受挫。正如李鹏在全国人大七届二次会议上所总结的，"我们认识到了价格改革在整个经济体制改革中的重要地位，但在实际工作中对国家、企业和群众的承受能力考虑不够，在通货膨胀已经比较明显的情况下没有及时采取稳定金融、控制物价的有力措施，又放开、调整了一些商品价格，以至加剧了群众对物价上涨的恐慌心理，在许多地方诱发了抢购商品和储蓄下降的现象"①。经济的持续过热，不仅影响了其持续稳定协调发展，而且引发了社会问题。国家不得不宣布，从1988年9月起连续三年进行治理整顿。

四、治理整顿见成效，"七五"计划顺利完成

"七五"计划原定前两年进行经济调整，后三年开始进行一系列改革，然而持续的经济过热、"价格闯关"改革受挫、居民抢购风潮，打乱了整个部署，致使各项改革无法继续深入。因此，1988年9月开始的三年治理整顿，实际上是对"七五"计划的重大调整。

1988年9月12日，邓小平同部分中共中央领导人共同商量物价改革问题。他表示："现在的局面看起来好像很乱，出现了这样

---

① 《政府工作报告汇编》编写组编：《政府工作报告汇编（1954—2017）》（上卷），第749页。

那样的问题,如通货膨胀、物价上涨,需要进行调整,这是不可少的。但是,治理通货膨胀、价格上涨,无论如何不能损害我们的改革开放政策……要保持适当的发展速度。"①

时任中央顾问委员会主任的陈云,针对经济生活中出现的严重状况,找到中央有关领导人谈话,指出:"在我们这样一个社会主义国家里,学习西方市场经济的办法,看来困难不少。你们正在摸索,摸索过程中碰到一些问题是难免的,还可以继续摸索,并随时总结经验。"②他要求总结经验教训,走正确的道路,并提出八点意见。这是陈云晚年对经济工作一次比较全面的谈话。为了准备这次谈话,他进行了较长时间的考虑,并写好讲话提纲。在谈的时候,陈云一边念稿子,一边讲解。这是过去少见的,充分反映了陈云对当时经济形势的焦虑和对这次谈话的极端重视。这次谈话,在中共中央领导层引起很大的反响。

1988年9月开始,中共中央、国务院一面尽力控制居民抢购和物价上涨局势,一面形成"治理整顿、深化改革"的决策。9月26日至30日,中国共产党十三届三中全会召开。全会正式批准治理经济环境、整顿经济秩序、全面深化改革的指导方针和政策、措施。全会要求:一、1989年大幅压缩全社会固定资产投资规模,使之大体相当于1988年实际投资规模的20%;控制消费基金过快增长,特别要坚决压缩社会集团购买力;稳定金融,严格控制货币发行,办好保值储蓄;克服经济过热现象,把1989年的工业增长速度降到10%甚至更低一些。二、坚决制止一切违反国家规定哄抬物价的行为;整顿公司,实行政企分开,官商分开,惩治"官倒";尽快确立重要产品的流通秩序;加强宏观监督体系;制

---

① 中共中央文献研究室编:《改革开放三十年重要文献选编》(上),中央文献出版社,2008年,第507页。

② 同上书,第509—510页。

止各方面对企业的摊派、抽头和盘剥。三、不理顺价格就谈不上真正确立新经济体制的基础,但深化改革不只是一个价格改革问题,而是多方面的综合改革。价格"双轨制"是我国一定历史条件下的产物,绝大多数商品价格放开,是需要长期努力才能实现的目标。1989年物价上涨幅度必须明显低于1988年,此后几年每年物价上涨幅度必须控制在10%以内。①

在中共中央的坚决整顿下,1989年全国停建、缓建不符合产业政策、不具备建设条件和不急需的各类投资项目1.8万多个,压缩投资约675亿元,其中,停建、缓建楼堂馆所2500个,压缩投资260多亿元。1990年是治理整顿的关键一年。这一年,全社会固定资产投资完成4451亿元,比上年增长4.5%;在建项目得到控制,全年全民所有制单位基本建设和更新改造施工项目12.3万个,比上年减少3536个。同时,这一年的投资结构也有所改善,生产性投资比重由上年的68.6%上升到72.2%,非生产性投资比重由上年的31.4%下降为27.8%。

在中共中央的坚决领导下,三年的治理整顿取得明显成效。国民生产总值增长率从1988年的11%开始下降,但仍保持了一定的增长速度,工业过热现象得到缓解;通货膨胀得到有效抑制,1990年最后一个季度零售价格指数增幅降至0.6%。农业摆脱徘徊局面,获得全面丰收;居民人均纯收入、储蓄存款余额开始增长。

尽管遭遇了起伏,但总体而言,"七五"计划所规定的国民经济和社会发展各项指标,到1990年年底绝大部分完成或超额完成。五年里,国内生产总值平均每年增长8.0%(见图2-2),国民总

---

① 中共中央党史研究室:《中国共产党的九十年(改革开放和社会主义现代化建设新时期)》,第749—751页。

收入平均每年增长8.0%，均超过计划规定指标，一些重要工农业产品产量跃居世界前列；改革的重点从农村转到城市，围绕增强企业活力这个中心推进各方面改革，改变了束缚生产力发展的体制格局，促进了有计划商品经济的发展；对外开放规模和领域不断扩大，进出口贸易总额大幅增长，利用外资和引进新技术取得较大进展，在全国形成了逐步推进的对外开放格局；"亚洲一号"通信卫星和"长征二号"大推力捆绑式火箭发射成功，北京正负电子对撞机对撞成功，五兆瓦低温核供热试验堆建成并投入正常运行，大秦线万吨级组合列车运行试验成功等成就涌现，中国又一批科技成果达到国际先进水平；教育、文化、卫生、体育等各项社会事业取得较大发展，人民生活水平有所提高，全国绝大多数地区解决了温饱问题，开始向小康社会迈进；城乡居民收入水平和消费水平明显提高，消费内容日趋多样化。"七五"时期，中国还在1990年成功举办第十一届亚运会，提高了国际影响力。

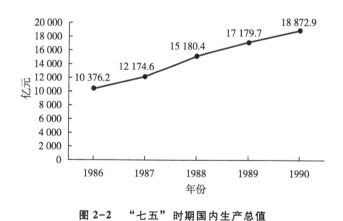

图 2-2 "七五"时期国内生产总值

第三节 "八五"计划——在"软着陆"中实现高速增长

"七五"计划时期的治理整顿取得了明显成效，但经济中仍存在一些亟待解决的深层次矛盾：工业生产中全民所有制工业特别是大中型企业困难多、负担重、生产回升慢；经济循环不畅，部分产品销售不畅、积压严重；经济调整进展慢，经济效益普遍较差；财政、信贷形势严峻。同时，影响"七五"计划编制和执行的关于计划和市场关系的理论问题依旧没有得到根本解决。进入"八五"计划时期，中国必须正视这些问题，积极思考如何解决这些问题。

一、一面治理整顿，一面"持续、稳定、协调"发展经济

1989年的政治风波平息之后，中共中央在下大力气抓政治稳定的同时，于11月召开十一届五中全会。全会决定，延长治理整顿时间，把原定两年的时间改为"用三年或更长一些时间基本完成治理整顿任务"。全会还强调，"无论是治理整顿期间还是治理整顿完成之后，都必须始终坚持长期持续、稳定、协调发展经济的方针"①，并将其作为编制"八五"计划的基本指导原则。

从国际形势看，1990年前后的世界格局发生了重大变化。"世界上一片混乱。东欧剧变，苏联动荡，南北矛盾加剧，海湾出现了严重危机。旧的世界格局已经打破，新的格局尚未形成。"中共中央认为，"我们在风云变幻的国际环境中，仍然有不少有利因素和较大的回旋余地。在目前世界形势一片混乱之中，我们中国还处于一种比较主动的地位"②。

在这样的历史背景下，中国于1990年年初开始编制十年规划和"八五"计划。在讨论总体构想时，时任国务院总理的李鹏明

---

① 高尚全、迟福林主编：《中国改革开放通典》，山西经济出版社，1993年，第670页。
② 中共中央文献研究室编：《十三大以来重要文献选编》（中），中央文献出版社，2011年，第709页。

确提出两点要求：一是要把五年计划和十年规划结合起来，即根据第二步战略目标十年翻一番的要求，从十年考虑五年，因为经济和社会发展的许多问题是有连续性的，需要有比较长时间的考虑；另外，一些重大建设项目、科技攻关课题以及人才培养等，也往往不是在一个五年计划期间就能够完成的，如果根据十年经济发展的总趋势和奋斗目标来确定五年计划，可以把眼光放得更远一些。二是要先研究十年规划和"八五"计划的基本思路，看清国际国内总的形势，从大的方面把建设和改革的方向、方针、政策确定下来，然后再具体制定十年规划和"八五"计划。十年规划部分设想得概括一些，主要提出国民经济和社会发展的主要目标、基本任务和重大方针政策；"八五"计划部分具体一些，重点放在国民经济和社会发展的方向、任务、政策和改革开放的总体部署上。①

国务院副总理邹家华也指示说："八五"计划和十年规划的目标是清楚的，这就是小平同志提出的到本世纪末达到的两条，一是国民生产总值再翻一番，二是人民生活达到小康水平。从前一个十年已经完成的情况看，达到第一个目标是完全可以做到的。对第二条即小康水平，要具体化，如何使人民生活水平提高，提高到什么程度，速度有多快，要研究。邹家华还提出三条方针：一是要把"持续、稳定、协调"的六字方针贯穿始终。二是计划要留有余地。三是要把计划建立在自力更生为主的基础上。②

根据上述部署，国家计委列出12个题目，对国民经济和社会发展进行了认真的研究与测算，各部门、各地区也对今后十年和

---

① 李克穆：《中国宏观经济与宏观调控概说》，中国财政经济出版社，2007年，第128页。
② 北京支部生活杂志社编著：《90年中人与事：共和国成长轨迹》，北京人民出版社，2011年，第66页。

"八五"时期的主要问题进行了研究并提出政策建议。与此同时，江泽民还邀请长期从事经济工作的老同志、经济部门的负责人、经济理论界的专家学者和厂长经理一起座谈，听取他们对经济工作以及制定十年规划和"八五"计划的意见。综合所有意见，1990年夏秋之交，国家计委整理出24 000多字的《十年规划和"八五"计划的基本思路》，并提交中共中央。这份文件列举了20世纪80年代中国经济社会发展的巨大成就和主要问题，论述了今后十年和"八五"时期必须解决的重大问题，提出了深化改革的主要方向和措施。

在《十年规划和"八五"计划的基本思路》的基础上，中央起草小组起草了《中共中央关于制定国民经济和社会发展十年规划和"八五"计划的建议》，并于1990年12月经中共十三届七中全会审议通过。

根据中共中央的建议，国务院制定了《中华人民共和国国民经济和社会发展十年规划和第八个五年计划纲要（草案）》，并经1991年3月至4月举行的七届全国人大四次会议批准后付诸实施。在人大会议上，李鹏对编制"八五"计划的立足点进行了说明。他指出，20世纪80年代我国经济和社会发展在取得伟大成就的同时，也出现了一些缺点和失误，主要是："一度忽视思想政治教育，存在物质文明建设和精神文明建设'一手硬，一手软'的现象；在经济发展和改革中都出现过求成过急，一度造成经济过热、通货膨胀；国民经济的某些方面过于分散，国家宏观调控能力减弱。""当前社会经济生活中还存在许多矛盾和问题：产成品积压较多，经济循环不畅的问题还没有完全解决；经济效益差、产业结构不合理的状况还没有根本扭转，国家财政困难，收支矛盾突出；经济体制在许多方面还没有理顺；在安定团结的政治局面下，还存在着某些不安定的因素。""八五"期间，"我们必须正视这些问题，并且认真加以解决"。①

根据计划纲要，"八五"计划的基本任务主要有：一是努力保持经济总量基本平衡，在控制通货膨胀的前提下，着力于提高经济效益，促进经济的适度增长；二是大力调整产业结构，促进产业结构的合理化并逐步走向现代化；三是促进地区经济的合理分工和协调发展；四是始终把提高经济效益作为全部经济工作的中心；五是进一步发展科技、教育事业，并使之更好地为调整结构、提高经济素质和效益服务；六是在搞好经济建设的同时，积极发展各项社会事业，促进经济与社会协调发展。基本要求是：初步建立社会主义有计划商品经济的新体制。需要解决的问题有：第一，继续探索计划经济与市场调节相结合的具体途径与形式；第二，进一步增强全民所有制大中型企业的活力；第三，积极推进住房制度和社会保障制度的改革；第四，积极稳妥地推进价格改革，建立和健全统一的市场体系；第五，增强国家宏观调控能力，正确处理中央与地方的关系。主要计划指标是：按 1990 年价格计算，1995 年国民生产总值将达到 23 250 亿元，比 1990 年增长 33.6%，年均增长 6%；农业总产值将达到 8 780 亿元，比 1990 年增长 18.9%，年均增长 3.5%；工业总产值将达到 32 700 亿元，比 1990 年增长 37.1%，年均增长 6.5%；第三产业将比 1990 年增长 53.9%，年均增长 9%。

与之前的五年计划相比，"八五"计划的篇幅只有 3 万多字，内容却十分丰富。这份计划主要是力求在方向、政策上引导社会经济发展，而不是规定过多的具体指标。"八五"计划之所以将国民生产总值年均增长率定为 6%，一个重要出发点，就是要将各个方面的主要注意力引导到提高经济素质和经济效益上来。"八五"

---

① 中共中央文献研究室编：《十三大以来重要文献选编》（下），第 43 页。

计划还特别强调,要将关系国家全局、投资大、周期长、环节多、内外部协作关系复杂的重点建设作为一项重要内容安排好,准备确定一批类似"一五"时期的"156项工程"的国家重点项目。

二、"看准了的,就大胆地试,大胆地闯"

作为中国改革开放总设计师的邓小平,一直对"八五"计划进行着深入的思考。一方面,他充分肯定新的中央领导集体能够制定出坚持改革开放政策的"八五"计划建议。他表示:"对这次统一思想,制定出新的五年计划和十年规划,我完成赞成。看来我们农业的潜力大得很,要一直抓下去。钢要有一亿到一亿二千万吨才够用,这是个发展战略问题。核电站我们还是要发展,油气田开发、铁路公路建设、自然环境保护等,都很重要。本世纪末实现翻两番,要稳扎稳打。"① 另一方面,邓小平心中仍存有疑虑,特别是对经济增速问题的疑虑。1990年3月,他就表达出对经济增速"滑坡"的担忧,表示:"现在特别要注意经济发展速度滑坡的问题,我担心滑坡。百分之四、百分之五的速度,一两年没问题,如果长期这样,在世界上特别是同东亚、东南亚国家和地区比,也叫滑坡了。""什么叫适度?适度的要求就是确实保证这十年能够再翻一番。要按一九八〇年的固定价格,没有水分的,还要把人口增长的因素计算在内。这样算,究竟每年增长速度要达到多少?我们现在的算法究竟准不准确?可不可靠?年增百分之六的速度是不是真正能实现第二个翻番?这个要老老实实地计算,要最终体现到人民生活水平上。""总之,经济能不能避免滑坡,翻两番能不能实现,是个大问题,使我们真正睡不着觉的,

---

① 《邓小平文选》(第三卷),第363页。

恐怕长期是这个问题，至少十年。"①

邓小平认为，在治理整顿的同时，务必要保证经济持续健康增长。在他看来，这既是经济问题，更是关系政治稳定、关系改革开放事业前途的大问题。1991年8月20日，在苏联宣布解体前后，邓小平同江泽民、杨尚昆、李鹏、钱其琛谈话。在谈到国内局势时，邓小平语重心长地说：坚持改革开放是决定中国命运的一招。这方面道理也要讲够。这一段总结经济工作的经验，重点还是放在坚持改革开放上。没有改革开放十年经济发展的那个飞跃，取得顺利调整是不可能的。强调稳定是对的，但强调得过分就可能丧失时机。可能我们经济发展规律还是波浪式前进。过几年有一个飞跃，跳一个台阶，跳了以后，发现问题及时调整一下，再前进。总结经验，稳这个字是需要的，但并不能解决一切问题。特别要注意，根本的一条是改革开放不能丢，坚持改革开放才能抓住时机上台阶。现在世界发生大转折，就是个机遇。我们不抓住机会使经济上台阶，别人会跳得比我们快得多，我们就落在后面了。②

计划与市场的关系，是长期困扰和束缚人们思想的一个重大问题。"七五"时期，这个问题没有得到根本解决，影响了计划的编制与执行。1989年之后，在一段时间内，关于计划与市场的认识曾有反复，出现了一场姓"社"姓"资"的争论。可以说，关于计划与市场的理论论争直接关系到改革的成败。为此，从1990年年末到1992年年初，邓小平几次发表关于计划与市场的谈话。特别是1992年年初，他先后到武昌、深圳、珠海、上海等地视察，发表著名的南方谈话。

---

① 《邓小平文选》（第三卷），第354—356页。
② 中共中央文献研究室编：《邓小平年谱（1975—1997）》（下），第1330—1331页。

在南方谈话中，邓小平精辟地阐述了计划与市场的关系问题。他说：计划多一点还是市场多一点，不是社会主义与资本主义的本质区别。计划经济不等于社会主义，资本主义也有计划；市场经济不等于资本主义，社会主义也有市场。计划和市场都是经济手段。社会主义的本质，是解放生产力，发展生产力，消灭剥削，消除两极分化，最终达到共同富裕。社会主义要赢得与资本主义相比较的优势，就必须大胆吸收和借鉴人类社会创造的一切文明成果，吸收和借鉴当今世界各国包括资本主义发达国家的一切反映现代社会化生产规律的先进经营方式、管理方法。① 邓小平的这一重要思想，从根本上解除了把计划经济与市场经济看作属于社会基本制度范畴的思想束缚，使人们在计划与市场关系问题上的认识有了新的重大突破。

在南方谈话中，针对"八五"计划对1991年经济增长的潜力和势头估计偏保守，对国际环境估计偏严重的不足，邓小平认为，必须充分利用有利时机，重新考虑加快发展步伐的问题。因此，他呼吁：改革开放胆子要大一些，敢于试验。看准了的，就大胆地试，大胆地闯。没有一点闯的精神，没有一点"冒"的精神，就干不出新的事业。……抓住时机，发展自己，关键是发展经济。能发展就不要阻挡，有条件的地方要尽可能搞快点，只要是讲效益，讲质量，搞外向型经济，就没有什么可以担心的。低速度就等于停步，甚至等于后退。要抓住机会，现在就是好机会。我就担心丧失机会。我国的经济发展，总要力争隔几年上一个台阶。当然，不是鼓励不切实际的高速度，还是要扎扎实实，讲求效益，稳步协调地发展。……发展才是硬道理。②

---

① 《邓小平文选》（第三卷），第 373 页。
② 中共中央文献研究室编：《邓小平年谱（1975—1997）》（下），第 1342—1344 页。

三、南方谈话后,中央调整"八五"计划

邓小平视察南方发表重要谈话后不久,中共中央于1992年2月28日发出《中共中央关于传达学习邓小平同志重要谈话的通知》(以下简称《通知》)。《通知》指出:今年1月18日至2月21日,邓小平同志先后在武昌、深圳、珠海和上海等地发表了重要谈话。在我国社会主义现代化建设的关键时期,邓小平同志就坚定不移地贯彻执行党的"一个中心、两个基本点"的基本路线,坚持走有中国特色的社会主义道路,特别是抓住当前有利时机,加快改革开放的步伐,集中精力把经济建设搞上去等一系列重大问题,发表了极为重要的意见。邓小平同志的重要谈话,不仅对当前的改革和建设,对开好党的十四大,具有十分重要的指导作用,而且对整个社会主义现代化建设事业,具有重大而深远的意义。[①]《通知》要求全体党员要认真学习邓小平南方谈话,全面而深刻地领会谈话的精神实质,紧密结合实际,认真贯彻落实。

3月,中共中央政治局召开会议,一致肯定邓小平南方谈话中加快改革开放步伐等观点,同意将其作为中共十四大的核心内容。6月,时任中共中央总书记的江泽民,在中央党校省部级学员毕业班上,发表题为《深刻领会和全面落实邓小平同志讲话的重要精神,把经济建设和改革开放搞得更快更好》的讲话,全面总结了邓小平对改革开放的历史贡献,阐述了贯彻邓小平南方谈话精神的具体举措。江泽民表示,要加快改革步伐,把增长目标提高到9%至10%;要大胆学习资本主义国家的先进经验,没有必要讨论

---

① 国家体改委办公厅编:《十一届三中全会以来经济体制改革重要文件汇编》(续一),改革出版社,1993年,第116页。

改革姓"资"还是姓"社"。①

1992年10月12日,中国共产党第十四次全国代表大会召开。这次大会确立以邓小平建设有中国特色的社会主义理论为指导思想,提出要抓住机遇,加快改革开放和现代化建设。大会提出,现在国内条件具备,国际环境有利,既有挑战,更有机遇,是加快发展的好时机。抓住有利时机,集中力量把经济搞上去,力争国民经济在讲求效益的前提下有一个较高的增长速度,是完全正确和可能的。因此,大会对中国在20世纪90年代的经济发展速度作出调整,从原定的国民生产总值平均每年增长6%调整为8%至9%;到20世纪末,预计国民生产总值将超过原定比1980年翻两番的要求。大会还提出,中国经济体制改革的目标是建立社会主义市场经济体制,使市场在社会主义国家宏观调控下对资源配置起基础性作用,使经济活动遵循价值规律的要求,适应供求关系的变化,以利于进一步解放和发展生产力。

中国共产党第十四次全国代表大会,一方面基本结束了关于计划与市场的论争,一方面对"八五"计划进行了调整。按照中共十四大精神,国务院经过认真研究,对"八五"期间的经济增长速度、产业结构、利用外资、进出口贸易、投资规模等指标提出了调整意见,并上报中央政治局。中央政治局经过讨论同意后,提交给中共十四届二中全会。1993年3月7日,全会审议通过《中共中央关于调整"八五"计划若干指标的建议》。

十四届二中全会对于"八五"计划的调整,主要涉及以下三个方面:一是对国民经济增长速度的调整。"八五"计划后三年,国民经济增长速度由原来的平均每年6%调高到8%至9%。第一产

---

① 〔美〕傅高义:《邓小平时代》,冯克利译,生活·读书·新知三联书店,2013年,第629—630页。

业平均每年增长速度由原定的3.2%调整为3.5%（农业总产值平均每年增长4%）；第二产业平均每年增长速度由5.6%调整为10%左右（工业总产值平均每年增长14%）；第三产业平均每年增长速度由9%调整为10%以上。二是对产业结构的调整。长期以来，产业结构不合理是经济发展中的一个突出问题，严重影响对资源的优化配置。因此，这次调整将产业结构作为重点，目标是按照国民经济逐步现代化的要求和居民消费结构的变化，促进产业结构的合理化并逐步走向现代化。三是确定主要任务，包括：继续加强和发展农业；强化能源、交通、通信、重要原材料和水利等基础设施建设，同时积极改组改造和提高加工工业；把发展电子工业放在突出位置；加快建筑业和第三产业的发展。①

中共中央认为，经过共同的努力，调整后的"八五"计划指标是能够实现的。因此提出："八五"后三年，我们要进一步抓住有利时机，充分利用一切有利因素，巩固和发展已经出现的大好形势，继续在提高质量、优化结构、增进效益的基础上，实现较高的经济增长速度。同时，中共中央也提醒：由于各地情况不同，在速度问题上不搞"一刀切"；要全面考虑财力、物力的可能，保持需求与供给的大体平衡，防止经济过热，避免大的损失。②

四、宏观调控与经济"软着陆"

邓小平南方谈话和中共十四大以后，中国的宏观政策逐步由治理整顿时期的保持经济稳定转为加快经济发展。同时，邓小平南方谈话和中共十四大精神的迅速传播还大大激发了人们参与、推动国家改革开放的热情。因此，全国迅速形成改革开放的热潮。

---

① 中共中央文献研究室编：《十四大以来重要文献选编》（上），中央文献出版社，2011年，第86—98页。

② 同上书，第88页。

1993年11月，中共十四届三中全会审议通过《中共中央关于建立社会主义市场经济体制若干问题的决定》。其贯彻执行，使计划经济体制向社会主义市场经济体制转轨的步伐明显加快，市场在资源配置中的基础性作用得到明显增强，全国呈现出改革开放全面推进、经济建设迅猛发展的蓬勃景象。

1992年，全国固定资产投资比上年增长44.4%，货币发行量首次突破1 000亿元，国民生产总值增长高达14.1%，成为改革开放以来增速最高的年份。1993年，国内生产总值达到35 673.2亿元，首次突破3万亿元大关，比上年增长13.9%。扣除物价上涨因素，全国城镇居民人均可支配收入比上年增加9.5%。

在加快改革步伐和经济发展的过程中，由于一些地方和部门片面追求高速度，再加上旧的宏观调控机制逐渐失效、新的调控机制尚未健全，导致一些新问题出现。这些问题包括：固定资产投资增加过猛，银行信贷和货币投放压力增大；工业生产增长速度过快，交通运输紧张，产品库存增加；开发区热、房地产热、股票热以及乱集资、乱拆借、乱设金融机构现象等，造成投资失控、金融市场混乱；通货膨胀呈现加速之势；财政赤字扩大，财政困难加剧。从数据上看，1993年6月，全国商品零售价格指数比1992年同期上涨了13.9%，12月达到17.3%，1994年10月攀升到25.2%；1993年上半年，全社会固定资产投资比上年同期增长了61%；银行工资和对个人其他现金支出增长了36.7%，大大超过劳动生产率和效益的增长；1992年年底共拆借资金3 123亿元，拆借资金规模大、期限长、资金流向和用途不合理；1991年年底全国开发区共有117个，到1992年年底，猛增到2 700多个，是过去7年总数的23倍，开发区热严重失控。

上述严重问题，引起中共中央、国务院领导人的高度重视。1993年5月，江泽民主持召开华东六省一市经济工作座谈会，提出要把加快发展的注意力集中到深化改革、转换机制、优化结构、提高效益上来。同月，他给国务院领导同志写信，提出要抓紧时机解决当前经济工作中存在的一些突出问题，否则解决问题的重要时机会稍纵即逝；倘若问题积累，势必酿成大祸。①

6月9日，时任国务院总理的朱镕基主持召开国务院总理办公会议，会议针对当时经济过热、通货膨胀不断发展的严峻形势，研究加强和改善宏观调控的具体措施。6月24日，中共中央、国务院印发《中共中央、国务院关于当前经济情况和加强宏观调控的意见》，以整顿金融秩序为重点，提出16条加强和改善宏观调控的措施，主要包括：严格控制货币发行，稳定金融形势；坚决纠正违章拆借资金；灵活运用利率杠杆，大力增加储蓄存款；坚决制止各种乱集资；严格控制信贷总规模；专业银行要保证对储蓄存款的支付；加快金融改革步伐；投资体制改革要与金融体制改革相结合；限期完成国库券发行任务；进一步完善有价证券发行和规范市场管理；改进外汇管理办法，稳定外汇市场价格；加强房地产市场的宏观管理，促进房地产业的健康发展；强化税收征管，堵住减免税漏洞；对在建项目进行审核排队，严格控制新开工项目；积极稳妥地推进物价改革，抑制物价总水平过快上涨；严格控制社会集团购买力的过快增长。② 1993年7月，朱镕基亲任中国人民银行行长，要求全国的行长们在40天内收回计划外的全部贷款和拆借资金，并严肃表示："逾期收不回来，就要公布姓名，仍然收不回来，就要严惩不贷。"③

这一次宏观调控，除采取必要的行政手段和组织措施外，主

---

① 《江泽民文选》（第二卷），人民出版社，2006年，第532页。
② 中共中央文献研究室编：《十四大以来重要文献选编》（上），第273—280页。
③ 尹永钦、杨峥晖编著：《巨变：1978年—2004年中国经济改革历程》，当代世界出版社，2004年，第219页。

要是通过采取经济、法律手段，从加快新旧体制转换中找出路，把解决经济运行中的突出问题变成加快改革开放、建立社会主义市场经济体制的动力。经过三年努力，宏观调控取得显著成效。首先是有效控制了过度投资。固定资产投资增速从1993年的62%降为1996年的14.8%，回到比较正常的速度，货币发行量也随之减少。其次是实现金融秩序迅速好转，信贷规模总量得到控制，乱集资、乱拆借现象得到控制。再次是物价逐渐放开且涨幅明显回落，商品零售价格指数从1994年10月25.2%的最高涨幅，降到1996年的6.1%。最后是经济增速仍保持在较高水平。通过宏观调控，不仅成功地抑制了通货膨胀，同时也保持了经济的较快增长，实现了从经济过热、通货膨胀到高增长、低通胀的"软着陆"，避免了经济的大起大落，维护了大局的稳定。

回顾这次从1993年开始的宏观调控，有中共党史研究专家如此评价道：1993年对江泽民来说是关键的一年。经济过热不仅对改革而且对社会稳定都造成了相当大的威胁，江泽民必须引导中国经历步入市场经济后的第一次宏观调控。在计划经济体制下没有必要使用这种手段。如果经济增长过热或出现通货膨胀，只要命令工厂停产或者改变其产量就可以了。现在中国正在试验一种新体制。这是试验性的并且是有风险的。一旦软着陆成功，最大的好处是向人们展示新体制的优越性。到20世纪90年代中期，每一个人都可以购买和享受到如雨后春笋般涌现的新产品、新货物和新服务，这更加证明了新体制的优越性。这是江泽民所取得的一个大突破。①

---

① 〔美〕罗伯特·劳伦斯·库恩：《他改变了中国：江泽民传》，谈峥、于海江译，上海译文出版社，2005年，第196页。

五、"八五"计划：中华人民共和国成立以来执行得最好的五年计划之一

"八五"时期，中国通过加强宏观调控和深化改革，使改革和发展都取得重大进展。在改革方面，以1992年邓小平南方谈话和党的十四大为标志，我国改革开放和社会主义现代化建设进入新的发展阶段；中共十四届三中全会通过了《中共中央关于建立社会主义市场经济体制若干问题的决定》，经济体制改革取得突破性进展，确立了建立社会主义市场经济体制的目标和基本框架，市场在资源配置中的基础性作用得到有效发挥；从1994年开始推进的财税、金融、外汇、外贸、投资、价格和流通体制改革，在价格形成机制、税收制度、汇率并轨等方面取得重大突破；适应社会主义市场经济体制的宏观调控体系开始形成，"八五"时期宏观调控的手段和方式都有改善，调控水平不断提高。

在国民经济和社会发展方面，最大的成就是1995年国内生产总值达到61 339.9亿元，扣除物价因素，是1980年的四倍以上。同时，"八五"时期，国内生产总值年均增长12.0%（见图2-3），是中华人民共和国成立以来增长速度最快、波动最小的五年；对外开放总体格局基本形成，进出口总额累计超过一万亿美元，步入世界十一大出口国行列，利用外资额居世界第二位；城镇居民人均可支配收入年均增长7.9%，农民人均纯收入年均增长4.3%，人民的获得感显著增强；粮食和食用油实现敞开供应，粮票退出历史舞台；通信、汽车、电子、石化等重要产业引进了一批先进技术，一些重要产业的技术装备达到20世纪80年代末的国际水平；基础设施建设步伐明显加快，长江三峡、黄河小浪底工程相继开工，引大入秦工程如期建成；国防科研和国防工业现代化步伐进一步加快，军转民在核电、民用卫星、民用船舶、卫星发射、

民用飞机制造等方面取得重大进展。以上成就表明,"八五"计划是中华人民共和国成立以来执行得最好的五年计划之一。

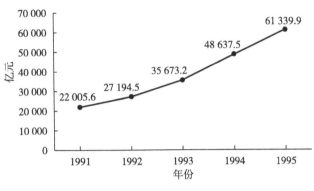

图 2-3 "八五"时期国内生产总值

"八五"计划实施中也存在一些问题和困难,主要包括:国有企业生产经营困难,管理方式粗放,经济效益较差;农业仍旧是国民经济的薄弱环节;前期出现严重通货膨胀,金融秩序较为混乱;五年间,商品零售价格年均上涨11.4%;国家财力不足,地区发展差距和居民收入差距有所扩大,收入分配关系还没有理顺;腐败现象未得到有效遏制。

第四节 "九五"计划的完成——"中华民族发展史上一个新的里程碑"

"八五"计划即将完成时,中共中央认真总结经验,贯彻抓住机遇、深化改革、扩大开放、促进发展、保持稳定的指导方针,正确处理改革、发展、稳定的关系,坚持用发展的办法解决前进中的问题,着手研究制定新的发展规划和战略目标。

一、全新的国内、国际环境使"九五"计划具备新的特点

"九五"计划开始时,中国改革开放和现代化建设面对的是全

新的国内、国际环境，充满着机遇与挑战，但总体上仍是机遇大于挑战。从国际形势看，冷战结束后，世界向多极化发展，国际形势总体趋于缓和，和平与发展逐渐成为时代主旋律。同时，以信息技术为代表的科技革命突飞猛进，产业结构调整和升级步伐明显加快，全球经济一体化趋势进一步增强，跨国公司成为全球资源配置的重要力量。

从国内形势看，经过改革开放以来数个五年计划的顺利实施，中国的经济实力明显增强。这为中国进一步发展、追赶世界发达国家奠定了较为雄厚的物质技术基础。从1995年开始，中国商品供求总量格局发生根本性变化：供大于求和供求平衡的商品比重逐年上升，供不应求的商品比重逐年下降，长期困扰社会生活的商品短缺状况基本改变，买方市场逐步形成。经济体制改革取得突破性进展，对外开放的总体格局已经形成。同时，经济结构问题开始凸显，主要体现为工农业产品出现阶段性、结构性过剩，国内有效需求不足。

在这样的背景下，中国开始进行"九五"计划的编制工作。作为中国在社会主义市场经济条件下编制的第一个五年计划，"九五"计划在性质、内容和编制方法上都与以往不同。在计划的性质方面，"九五"计划以市场为基础，使市场在国家宏观政策指导下，对资源配置起基础性作用；计划突出宏观性、战略性和政策性；计划指标以预测性、指导性为主。在计划的内容方面，"九五"计划一是根据新时期的任务和要求，充分体现了经济增长方式的转变；二是在充分发挥市场机制作用的同时，不断加强和改善宏观调控；三是坚持区域经济协调发展，逐步缩小地区发展差距；四是坚持可持续发展战略。在计划的编制方法上，"九五"计划强调科学性、民主性、规范性。这些都是"九五"计划的新特点。

二、社会主义市场经济条件下编制的第一个五年计划

"九五"计划的编制工作开始于1993年。是年3月,中共十四届二中全会决定开始编制"九五"计划。同年夏,国家计委会同有关部门,着手前期准备工作——通过广泛调研,形成研究报告;提出"九五"计划和2010年远景目标的基本思路;初步拟定宏观调控目标和产业发展任务。

1995年3月,中共中央成立关于"九五"计划建议的起草小组。4月,起草小组在广泛调查、深入研究的基础上,拟定《中共中央关于制定国民经济和社会发展"九五"计划和2010年远景目标的建议》的送审提纲。经过多轮征求意见和修改,这份文件正式提交中共十四届五中全会审定。

9月,中共十四届五中全会通过《中共中央关于制定国民经济和社会发展"九五"计划和2010年远景目标的建议》(以下简称《建议》),对经济工作提出新的任务:到2000年实现人均国民生产总值比1980年翻两番;基本消除贫困,人民生活达到小康水平;加快现代企业制度建设,初步建立社会主义市场经济体制。《建议》强调,实现奋斗目标的关键是实行两个具有全局意义的根本性转变:一是经济体制从传统的计划经济体制向社会主义市场经济体制转变;二是经济增长方式从粗放型向集约型转变,促进国民经济持续、快速、健康发展和社会全面进步。

根据《建议》,国务院制定了《中华人民共和国国民经济和社会发展"九五"计划和2010年远景目标纲要(草案)》(以下简称《纲要》)。《纲要》主要回答了今后15年改革开放和经济建设中的一些重大问题,对粮食稳定增长、国有企业改革、区域经济发展等方面都有明确的措施。对此,国家计委主任陈锦华表示,这次

《纲要》制定工作的范围之广，参与人员之多，是我国历次计划编制工作所没有的。不仅有许多专家、学者通过参与前期研究来深度参与，值得一提的是，在这次编制计划的过程中，还委托世界银行组织一批专家对一些专题提供咨询意见。①

1996年3月，八届全国人大四次会议审议批准了《中华人民共和国国民经济和社会发展"九五"计划和2010年远景目标纲要（草案）》。"九五"计划的经济建设目标为：全面完成现代化建设的第二步战略部署，到2000年，实现人均国民生产总值比1980年翻两番；粮食总产量要保证达到4 900亿公斤，力争达到5 000亿公斤。"九五"以至今后15年，要集中必要的力量，在水利、能源、交通、通信和重要原材料工业方面，建设一批大型工程，包括：长江三峡和黄河小浪底水利枢纽工程，南水北调工程，山西、陕西、内蒙古煤炭基地，南昆铁路、南疆铁路和神黄铁路，公路国道主干线，通信光纤干线网络，以及一批大型港口、机场等，使基础设施和基础工业与国民经济发展相适应。要根据市场需求，振兴机械、电子、石油化工、汽车和建筑等支柱产业，以带动整个经济的增长。

"九五"时期的宏观调控目标为：年均经济增长速度为8%左右，固定资产投资率为30%，物价上涨幅度明显降低，努力使之低于经济增长率。关于"九五"时期的经济增长速度目标为何低于"八五"时期的问题，时任国家计委副主任的曾培炎解释道："九五"经济增长速度按8%左右安排，比"八五"的速度低一些。这主要是基于以下考虑：一是要保持经济总量平衡和宏观经济的稳定，把目前过高的通货膨胀率明显降下来；二是要为深化改革

---

① 曹文炼、张力炜：《"九五""十五"计划的编制、实施过程及主要成就》，《全球化》，2018年第10期，第5—24页。

创造比较宽松的经济环境；三是把经济工作的重点从偏重追求速度转到注重提高经济整体素质和效益上来。

三、为应对亚洲金融危机，及时调整"九五"计划

在1995年通货膨胀得到初步控制的基础上，1996年，"九五"计划开局良好——通货膨胀大为缓解，主要宏观经济指标都表现良好。1996年，国内生产总值比上年增长9.6%，社会商品零售价格总水平上涨6.1%，居民消费价格总水平上涨8.3%，全社会固定资产投资增长14.8%。这些数据表明，经济增速和通货膨胀率都被有效控制在比较合理的区间内。

出乎意料的是，1997年下半年，东南亚一些国家爆发金融危机，很快便波及整个亚洲和世界其他地区，造成国际金融市场持续动荡，严重冲击了世界经济。由于国际市场萎缩等因素，叠加国内一系列问题，中国外贸进出口总额呈下降趋势，经济发展遇到严重挑战。外贸出口增幅从1996年的20%急剧下跌至0.5%，利用外资额也跌至20年来的最低点；1998年上半年，国内消费品零售市场已经没有供不应求的商品，产能过剩态势逐渐加剧，有效需求不足成为困扰经济的主要矛盾；1997年居民消费价格指数降到2.8%，1998年、1999年则均为负增长，呈现出通货紧缩的趋势；经济增长率也从1997年的9.2%，下滑至1998年的7.8%和1999年的7.6%。经济遇冷，造成许多问题和隐患：企业开工不足，工业经济下滑，投资减速，消费乏力，失业增加。

面对金融危机的冲击，中共中央、国务院高度重视、沉着应对。1998年3月，国务院总理朱镕基在九届全国人大一次会议举行的记者招待会上提出，本届政府的任务概括起来是"一个确保、三个到位、五项改革"。"一个确保"，就是确保今年中国的经济发

展速度达到8%,通货膨胀率小于3%,人民币不能贬值。"三个到位",一是确定用三年左右的时间使大多数国有大中型亏损企业摆脱困境进而建立现代企业制度;二是确定在三年内彻底改革金融系统,中央银行强化监管、商业银行自主经营的目标要在本世纪末实现;三是政府机构改革的任务要在三年内完成。"五项改革",是指进行粮食流通体制、投资融资体制、住房制度、医疗制度和财政税收制度改革。

中共中央、国务院清醒地意识到,要维持经济持续健康发展,实现"九五"计划所确定的增长目标,就必须针对内需不足、外需下滑、经济增长乏力的情况,把经济工作的重心明确地转向阻止"软着陆"后惯性下滑甚至"熄火"上来。为此,中共中央当机立断,对"九五"计划进行重要调整,以拉动经济增长:果断扩大国内需求,采取积极的财政政策和稳健的货币政策;增加中低收入者的生活保障,改善人民生活;提高出口退税率、打击走私,千方百计增加出口;降低存贷款利率,对教育、医疗和住房进行市场化改革,设置节假日"黄金周",使这些措施形成合力,刺激消费;中央财政向商业银行增发10年期建设国债1 000亿元,银行配套增加1 000亿元贷款,这些资金主要用于农村电网改造、高速公路建设、城市基础设施建设、扩大大学招生、国家粮库建设、长江干堤加固等基础设施建设。中共中央在采取以上措施时,严肃强调:要以市场为导向,以效益为中心,不生产积压产品,不搞重复建设;基础性建设要有总体规划,注意合理布局,充分发挥现有设施潜力,不能盲目铺新摊子。

调整决策下发之后,全国各地的建设行动迅速开展起来,取得了明显成效。以高速公路建设为例,1998年,全国新增高速公路1 741公里,通车总里程达8 733公里,跃居世界第六位。1999

年，全国高速总里程达 11 650 公里，跃居世界第三位。2000 年，全国高速总里程增至 1.9 万公里，居世界第二位。三年间，中国的高速公路建设突飞猛进，创造了世界高速公路建设的奇迹。

四、"今年的经济情况，确实是历年以来最好的"

"九五"时期，在许多国家因为亚洲金融危机出现经济衰退、货币大幅度贬值的情况下，中国兑现了人民币不贬值的承诺，为缓解这场全球性金融危机作出了巨大贡献。在中国国内，全国万众一心，不为任何困难所惧，不为任何干扰所惑，推动改革开放和现代化建设取得新的成就。

"九五"时期，中国国民经济总量跃上新的台阶。五年间，国内生产总值年均增长 8.3%（见图 2-4），远远高于世界平均 3.8% 的增速。2000 年，国内生产总值达到 100 280.1 亿元，按当年汇率折合成美元，突破 1 万亿美元大关，居世界第七位。人均国内生产总值进入世界银行划分的下中等收入国家行列。国家财力增长迅速，2000 年国家财政收入达 13 380 亿元，平均每年增长 16.5%，五年累计超过 5 万亿元，比"八五"时期增加 1.3 倍。

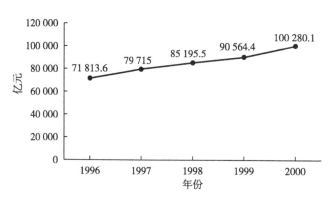

图 2-4　"九五"时期国内生产总值

"九五"时期，中国主要工农业产品产量位居世界前列，商品短缺状况基本结束，粮食等主要农产品供给实现了由长期短缺到总量基本平衡、丰年有余的历史性转变；工业结构调整取得积极进展，淘汰落后和压缩过剩工业产能取得成效；基础设施瓶颈制约得到缓解。同时，中国的社会主义市场经济体制初步建立；全方位对外开放格局基本形成，对外贸易和利用外资规模持续扩大，外贸进出口总额居世界第八位；祖国和平统一大业取得历史性进展，香港和澳门相继回归。

"九五"时期，中国不仅积累了有效治理需求过热和通货膨胀的经验，而且逐步积累了扩大国内需求和抑制通货紧缩趋势的宏观调控经验。面对错综复杂的国际、国内环境，中共中央、国务院先是采取各种综合治理措施，迅速扭转了高通胀局面，使国民经济顺利实现了"软着陆"。随后，又针对亚洲金融危机的冲击，当机立断进行关键性的政策调整：制定积极扩大内需的战略方针，实施积极的财政政策和稳健的货币政策，把增加投资与调整收入分配、启动消费结合起来，把扩大内需与千方百计扩大出口结合起来，把扩大经济总量与加快结构调整结合起来，使得国民经济持续快速健康发展。

值得一提的是，"九五"时期，还是中国国有企业改革各项措施出台最多的五年。在这一时期，大多数国家重点企业通过实行公司制改造建立起现代企业制度，其中相当一部分在境内或境外上市。政府采取债转股、降低利率、技术改造贴息贷款等措施，减轻了企业负担，激发了企业活力；通过对国有企业实施兼并、破产、重组，调整国有经济战略布局，增强了国有经济的整体竞争力；通过实施积极财政政策，既扩大了内需，又为国有企业的发展创造了良好的外部环境。在综合配套改革措施的作用下，国有企业活力明显增强。2000年，国有及国有控股工业企业实现利润 2 392 亿元，是 1997 年的 2.9 倍，国有大中型企业三年脱困目标基本实现。

随着"九五"计划的完成，中国实现了现代化建设第二步战略目标，为实施"十五"计划，开始迈向第三步战略目标奠定了良好的基础。同时，"九五"时期，中国经济社会发展还存在一些亟待解决的问题。包括：产业结构不合理，地区经济发展不协调；国民经济整体素质不高，国际竞争力不强；社会主义市场经济体制尚不完善，阻碍生产力发展的体制因素仍很突出；科技、教育比较落后，科技创新能力较弱；重要资源短缺，部分地区生态环境恶化；就业压力加大，农民和城镇部分居民收入增长缓慢，收入差距拉大；一些领域市场经济秩序相当混乱，重大安全事故时有发生。

第五节 "十五"计划——中国成为全球经济发展的重要支撑和引擎

2000 年，中国圆满完成"九五"计划，经济实力、体制环境和社会条件等均有了很大的提高和改善，为经济持续发展、社会全面进步准备了更有利的条件。同时，中国的经济同世界发达国家仍有很大差距：2000 年，中国人均国内生产总值为 854 美元，而当时高收入国家、中等收入国家、中下等收入国家人均国内生产总值分别为 27 443 美元、2 039 美元、1 153 美元。

进入 21 世纪，人类社会发生着深刻的变化。经济全球化进程加快，国际经济合作与竞争以前所未有的广度和深度发展；世界科技突飞猛进，科技自主创新能力成为综合国力的关键性因素；全球性产业结构调整深入展开，新的国际分工格局正在形成；世界经济保持温和增长,主要国家经济在波动和调整中发展。

中国领导人根据国内、国际形势的变化,作出如下重要判断:21世纪的头20年是必须紧紧抓住并且可以大有作为的战略机遇期,是实现现代化建设第三步战略目标必经的承上启下的发展阶段,是实现祖国富强、人民富裕和民族复兴的关键时期。"十五"计划正处于这一重要战略机遇期的前期。因此,中共中央高度重视"十五"计划的编制工作,提出:制定"十五"计划,要把发展作为主题,把结构调整作为主线,把改革开放和科技进步作为动力,把提高人民生活水平作为根本出发点。①

一、以经济结构的战略性调整为主线

从1998年6月开始,国家计委便组织各方力量,开始编制"十五"计划的前期研究工作。1999年6月,时任国家计委主任的曾培炎在全国"十五"计划工作电视电话会议上表示,"十五"计划是落实邓小平同志提出的第三步战略部署的第一个中长期规划,是我国社会主义市场经济体制初步建立后的第一个中长期规划,也是我国进入新世纪后的第一个中长期规划,因此有十分重要的战略意义。为此,他提出关于做好"十五"计划编制工作的六项原则和四个思想方法。

六项原则是:正确处理改革、发展、稳定的关系;遵循速度与效益相统一的原则,推进经济增长方式的转变;充分发挥市场机制的作用;坚持可持续发展战略;逐步缩小地区间的发展差距;坚定不移地继续贯彻执行对外开放基本国策。

四个思想方法是:一是要改变过去规划编制中对国际国内两

---

① 《新世纪 新形势 新任务——热烈祝贺九届全国人大四次会议开幕》,《人民日报》,2001年3月5日。

种资源、两个市场缺乏统一考虑的思想方法，要改变政府包办一切、"包打天下"的思想方法，分清哪些是由市场和企业做的，哪些是需要政府做的；要改进先确定目标、提出口号，再测算速度的思想方法，从现实出发，从供求分析和竞争力分析入手来测算增长速度，确定规划目标；要提高规划编制过程的社会参与度；广泛听取社会各界的意见。

1999年年底，中共中央政治局确定中共十五届五中全会将研究"十五"计划，并决定成立《中共中央关于制定国民经济和社会发展第十个五年计划的建议》起草小组。

当时，关于编制"十五"计划以什么作为主线的问题，中共中央听到两种不同意见。一种认为，经济与社会发展的结构性矛盾是各种问题的核心，因此，编制"十五"计划应围绕经济结构的战略性调整展开。另一种则认为，经济与社会发展中的诸多矛盾，归结起来是体制瓶颈的制约，因此，编制"十五"计划应以体制创新与技术创新为主线。经过讨论、研究，中共中央更倾向于前一种意见，将经济结构的战略性调整作为"十五"计划的主线。2000年9月，朱镕基在接受韩国新闻媒体采访时表示："中国的'十五'计划，主要是为实现中国的第三个战略目标开好局。最主要的内容是产业结构的调整，这是最主要的。产业机构的调整一定要通过经济体制的深化改革和先进科技的发展来实现。中国不进行产业结构的调整，不发展以信息为中心的高科技，中国的经济发展就走到尽头了。"①

2000年10月，中共十五届五中全会审议并通过了《中共中央关于制定国民经济和社会发展第十个五年计划的建议》（以下简称

---

① 《朱镕基答记者问》编辑组编：《朱镕基答记者问》，人民出版社，2009年，第173页。

《建议》)。《建议》指出,从新世纪开始,我国将进入全面建设小康社会,加快推进社会主义现代化的新的发展阶段。今后五到十年,是我国经济和社会发展的重要时期,是进行经济结构战略性调整的重要时期。制定"十五"计划,要把发展作为主题,把结构调整作为主线,把改革开放和科技进步作为动力,把提高人民生活水平作为根本出发点。要全面估量加入世界贸易组织后的新形势,充分体现发展社会主义市场经济的要求。《建议》提出"十五"期间经济和社会发展的主要目标是:国民经济保持较快发展速度,经济结构调整取得明显成效,经济增长质量和效益显著提高,为到2010年国内生产总值比2000年翻一番奠定坚实基础;国有企业建立现代企业制度取得重大进展,社会保障制度比较健全,完善社会主义市场经济体制迈出实质性步伐,在更大范围内和更深程度上参与国际经济合作与竞争;就业渠道拓宽,城乡居民收入持续增加,物质文化生活有较大改善,生态建设和环境保护得到加强;科技教育加快发展,国民素质进一步提高,精神文明建设和民主法制建设取得明显进展。

二、编制"十五"计划:全民讨论、全社会参与

《建议》是编制"十五"计划的重要指导方针和核心内容。十五届五中全会结束后,国家计委便马上组织力量对《建议》进行具体细化。

10月23日,国家公开呼吁、邀请全国人民和社会各界为"十五"计划建言献策,参与到这项国家的重大决策中来,以提高计划编制的公众参与度、透明度。国家计委专门听取了长期从事经济工作的领导干部以及经济学家、两院院士、科学家、企业家等的意见。经国务院批准,国家计委还聘请一批国内专家学者作为

"十五"计划咨询审议会成员，对"十五"计划中的重大问题进行咨询审议，提出建议。专家学者来自国务院发展研究中心、中国社会科学院、机械科学研究院、北京大学、清华大学、中国人民大学等科研机构和高校。在这一阶段的研究工作中，他们一共形成了约500万字的研究成果。

此外，国家计委还在互联网上专门设立网页，邀请全社会各界人士上网留言、发表意见。这些参与到"十五"计划编制的网友中，年龄最大的86岁，最小的仅10岁。通过信件提建议的渠道也十分畅通，国家计委和《经济日报》《光明日报》《工人日报》《农民日报》《中国经济导报》等共同开展了"十五"计划征文活动，向社会公众广泛征求对编制"十五"计划的意见和建议。国家计委共收到社会各界的书信和电子邮件共1.7万多封，这些信件、邮件的内容十分丰富，涵盖经济社会的方方面面。"十五"计划纲要前前后后共修改20稿，来自全社会的许多意见和建议，如开发海洋资源、振兴装备制造业、发展现代中医药、户籍制度改革等，最后都被吸收进了计划纲要。可以说，这是中国首次在制定五年计划时进行全民讨论，民众参与的深度、广度和范围也都是历史上前所未有的。

值得一提的是，国家计委还听取了国际组织对"十五"计划编制工作的意见。1999年年初，世界银行受国家计委委托，完成《中国的中期转轨问题："十五"计划若干经济发展问题的框架文件》，为中国"十五"计划和2015年远景规划提供政策建议。这份框架性文件涵盖47项专题研究。国家计委还与联合国工业发展组织开展了产业发展规划和政策的合作研究，与香港大学合作进行中国城市化战略的合作研究，都取得了积极成效。

2001年2月，朱镕基在北京主持座谈会，征求各民主党派中央、全国工商联负责人和无党派人士以及科教文卫界、企业界人士对《关于国民经济和社会发展第十个五年计划纲要的报告(征求意见稿)》的意见。各界人士纷纷建言献策。两院院士石元春在八分钟的发言时间里,就加快农业和农村经济结构调整、西部大开发、资源保护等问题发表了自己的建议,提出在农村积极扶持和培育龙头企业,发展农业科技产业,强化农业基础地位,把水资源的节约、保护和合理开发放在第一位,因地制宜退耕还林还草,充分发挥生态的自我修复能力等一些具体修改意见。①

3月5日,九届全国人大四次会议听取了《关于国民经济和社会发展第十个五年计划纲要的报告》,并且提出修改意见和建议。国务院根据意见和建议,反复进行推敲和修改,共修改40余处,其中比较重要的改动有23处。3月15日,朱镕基向大会主席团提交纲要报告的修改说明,对已经采纳的意见逐条列出修改的具体内容,对未采纳的意见也专门说明了理由。当天,九届全国人大四次会议批准了计划纲要和朱镕基关于计划纲要的报告。

三、"由于国际国内都存在一些不确定因素,计划的预期目标要留有余地"

"十五"计划是中国进入21世纪的第一个五年计划,是开始实施现代化建设第三步战略部署的第一个五年计划,也是社会主义市场经济体制初步建立后的第一个五年计划。

"十五"计划的主要宏观调控目标是:经济增长速度预期为年均7%左右;按2000年价格计算,2005年国内生产总值达到12.5万亿元左右,人均国内生产总值将达到9 400元;"十五"城镇新

---

① 《石元春文集(杂文卷)》,中国农业大学出版社,2015年,第88—89页。

增就业和转移农业劳动力各达到 4 000 万人,城镇登记失业率控制在 5% 左右;价格总水平基本稳定;国际收支基本平衡。

经济结构调整的主要预期目标是:产业结构优化升级,国际竞争力增强。2005 年一、二、三产业增加值占国内生产总值的比重将分别为 13%、51% 和 36%,一、二、三产业从业人员占全社会从业人员的比重将分别为 44%、23% 和 33%。

科技、教育发展的主要预期目标是:2005 年全社会研究与开发经费占国内生产总值的比例将提高到 1.5% 以上;初中阶段教育毛入学率将达到 90% 以上,高中阶段教育和高等教育毛入学率力争达到 60% 左右和 15%。

可持续发展的主要预期目标是:将人口自然增长率控制在 9‰ 以内,2005 年全国总人口控制在 13.3 亿人以内;森林覆盖率提高到 18.2%,城市建成区绿化覆盖率提高到 35%;城乡环境质量改善,主要污染物排放总量将比 2000 年减少 10%。

提高人民生活水平的主要预期目标是:"十五"城镇居民人均可支配收入和农村居民人均纯收入年均增长 5% 左右;2005 年城镇居民人均住宅建筑面积增加到 22 平方米;全国有线电视入户率达到 40%;城市医疗卫生服务水平和农村医疗服务设施继续改善,人民健康水平进一步提高。

关于"十五"期间年均经济增长速度定为 7% 左右的理由,朱镕基指出:"这个速度虽然比'九五'实际达到的速度低一点,但仍然是一个较高的速度。要在提高效益的基础上实现这个目标,必须付出艰巨努力。同时,由于国际国内都存在一些不确定因素,计划的预期目标要留有余地。"[1] 曾培炎也撰文表示:"提出'十

---

[1] 郭德宏:《历史的跨越——中华人民共和国国民经济和社会发展"一五"计划至"十一五"规划要览(1953—2010)》,中共党史出版社,2006 年,第 1062 页。

五'期间国民经济年均增长 7% 左右的预期目标,是留有余地的,目的就是为了引导各方面把主要精力放在调整结构上,防止因片面追求速度而影响结构调整任务的完成。"①

这个时候,在市场经济的条件下,"十五"计划的性质已经发生了变化。就性质而言,"十五"计划主要包含两类:一类是指导性计划。这类计划主要作用于市场机制基本发挥作用、无须政府过多干预的领域。这类计划通过分析预测发展环境、市场需求、发展态势,阐明政府意图,引导资源配置,供市场主体参考决策,从而间接影响企业的生产经营决策。归根到底,其实施主体是企业而不是政府。另一类是政府组织落实的计划。这类计划主要作用于市场机制难以发挥作用、需要政府进行必要扶持或支持、易造成盲目重复建设的领域。其发挥作用的方式是,在特定行业或领域,明确政府责任、义务,克服政府干预的随意性,统筹重大建设项目及布局、资金来源等。这类计划既约束企业,又约束政府自身,目的就是搞好公益事业、基础设施、高科技等关系全局的关键领域和薄弱环节,以提供更多、更好的公共产品和服务。

总而言之,"十五"计划鲜明的特点是:在政府、市场和企业之间的关系中,凡是市场、企业能办且能办好的事情,放手由市场、企业去办,政府不必都管起来;将经济结构的战略性调整作为主要任务,致力于优化产业结构,全面提高农业、工业、服务业的水平和效益;合理调整生产力布局,促进地区经济协调发展;逐步推进城镇化,努力实现城乡经济良性互动;突出生态建设、环境保护和可持续发展的理念。因此,"十五"计划提出的发展目

---

① 曾培炎:《新世纪初我国经济社会发展的行动纲领》,《人民日报》,2001年3月23日。

标具有明显的战略性、宏观性和政策指导性,是粗线条、起导向作用的计划。"十五"计划中,一方面将实物指标从"九五"计划的100多个减少到38个;另一方面增加了反映结构变化的预期指标。

四、中国成为全球经济发展的重要支撑和引擎

"十五"计划实施之初,国际上有许多人,怀疑中国能否在历经20多年快速发展后持续发展,甚至有人抛出了"中国崩溃论"。事实却是,在中共中央和国务院的领导下,中国顺利地完成了"十五"计划,继续保持住快速发展的势头,不仅没有崩溃,反而成为全球经济发展的重要支撑和引擎。

"十五"时期,中国工业化、城镇化、国际化、信息化以及基础设施现代化步伐不断加快,对外开放深度、广度不断拓展。特别是2001年12月加入世界贸易组织以后,中国对外开放的红利逐渐释放,对外贸易和利用外资迅速发展,有力带动了国内经济加快发展,社会生产力、综合国力都迈上一个新台阶。

五年间,中国国内生产总值增长59.3%,年均增长9.8%(见图2-5),由居世界第六位上升为第四位。财政收入增长1.4倍,年均增加3 650亿元。农业特别是粮食生产出现重要转机。规模以上工业企业实现利润年均增长18.7%,主要工业品产量大幅增长,高技术产业快速发展,基础产业和基础设施取得重要成就,经济社会信息化程度迅速提高。农村、国有企业、金融、财税、投资等改革和市场体系、社会保障体系建设都取得重大进展。对外开放水平全面提高,全面履行"入世"承诺,平均关税水平由2000年的16.7%降到9.9%。进出口贸易总额增长两倍,年均增长24.6%,创下改革开放以来外贸发展的最高纪录,世界排名从第八

位上升到第三位。利用外资成绩显著，实际利用外商直接投资累计达到2 740.8亿美元。人民生活明显改善，城镇居民人均可支配收入和农村居民人均纯收入分别实际增长58.3%和29.2%。新型流通方式、新业态快速发展，信息、咨询、金融、旅游等现代服务业迅速成长。西部大开发战略取得重要进展，东北地区等老工业基地振兴战略顺利启动，促进中部地区崛起的战略开始部署。摆脱亚洲金融危机带来的冲击，成功战胜"非典"疫情和重大自然灾害。青藏铁路、西气东输、西电东送、南水北调、三峡工程等重点项目建设成效显著。载人航天飞行器"神舟五号"顺利升空并安全返回，中国成为世界上第三个独立开展载人航天活动的国家。

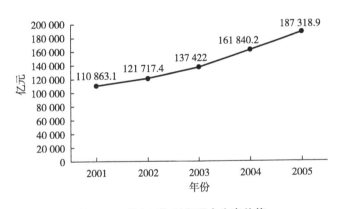

图2-5 "十五"时期国内生产总值

"十五"时期，中国经济社会发展也存在一些矛盾和问题亟待解决。比如，固定资产投资增长过快，货币信贷投放过多，国际收支不平衡；长期形成的结构性矛盾和增长方式粗放问题仍然突出；影响经济发展的体制机制障碍还相当严重，改革攻坚任务繁重；涉及群众利益的突出问题有待进一步解决；对国际经济环境变化的潜在风险应对能力不足。时任国家计委副主任的房维中认为，"十五"期间经济增长速度很快，但这是以过多地消耗资源和能源、承受过多的生态恶化和环境污染为代价的，增长方式上基本上依然是粗放型的。① 曾培炎也表示："九五"计划时期，提出要实现经济增长方式和经济体制"两个根本性转变"。"十五"计划时期，又提出要对经济结构进行战略性调整。但直到目前，转变和调整的实际效果还不明显。究其根源，主要障碍就是改革不到位、体制机制不健全。在粗放型增长的背后，存在着盲目追求速度的攀比机制，不计经济效益的政府行为，难以追究失误职责的投资体制，借钱可以不还的融资体系，没有反映资源环境真实代价的运行机制。不改体制，不动机制，增长方式就难以转变。②

---

① 《房维中自选集》，第462页。
② 曾培炎：《曾培炎论改革与发展》（上），人民出版社，2014年，第354页。

第三章　科学制定五年规划

本章的主要内容是五年规划的科学发展时期，包括"十一五"至今的五年规划。这一时期是中国全面建设和建成小康社会的关键时期，也是我国经济走向科学发展、可持续发展、高质量发展的关键时期。五年规划在科学发展观和习近平新时代中国特色社会主义思想的指导下，注重以约束性指标促进政府职能转变，以预期性指标激发市场活力，进一步强化公共服务、社会治理、资源环境等方面的目标和指标，同时在编制与批准流程方面更为科学，成为战略性、纲领性、综合性、指导性的科学发展规划。这一时期，中国的经济发展继续取得令世界瞩目的辉煌成就，不仅经济总量占世界经济总量的比重越来越大、对世界的影响越来越大，而且产业结构优化升级的步伐不断加快，科技创新力度不断加大，已由过去的"跟跑者"向"并跑者"和"领跑者"转变。

第一节 "十一五" 规划——全面落实科学发展观

中国共产党第十六次全国代表大会后,中共中央立足社会主义初级阶段基本国情和新的阶段性特征,分析国际国内形势的新变化,把握新课题新矛盾,推动经济社会走上科学发展的道路。2003年8月底至9月初,时任中共中央总书记的胡锦涛在江西考察时明确使用"科学发展观"的概念,提出要牢固树立协调发展、全面发展、可持续发展的科学发展观。10月,中共十六届三中全会通过《关于完善社会主义市场经济体制若干问题的决定》,第一次在文件中完整提出科学发展观,要求"坚持以人为本,树立全面、协调、可持续的发展观",统筹城乡发展、统筹区域发展、统筹经济社会发展、统筹人与自然和谐发展、统筹国内发展和对外开放,完善社会主义市场经济体制。至此,科学发展观作为一个重大战略思想初步形成。

"十一五"规划,是中国共产党提出2020年全面建设小康社会目标后的第一个五年规划,也是科学发展观提出后制定的第一个五年规划。规划从准备、编制到实施,都全面贯彻落实科学发展观的要求。需要说明的是,从2006年的"十一五"规划开始,为了进一步明确五年规划的本质是明确经济社会发展方向、描绘总体发展蓝图、确定政府未来工作重点、引导市场主体行为的纲领性文件,避免对五年规划的误解,"五年计划"更名为"五年规划",即国民经济和社会发展战略性、纲领性、综合性的规划。规划的主要作用是阐明国家战略意图,明确政府工作重点,引导市场主体行为。规划是未来五年经济社会发展的宏伟蓝图和中国人民共同的行动纲领,是国家加强和改善宏观调控的重要手段，也是政府履行经济调节、市场监管、社会管理和公共服务职责的重要依据。相较于计划，规划在把握发展规律、转变发展方式、破解发展难题、提高发展质量等方面起着更为重要的导向作用。

一、"十一五"规划编制的时代背景

"十五"计划完成时，和平和发展仍然是时代的主题。在经济全球化和新科技革命的推动下，新一轮全球性产业结构大调整和与此相应的产业跨国大转移步伐明显加快。能否抓住这个机遇，对于推进中国经济结构战略性调整，提升中国在未来国际产业分工体系中的优势至关重要。如何准确把握新一轮全球性产业结构调整和产业跨国转移的新趋势、新特点，从而更有效地实施"引进来"和"走出去"的战略，是编制"十一五"规划时要重点分析和研究的问题。

"十五"时期的发展为"十一五"规划的编制、实施打下了比较好的基础。在国内，由于持续几年扩大内需，实施积极的财政政策和稳健的货币政策，同时大力推进结构调整，中国需求不足、通货紧缩的压力逐步减轻，经济增长的内生动力日渐增强。中国经济保持了持续、快速增长。因此，如何进一步培植和扩大国内需求，如何保持宏观经济总量平衡，如何防止通货紧缩反弹和通货膨胀重现，如何突破资源供给瓶颈的制约，成为编制"十一五"规划需要深入研究和切实解决的问题。

2003年，新一轮政府换届时，国家发展计划委员会更名为国家发展和改革委员会，将原国家经济体制改革委员会（1998年政府换届时更名为国务院经济体制改革办公室）的职能并入。从此，新组建的国家发展和改革委员会（以下简称国家发展改革委）承担起统筹经济社会发展和改革开放政策、编制国民经济和社会发展五年规划的职能。

二、民主、科学编制"十一五"规划

2003年7月8日,国务院批准了国家发展改革委《关于开展"十一五"规划前期工作有关问题的请示》。随后,国家发展改革委开始启动"十一五"规划编制工作,在继承以往规划编制中有益做法的同时,创造性地开展了一系列活动。9月18日,国家发展改革委召开全国"十一五"规划编制准备工作电视电话会议,部署"十一五"规划编制工作。与此同时,在"十五"计划的执行过程中,开展了对五年计划的中期评估。这是我国规划编制和实施历史上的第一次中期评估,为编制"十一五"规划打下了基础。

2003年年底,国家发展改革委采取委托、招标、合作研究等方式,对160多个重大课题进行了研究,形成了500多万字的研究报告。特别是采取向社会公开招标的方式,对"十一五"规划所涉及的重大课题进行深入研究,这是中华人民共和国历史上的第一次,获得社会各方面的积极评价。此外,专项规划工作也得到加强。国家发展改革委组织编制了能源、节能、铁路、高速公路、科技、西部地区"两基"攻坚、农村卫生、农村公路、防沙治沙等58个专项规划,对"十一五"规划的编制起到重要的支撑作用。

在前期研究成果的基础上,国家发展改革委起草了"十一五"基本思路意见稿,在征求各方面意见并修改完善之后,向党中央、国务院汇报。

2005年2月,中共中央成立了《中共中央关于制定国民经济和社会发展第十一个五年规划的建议》起草小组,负责起草"十一五"规划建议稿。起草期间,中央政治局常委多次带队赴地方进行专题调研，多次听取起草组的汇报，对"十一五"规划建议进行多次讨论。

2005年10月，中共十六届五中全会通过的《关于制定国民经济和社会发展第十一个五年规划的建议》，确定了未来五年中国经济社会发展所要遵循的原则，以及奋斗目标、指导方针、主要任务。中共中央、国务院明确要求，要编制出一个适应改革开放新形势、使人耳目一新的规划纲要；要对规划编制进行改革，反映社会主义市场经济的特点，进一步完善规划体系，并把规划工作纳入法制化轨道；要突出改革开放，突出经济结构调整和增长方式转变，突出自主创新，突出建设和谐社会，着力反映和解答人民群众关心的问题；要充分听取各方面意见，使"十一五"规划的编制过程，成为发扬民主、集思广益、科学决策的过程，成为集中民智、反映民意、凝聚民力的过程。

党的十六届五中全会以后，国务院批准成立了由国家发展改革委、教育部、科技部、财政部等有关部门主要负责同志组成的《中华人民共和国国民经济和社会发展第十一个五年规划纲要（草案）》（以下简称《纲要（草案）》）起草小组。其间，胡锦涛主持召开中央政治局常委会议和政治局会议，讨论审议《纲要（草案）》，对其定位、指导原则、主要目标和框架结构等给予了基本肯定，并提出重要修改意见。起草组据此对《纲要（草案）》进行了修改；温家宝也先后主持召开国务院常务会议和全体会议，对《纲要（草案）》进行讨论修改，还专门召开四次座谈会听取各民主党派中央、全国工商联负责人和无党派人士，经济社会领域专家学者，教育、科技、文化、卫生、体育界代表，企业界和工人、农民代表的意见。在十届全国人大四次会议召开前，由各地区人民代表大会提前审议《纲要（草案）》，提出修改意见，这在我国规划编制史上也是首次。在十届全国人大四次会议和全国政协十届四次会议期间，又根据全国人大代表和政协委员的修改意见进行了34处修改，前后共12易其稿。

2006年2月，中共中央政治局会议审议并原则通过了《纲要（草案）》。3月，十届全国人大四次会议审定了《纲要（草案）》。

在中共中央、国务院的直接领导下，"十一五"规划的编制工作充分发扬民主、科学精神，广泛听取社会各界意见。一是开展建言献策活动。在国家发展改革委网站和《经济日报》等媒体开辟专栏，邀请全国人民为"十一五"规划建言献策。60天内，共有5 000多名普通民众提出建议，许多真知灼见被吸收到"十一五"规划当中。二是首次成立专门为"十一五"规划编制提供咨询论证的专家委员会。专家委员会共召开四次全体会议，对"十一五"规划进行论证和咨询，形成论证报告。报告随《纲要（草案）》一起报送全国人大，作为参考。

三、"十一五"规划的指导原则、发展目标

2006年3月，十届全国人大四次会议审议通过《纲要（草案）》。《中华人民共和国国民经济和社会发展第十一个五年规划纲要》（以下简称《纲要》）贯彻"一条红线"的指导思想，即：要以科学发展观统领经济社会发展全局，把科学发展观的内涵和要求，全面贯彻落实到发展目标、发展重点、政策措施和重大工程等方面。

《纲要》的指导原则是"六个必须"，即：要切实使经济社会发展转入科学发展的轨道，必须保持经济平稳较快发展，必须加快转变经济增长方式，必须提高自主创新能力，必须促进城乡区域协调发展，必须加强和谐社会建设，必须不断深化改革开放。

为了做到"六个必须",《纲要》提出"六个立足",进一步回答要什么样的增长、靠什么增长和怎样增长的问题。"六个立足",即:立足扩大国内需求推动发展;立足优化产业结构推动发展;立足节约资源保护环境推动发展;立足增强自主创新能力推动发展;立足深化改革开放推动发展;立足以人为本推动发展。

与全面建设小康社会的目标相适应,《纲要》还提出了9个方面的目标及39个量化指标,主要包括:国内生产总值年均增长7.5%;人均国内生产总值比2000年翻一番;城镇新增就业和转移农业劳动力各4 500万人;城镇登记失业率控制在5%;价格总水平基本稳定;国际收支基本平衡;服务业增加值占国内生产总值比重和就业人员占全社会就业人员比重分别提高3个和4个百分点;研究与试验发展经费支出占国内生产总值比重增加到2%;单位国内生产总值能源消耗降低20%左右;单位工业增加值用水量降低30%;农业灌溉用水有效利用系数提高到0.5;工业固体废物综合利用率提高到60%;城镇化率提高到47%;耕地保持1.2亿公顷;主要污染物排放总量减少10%;森林覆盖率达到20%。

为紧扣科学发展、和谐发展的主题,在规划指标的选择上,22个主要指标中,反映经济增长的只有2个,反映经济结构的有4个,反映人口资源环境的有8个,反映公共服务和人民生活的有8个。这些指标包括预期性和约束性两种属性,既充分体现了社会主义市场经济条件下规划的特点,又强化了政府在公共服务和涉及公共利益领域的职责。预期性指标是国家期望的发展目标,主要依靠市场主体的自主行为实现,政府要通过创造良好的宏观环境、制度环境和市场环境,并适时调整宏观调控的方向和力度,综合运用经济政策引导社会资源配置,努力争取实现。约束性指标是在预期性指标基础上进一步强化政府责任的指标,是中央政府在公共服务和涉及公众利益领域对地方政府与中央政府有关部门提出的工作要求。政府要通过合理配置公共资源和有效运用行政力量,确保实现。

四、超额完成"十一五"规划指标

"十一五"规划得到了较好的实现,是中华人民共和国历史上完成情况最好的五年规划之一。面对国内外环境的复杂变化和重大风险的挑战,中共中央、国务院审时度势,采取有效措施,科学应对国际金融危机的冲击,保持经济平稳较快发展的态势;领导中国人民战胜了四川汶川特大地震、青海玉树强烈地震、甘肃舟曲特大山洪泥石流等重大自然灾害;成功组织举办了北京奥运会、上海世博会和广州亚运会;载人航天、探月工程、超级计算机等尖端技术领域实现重大跨越;超额完成了"十一五"规划确定的主要目标和任务,综合国力大幅提升,2010年国内生产总值达到412 119.3亿元,跃居世界第二位,国家财政收入达到8.3万亿元,人均国内生产总值超过4 000美元;基础设施支撑作用明显加强,建设完成青藏铁路、"五纵七横国道"主干线等一批重大交通基础设施;创新能力建设成效显著,突破了一批前沿、核心技术和关键装备技术,高速铁路整体技术达到国际领先水平;人民生活明显改善,"十一五"期间是改革开放以来城乡居民收入增长最快的时期之一,社会保障体系逐步健全;重要领域和关键环节改革迈出新步伐,农业税全面取消;开放型经济水平加快提升,外贸出口和进口规模分别升至世界第一位和第二位,外商直接投资实际使用金额首次突破千亿美元,非金融类对外直接投资全球排名跃升至第五位,外汇储备规模首次位居世界第一。

从具体指标完成情况看,"十一五"时期,在经济增长和提高人均实际收入水平方面完成得较好,包括教育、医疗等在内的公共服务领域取得了很大的进展,社会保障水平明显提高。22个主要定量指标中,"国内生产总值""人均国内生产总值""城镇基本养老保险覆盖人数"等15个指标已经"超额完成"或"提前完成"。突出体现在三个方面:

一是人均国内生产总值增幅高于预期。五年年均经济增长率达到11.2%(见图3-1),大大高于"十一五"规划所要求的7.5%,到2009年已提前实现"十一五"规划所要求的经济增长目标。人均国内生产总值的增长率达到10.6%,也大大高于6.6%的预期增长率。

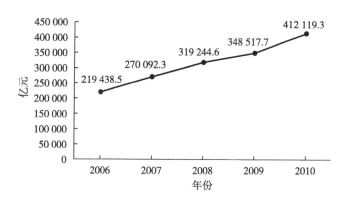

图3-1 "十一五"时期国内生产总值

二是公共服务、人民生活指标完成较好。在这一类指标中,约束性指标有两个,即城镇基本养老保险覆盖人数和新型农村合作医疗覆盖率。预期性指标有六个:国民平均受教育年限、五年城镇新增就业、五年转移农业劳动力、城镇登记失业率、城镇居民人均可支配收入和农村居民人均纯收入。五年来,由于各级政府对于改善民生的重视,这些指标均完成或超额完成。在预期性指标中,由于九年制义务教育的普及、高等教育的发展以及较快的经济增长，国民平均受教育年限、城镇居民人均可支配收入和农村居民人均纯收入，2008年已实现或接近实现预定目标。

三是节能减排成绩突出。中国在"九五"计划中提出了节能任务，"十五"计划中提出了环保要求，"十一五"规划则把它们作为约束性指标提出，并将具体指标分解到各个地方，作为绩效考核的重要指标。为此，各地采取大力淘汰落后产能、推广节能减排新技术等一系列措施，保证了主要污染物的两个约束性指标均超额完成：二氧化硫排放总量五年减少14.29%，规划中指标为10%；化学需氧量五年减少12.45%，规划中指标为10%。从国际横向对比看，中国节能减排成果令人瞩目，成为能源效率提高最快和污染排放减少幅度最大的国家。

同时，也应该看到，"十一五"规划完成时，中国经济发展还处于由回升向好向稳定增长转变的关键时期，经济发展面临的国内外环境仍然错综复杂，制约经济平稳运行的矛盾和问题还不少。例如，生态环境状况虽然出现了局部改善，但能源资源和环境压力对发展的制约总体上还没有缓解，有些方面仍在加剧。工业能耗占全国能源消费总量的70%，石油、铁矿石、铝土矿、铜矿的对外依存度已经超过50%，且仍在不断提高。这些问题和矛盾，还需要继续科学地把握发展规律，主动适应环境变化，有效地进行化解。

第二节 "十二五"规划——科学发展的行动纲领

随着"十一五"规划的完成，中国经济社会继续快速发展，国家面貌发生历史性变化。中国在21世纪头一个十年，成功地抓住并利用战略机遇期，取得了举世瞩目的成就。进入第二个十年，能不能继续抓住并利用好战略机遇期，是"十二五"时期中国所面临的重大考验。

一、中国仍处于大有可为的重要战略机遇期

"十一五"时期，是中国"发展史上极不平凡的五年"。中共中央综合判断国际国内形势，提出"十二五"时期中国发展仍处于可以大有作为的重要战略机遇期的重要论断。从国际形势看，机遇与挑战并存。世界多极化、经济全球化深入发展，和平、发展、合作仍是时代潮流。同时，2008年的国际金融危机影响深远，世界经济政治格局发生深刻变化。一是世界经济结构孕育深刻转型，原有的经济增长模式难以为继，全球经济将进入结构性调整期。全球投资和贸易保护主义倾向会进一步抬头。二是世界政治格局存在明显变化，朝着有利于多极化的方向发展。三是科技创新竞争更趋激烈。各国普遍高度重视培育可能引领全球经济的新能源、新材料、生物技术、信息技术、低碳经济等高技术产业和新兴产业，抢占发展战略制高点。四是国际金融体系和气候变化等全球治理问题更加凸显。

国际环境的新变化，要求中国在编制"十二五"规划时，要树立全球眼光，加强战略思维，科学分析形势。不仅要妥善应对外需大幅萎缩带来的冲击，以及温室气体减排压力带来的挑战，同时，还要顺势而为，提高对外开放质量，重塑国家竞争力新优势，在新的国际分工格局中提升国际地位。

从国内看，中国发展的有利条件和长期向好的趋势没有改变，工业化、信息化、城镇化、市场化、国际化深入发展，资金充裕，科技和教育水平整体提升，劳动力素质提高，政府宏观调控和应对重大挑战能力明显增强。同时，国内发展面临的诸多压力也进一步加大，包括：转变经济增长模式的压力、加快经济结构调整

的压力、保持社会稳定的压力、深化体制改革的压力、妥善应对突发公共事件的压力、保障国家经济安全的压力。

国内发展的新情况，要求中国在编制"十二五"规划时，必须针对经济社会发展的深层次矛盾，深化重点领域和关键环节改革，理清发展思路，创新发展模式，抓住战略重点，保持经济长期平稳较快增长。

二、"十二五"规划制定的步骤与过程

"十二五"规划编制始于2008年3月的"十一五"规划中期评估，主要包括前期调研、编制起草、论证衔接、审批发布等阶段，还邀请国务院发展研究中心、清华大学国情研究中心和世界银行驻华代表处三家机构开展独立的第三方评估。同年年底，"十二五"规划正式开始制定。在对"十一五"规划进行中期评估的基础上，国家发展改革委提出包含8个领域、39个题目的"十二五"规划前期重大问题，公开向全社会招标。总共70多家单位的选题入选，形成70多篇、350万字的研究报告。此外，还有直接委托的研究课题数百个。

在此基础上，国家发展改革委吸收各方研究成果，起草"十二五"规划的基本思路。形成初稿以后，国家发展改革委征求专家意见和各部门意见，对基本思路进行修改完善。随后，向中共中央、国务院汇报。与此同时，中央财经委也直接委托有关部门和机构开展"十二五"规划建议的专题研究。

2010年2月起，中共中央政治局常委会直接领导《中共中央关于制定国民经济和社会发展第十二个五年规划的建议（草案）》（以下简称《建议（草案）》）的起草工作。4月，以时任国务院总理温家宝为组长、时任国务院副总理李克强为副组长的起草小组正式成立。成员由来自有关部门和地方的78人组成。起草小组首

先集中学习有关材料，随后组成8个专题调研组分赴13个省（自治区、直辖市）深入调研，共召开31场座谈会。在此基础上，起草完成写作提纲。根据中共中央对提纲的指示、意见，起草小组开始集中写作，起草《建议（草案）》。其间，中共中央政治局常委多次听取汇报、作出指示。

在广泛听取各地方、各部门意见，集中全党智慧的基础上，起草小组还广泛征求各民主党派与全国工商联负责人、无党派民主人士等的意见，吸收全社会的智慧。最终，经过中央政治局常委会、中央政治局的多次讨论，形成了《建议（草案）》，正式提交中共十七届五中全会。

2010年10月，中共十七届五中全会召开。温家宝代表中央政治局作《关于制定国民经济和社会发展第十二个五年规划建议的说明》。全会审议并通过《中共中央关于制定国民经济和社会发展第十二个五年规划的建议》（以下简称《建议》）。《建议》分析了国内外形势，根据中国基本国情和发展阶段，提出了规划的经济社会主要目标、指导方针、重要原则、重点战略和主要任务，为制定"十二五"规划纲要奠定了基础，对在新的历史起点上向着全面建设小康社会目标继续前进作出全面部署。

会后，根据中共中央的建议，国务院开始制定《中华人民共和国国民经济和社会发展第十二个五年规划纲要》（以下简称《纲要》）。国家发展改革委在《建议》正式公布之后，很快便形成《纲要》初稿。2010年12月，国家发展改革委召开会议，就《纲要》初稿与各地方、各部门、各行业协会进行交流讨论，直接听取各方面意见后形成《纲要》。同时，国家发展改革委还多次组织国家发展规划专家委员会专家进行详细讨论、专业咨询和专题论证，并正式向国务院提交论证报告。论证报告随同《纲要》一起报送全国人民代表大会，作为审议《纲要》的重要参考。

"十二五"规划延续了"十一五"规划时邀请全社会广泛参与的制度。国家发展改革委在门户网站上开辟建言献策专栏，公开征集公众意见。此外，还有以下全社会广泛参与的渠道：国务院召开"十二五"规划座谈会，直接听取各地区、各部门领导的意见；直接向党中央、国务院各部门书面征求意见；召开老同志座谈会听取意见；由国家发展改革委征求香港和澳门特别行政区的意见；由全国人民代表大会财政经济委员会、全国政协召开会议，提出修改意见；由国务院总理多次主持召开专家、企业家、工人、农民等方面的座谈会，征求意见；由全国人民代表大会财政经济委员会等对《纲要》进行初审；由各地区人民代表大会常务委员会组织全国人大代表提前审议《纲要》；由中共中央主持召开民主党派等方面的座谈会，征求意见。

在上述工作的基础上，《纲要》先提交国务院常务会议和国务院全体会议审议，后又提交中央政治局常委会和中央政治局会议审定。随后，正式提交第十一届全国人民代表大会第四次会议审议。2011年3月，十一届全国人大四次会议批准了《纲要》。

三、"十二五"规划的主要目标

根据"十二五"规划，这一时期中国经济社会发展的主要目标是，转变经济发展方式取得实质性进展，综合国力、国际竞争力、抵御风险能力显著提高，人民物质文化生活明显改善，主要包括四个方面：

一是经济平稳较快发展。国内生产总值年均增长7%，城镇新增就业4 500万人，城镇登记失业率控制在5%以内，价格总水平基本稳定，国际收支趋向基本平衡，经济增长质量和效益明显提高。

二是结构调整取得重大进展。居民消费率上升,农业基础进一步巩固,工业结构继续优化,战略性新兴产业发展取得突破,服务业增加值占国内生产总值比重提高4个百分点,城镇化率提高4个百分点,城乡区域发展的协调性进一步增强。

三是科技教育水平明显提升。九年义务教育质量显著提高,九年义务教育巩固率达到93%,高中阶段教育毛入学率提高到87%。研究与试验发展经费支出占国内生产总值比重达到2.2%,每万人口发明专利拥有量提高到3.3件。

四是资源节约环境保护成效显著。耕地保有量保持在18.18亿亩。单位工业增加值用水量降低30%,农业灌溉用水有效利用系数提高到0.53。非化石能源占一次能源消费比重达到11.4%。单位国内生产总值能源消耗降低16%,单位国内生产总值二氧化碳排放降低17%。主要污染物排放总量显著减少,化学需氧量、二氧化硫排放分别减少8%,氨氮、氮氧化物排放分别减少10%。森林覆盖率提高到21.66%,森林蓄积量增加6亿立方米。

2011年起,"十二五"规划进入实施阶段。国务院按照职责分工将《纲要》提出的主要目标和任务分解落实到各地区、各部门,建立约束性指标的公报制度,将约束性指标纳入各地区、各部门经济社会发展综合评价和绩效考核,组织全国实施。

四、"十二五"时期取得重大成就

"十二五"规划进入具体实施阶段之初,形势依然严峻。最突出的困难就是,要继续应对国际金融危机的冲击。中共中央、国务院迎难而上,把握科学发展这个主题和加快转变经济发展方式这条主线,推进改革开放,加强和改善宏观调控,加大解决突出问题的工作力度,保障和改善民生,国民经济朝着宏观调控预期方向发展,各项社会事业取得明显进步。

为保持经济平稳较快发展，中共中央、国务院着力把握宏观调控的方向、力度和重点。2010年第四季度，针对一度出现的物价过快上涨势头，中共中央及时提出把保持物价总水平基本稳定作为宏观调控的首要目标。2011年第四季度，又提出加强预调微调的理念。2012年5月，明确提出把稳增长放在更加重要的位置，通过调整预算支出结构，实施结构性减税等措施，扭转了经济增速下降的趋势。"十二五"时期，国内生产总值年均增长7.8%（见图3-2），经济总量稳居世界第二位，成为全球第一货物贸易大国和主要对外投资大国。

为加快经济发展方式转变和拉动内需，中共中央出台了一系列措施。包括：不断加大支持"三农"的力度和范围；印发《国务院关于加快培育和发展战略性新兴产业的决定》；出台多项家电、汽车下乡的措施，促进热点消费；推出海南岛离岛免税购物政策，支持服务消费。"十二五"时期，经济结构出现转折性变化，消费对经济增长的拉动作用首次超过投资，第三产业增加值占国内生产总值比重首次超过第二产业，服务业成为中国第一大产业，城镇化率首次超过50%。基础设施水平全面跃升，高速铁路运营里程居世界首位。

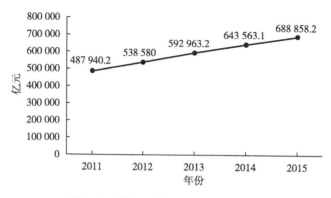

图3-2 "十二五"时期国内生产总值

为加强经济社会发展的核心支撑能力，实施科教兴国战略。教育公平迈出重大步伐，国民受教育程度大幅度提高。全社会研究与试验发展经费支出占国内生产总值比重稳步提高。基础研究和前沿技术研究取得一批突破性科技成果。"天宫一号"目标飞行器与"神舟八号"飞船先后成功发射并顺利交会对接。"蛟龙号"载人潜水器最大下潜深度达7 062米。第一艘航空母舰"辽宁舰"正式交付海军。

此外，"十二五"期间，中国许多重要领域的改革取得重要进展，民生事业得到充分保障和改善，人民生活水平显著提高，公共服务体系基本建立，新增就业持续增加，贫困人口大幅减少，基础设施水平全面跃升。对外开放持续开展，对外开放成绩显著，货物进出口总额和对外投资首次跃居世界第一位。常住人口城镇化率达到55%，单位国内生产总值能耗下降18.2%，主要污染物排放量减少12%以上。城镇新增就业人数超过6 400万人，农村贫困人口减少1亿多。铁路营业里程达到12.1万公里，其中，高速铁路超过1.9万公里，占世界的60%以上，高速公路通车里程超过12万公里，南水北调东、中线工程通水，建成全球最大的第四代移动通信网络。全面深化改革有力推进，深化国防和军队改革全面展开。全方位外交布局深入开展，实施共建"一带一路"倡议，发起设立亚投行、新开发银行和丝路基金。这些都为2020年全面建成小康社会奠定了坚实的基础。

第三节 "十三五"规划——践行新发展理念，全面建成小康社会

中国共产党第十六次全国代表大会提出，21世纪头20年全面建设惠及十几亿人口的更高水平的小康社会。十八大又进一步提

出全面建成小康社会。随着"十二五"规划的顺利完成，2016年开始的"十三五"时期，成为中国决胜全面建成小康社会的冲刺期。

一、适应新常态、把握新常态、引领新常态

"十二五"期间，中国经济继续取得重大而辉煌的成就。同时，经历改革开放数十年高速发展后的中国经济未来的发展态势究竟如何，也成为国内外热议的焦点。中共中央作出中国经济发展进入新常态的重大判断，回答了这一问题。

2013年12月，习近平在中央经济工作会议上提出要理性对待经济发展的新常态，指出：中国经济面临增长速度换挡期、结构调整阵痛期、前期刺激政策消化期"三期叠加"的状况[①]；要注重处理好经济社会发展各类问题，既防范增长速度滑出底线，又理性对待高速增长转向中高速增长的新常态。[②] 2014年5月，习近平在河南考察时，再次提及新常态，指出：中国仍处于重要战略机遇期，要增强信心，从当前中国经济发展的阶段性特征出发，适应新常态，保持战略上的平常心态。[③]

2014年11月，习近平又详细阐释了新常态的特点。在亚太经济合作组织工商领导人峰会上，他说道：一是从高速增长转为中高速增长；二是经济结构不断优化升级，第三产业、消费需求逐步成为主体，城乡区域差距逐步缩小，居民收入占比上升，发展成果惠及更广大民众；三是从要素驱动、投资驱动转向创新驱动。[④]

---

① 中共中央文献研究室编：《习近平关于社会主义经济建设论述摘编》，中央文献出版社，2017年，第73页。
② 同上书，第319页。
③ 同上书，第73页。
④ 同上书，第74页。

一个月后，习近平在中央经济工作会议上，对新常态下的经济发展趋势，从消费需求、投资需求、出口和国际收支、生产能力和产业组织方式、生产要素相对优势、市场竞争特点、资源环境约束、经济风险积累和化解以及资源配置模式、宏观调控方式等方面进行了进一步分析。他明确指出，中国经济正在向形态更高级、分工更复杂、结构更合理的阶段演化。中国经济发展进入新常态后，增长速度正从10%左右的高速增长转向7%左右的中高速增长，经济发展方式正从规模速度型粗放增长转向质量效率型集约增长，经济结构正从增量扩能为主转向调整存量、做优增量并举的深度调整，经济发展动力正从传统增长点转向新的增长点。①

在"十二五"规划即将完成之时，2015年12月，习近平再次指出，明确中国经济发展进入新常态，是综合分析世界经济长周期和中国发展阶段性特征及其相互作用作出的重大判断。展望未来的经济发展方式，他提出：尽管粗放型经济发展方式曾发挥了很大的作用，但是现阶段的国内、国际条件都不支持延续这样的发展方式，要发挥中国经济巨大潜能和强大优势，必须加快转变经济发展方式。而且，通过转变经济发展方式实现持续发展、更高水平发展，是中等收入国家跨越"中等收入陷阱"必经的阶段。

在充分认识新常态的基础上，习近平多次号召，要适应新常态、引领新常态。2016年1月，他在省部级主要领导干部学习贯彻中共十八届五中全会精神专题研讨班上指出，新常态下，尽管中国经济面临较大下行压力，但中国仍处于发展的重要战略机遇

---

① 中共中央文献研究室编：《十八大以来重要文献选编》（中），中央文献出版社，2016年，第245页。

期，经济发展长期向好的基本面没有变，经济韧性好、潜力足、回旋空间大的基本特质没有变，经济持续增长的良好支撑基础和条件没有变，经济结构调整优化的前进态势没有变。① 同月，他还主持会议，研究供给侧结构性改革方案，作为适应新常态、引领新常态的重要应对举措。

综上可知，适应新常态、把握新常态、引领新常态，是中国在新的历史条件下制定"十三五"规划的基本要求。正如习近平所强调的，"十三五"规划作为我国经济发展进入新常态后的第一个五年规划，必须适应新常态、把握新常态、引领新常态。

二、"发展理念搞对了，目标任务就好定了，政策举措也就跟着好定了"

面对新一轮科技革命、产业革命、能源革命方兴未艾，全球化在曲折中前进，全球治理体系发生深刻变化的国际环境，面对中国经济发展进入新常态的国内形势，中共中央理念先行，科学地领导了"十三五"规划的编制工作。

2013年4月，国家发展改革委启动了"十二五"规划中期评估，邀请清华大学国情研究院、中国经济改革研究基金会国民经济研究所等开展了第三方独立评估；通过调查研究、发放问卷的方式广泛征求意见，形成了《国务院关于〈中华人民共和国国民经济和社会发展第十二个五年规划纲要〉实施中期评估报告》，并于2013年12月25日由十二届全国人大常委会第六次会议审议通过。

2014年4月17日，全国"十三五"规划编制工作电视电话会议在北京召开，正式启动了相关工作。4月23日，国家发展改革

---

① 中共中央文献研究室编：《习近平关于社会主义经济建设论述摘编》，第97页。

委发布了25个前期研究的重大课题，并开展了基础调查、信息搜集、重点课题调研以及纳入规划重大项目的论证等前期工作。9月，国家发展改革委在杭州召开"十三五"规划基本思路研究座谈会，征求黑龙江、上海、浙江等九省（区、市）的意见。2014年年底，"十三五"规划的基本思路初步形成，提交党中央和国务院。

2015年1月，中共中央政治局决定在中共十八届五中全会上审议"十三五"规划建议，并成立文件起草组，在中央政治局常委会领导下承担建议稿起草工作。文件起草组由中共中央总书记习近平担任组长，李克强、张高丽担任副组长，有关部门和地方负责同志参加起草工作。1月底，中共中央发出《关于对党的十八届五中全会研究"十三五"规划建议征求意见的通知》，在党内一定范围征求意见和建议。2月，文件起草组召开第一次全体会议，建议稿起草工作正式启动。会上，习近平要求建议起草工作要坚持解放思想、开拓创新，搞出一个"耳目一新、实用管用"的规划建议。5—7月间，习近平先后三次开展专题调研，中央政治局常委共开展26次调研，足迹遍布19个省份。

在"十三五"规划建议起草过程中，习近平四次主持召开中央政治局常委会会议、两次主持召开中央政治局会议审议建议稿，提出一系列重要指导意见。"十三五"规划建议还先后向120多家单位、部分党内老同志、党代表、党外人士征求意见和建议，并进行修改完善。在习近平的亲自领导下，《中共中央关于制定国民经济和社会发展第十三个五年规划的建议》的起草工作，突出强调理念先行。2015年3月，习近平在主持召开党的十八届五中全会文件起草组第二次全体会议时，明确要求，"十三五"规划建议要把发展理念梳理好、讲清楚，为"十三五"时期我国经济社会发展指好道、领好航。① 10月，他在中共十八届五中全会上强调，发展理念是发展行动的先导，是管全局、管根本、管方法、管长远的东西，是发展思路、发展方向、发展着力点的集中体现。发展理念搞对了，目标任务就好定了，政策举措也就跟着好定了。②在这次全会上，他还提出要以新的发展理念引领发展；阐明创新、协调、绿色、开放、共享发展理念的内涵；强调五大发展理念相互贯通、相互促进，是具有内在联系的集合体，要统一贯彻，不能顾此失彼，也不能相互替代。③

五大发展理念，反映了改革开放以来中国的发展经验，反映了中国共产党对中国发展规律的认识。因此，《中共中央关于制定国民经济和社会发展第十三个五年规划的建议》（以下简称《建议》），以新发展理念为主线，突出战略性、客观性、思想性，在谋篇布局上相比以往有大的突破。《建议》首次提出，将生态文明建设在五年规划中单列一章，将"生态环境治理质量总体改善"列入新的目标要求，并且用大量篇幅阐释"绿色发展"理念。《建议》首次将关于"开放发展"的内容单列一章。《建议》首次提出，各级各类规划要增加明确反映创新、协调、绿色、开放、共享发展理念的指标。

在理念先行的基础上，《建议》提出"十三五"时期，中国经济建设的目标要求包括：经济保持中高速增长，在提高发展平衡性、包容性、可持续性的基础上，到2020年国内生产总值和城乡居民人均收入比2010年翻一番；主要经济指标平衡协调，发展空间格局得到优化，投资效率和企业效率明显上升，工业化和信息

---

① 秦杰、韩洁、华春雨：《全面建小康 扬帆再起航——〈中共中央关于制定国民经济和社会发展第十三个五年规划的建议〉诞生记》，《人民日报》，2015年11月5日。
② 中共中央文献研究室编：《十八大以来重要文献选编》（中），第774页。
③ 习近平：《习近平谈治国理政》第二卷，外文出版社，2017年，第197—200页。

化融合发展水平进一步提高，产业迈向中高端水平，先进制造业加快发展，新产业新业态不断成长，服务业比重进一步上升，消费对经济增长贡献明显加大；户籍人口城镇化率加快提高；农业现代化取得明显进展；迈进创新型国家和人才强国行列；收入差距缩小，中等收入人口比重上升；中国现行标准下农村贫困人口实现脱贫，贫困县全部摘帽，解决区域性整体贫困；开放型经济新体制基本形成。

中共十八届五中全会审议并通过了《建议》。全会强调，实现"十三五"时期发展目标，破解发展难题，厚植发展优势，必须牢固树立并切实贯彻创新、协调、绿色、开放、共享的发展理念。

新发展理念是针对新时代中国发展面临问题所做的回答，也是习近平新时代中国特色社会主义经济思想的重要组成部分。根据《建议》，国务院制定了《中华人民共和国国民经济和社会发展第十三个五年规划纲要》（以下简称《纲要》）。2016年3月，十二届全国人大四次会议表决通过了《纲要》。

三、中国人民的共同愿景

根据《建议》编制的《纲要》，阐明了国家战略意图，明确了经济社会发展的目标、任务和举措，是市场主体的行为导向，是政府履职的重要依据，是全中国人民的共同愿望。

按照全面建成小康社会的目标要求，《纲要》规定"十三五"时期经济社会发展的主要目标有：

一是经济保持中高速增长。在提高发展平衡性、包容性、可持续性基础上，到2020年国内生产总值和城乡居民人均收入比2010年翻一番，主要经济指标平衡协调，发展质量和效益明显提高。产业迈向中高端水平，农业现代化进展明显，工业化和信息化融合发展水平进一步提高，先进制造业和战略性新兴产业加快发展，新产业新业态不断成长，服务业比重进一步提高。

二是创新驱动发展成效显著。创新驱动发展战略深入实施，创业创新蓬勃发展，全要素生产率明显提高。科技与经济深度融合，创新要素配置更加高效，重点领域和关键环节核心技术取得重大突破，自主创新能力全面增强，迈进创新型国家和人才强国行列。

三是发展协调性明显增强。消费对经济增长贡献继续加大，投资效率和企业效率明显上升。城镇化质量明显改善，户籍人口城镇化率加快提高。区域协调发展新格局基本形成，发展空间布局得到优化。对外开放深度广度不断提高，全球配置资源能力进一步增强，进出口结构不断优化，国际收支基本平衡。

四是人民生活水平和质量普遍提高。就业、教育、文化体育、社保、医疗、住房等公共服务体系更加健全，基本公共服务均等化水平稳步提高。教育现代化取得重要进展，劳动年龄人口受教育年限明显增加。就业比较充分，收入差距缩小，中等收入人口比重上升。我国现行标准下农村贫困人口实现脱贫，贫困县全部摘帽，解决区域性整体贫困。

五是国民素质和社会文明程度显著提高。中国梦和社会主义核心价值观更加深入人心，爱国主义、集体主义、社会主义思想广泛弘扬，向上向善、诚信互助的社会风尚更加浓厚，国民思想道德素质、科学文化素质、健康素质明显提高，全社会法治意识不断增强。公共文化服务体系基本建成，文化产业成为国民经济支柱性产业。中华文化影响持续扩大。

六是生态环境质量总体改善。生产方式和生活方式绿色、低碳水平上升。能源资源开发利用效率大幅提高，能源和水资源消耗、建设用地、碳排放总量得到有效控制，主要污染物排放总量大幅减少。主体功能区布局和生态安全屏障基本形成。

七是各方面制度更加成熟更加定型。国家治理体系和治理能力现代化取得重大进展，各区域基础性制度体系基本形成。人民民主更加健全，法治政府基本建成，司法公信力明显提高。人权得到切实保障，产权得到有效保护。开放型经济新体制基本形成，中国特色现代军事体系更加完善。党的建设制度化水平显著提高。

《纲要》规定"十三五"时期经济社会发展主要指标为：2020年国内生产总值超过92.7万亿元，五年年均增速6.5%；2020年常住人口城镇化率达到60%；居民人均可支配收入五年年均增速超过6.5%；五年城镇新增就业人数超过5 000万人；五年农村贫困人口脱贫5 575万人。

四、"十三五"时期取得举世瞩目的成就

"十三五"时期，在经济进入新常态的情况下，面对错综复杂的国际政治经济环境和艰巨繁重的国内改革发展任务，中国通过实施供给侧结构性改革、打赢"三大攻坚战"、推进经济高质量发展等举措，经济社会发展取得显著成效（见图3-3），人均国内生产总值超过1万美元。

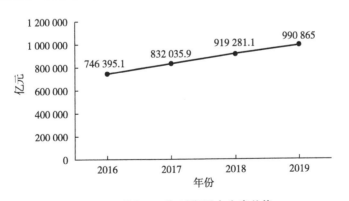

图3-3 "十三五"时期国内生产总值

经济实力大幅度提升。2019年，国内生产总值达到990 865亿元，对世界经济增长的贡献率达到30%左右。2019年，居民人均

可支配收入达到 30 733 元，中等收入群体规模持续扩大。中国成为新冠肺炎疫情暴发以来，全球唯一同期实现经济正增长的主要经济体。

经济结构不断优化。研发经费投入总量居世界第二，载人航天、探月工程、超级计算、量子通信等领域取得重大科技成果。2019 年，规模以上高技术产业增加值占比为 14.4%，信息传输、软件和信息技术服务业等新兴服务业成为助推服务业持续增长的新动能。

"三大攻坚战"成就举世瞩目。脱贫攻坚取得决定性成就，现行标准下农村贫困人口全部脱贫、贫困县全部摘帽的目标任务如期实现，困扰中华民族几千年的绝对贫困问题得到历史性解决。重大生态保护和修复工程持续推进，污染防治阶段性目标顺利实现，生态环境质量总体改善。防范化解重大风险取得积极成效，金融等领域风险隐患得到有效控制。

城乡区域发展协调性不断增强。乡村振兴战略加快实施，农村生产生活条件显著改善。新型城镇化质量稳步提高，都市圈建设有序推进。区域协调发展战略深入实施。重大区域发展战略高质量推进。

全面深化改革取得重大突破。中国特色社会主义制度更加完善，主要领域基础性制度体系基本形成，党和国家机构改革取得重大成效，国家治理体系和治理能力现代化水平明显提高，经济社会发展动力活力进一步增强。

开放型经济新格局加快构建。共建"一带一路"不断走深走实。外贸发展稳中提质，货物贸易进出口总值 2019 年位居世界第一。开放型经济新体制加快构建，设立 21 个自由贸易试验区，海南成为内地第一个自由贸易港。"引进来"和"走出去"水平持续提升。

人民生活水平显著提高。初步构建起覆盖全民的基本公共服务体系，基本公共服务均等化水平稳步提高。多层次社会保障体系加快构建，保障性安居工程建设加快推进。教育现代化取得积极进展。健康中国建设扎实推进，人民健康和医疗卫生水平不断提高，新冠肺炎疫情防控取得重大战略成果，居民平均预期寿命2019年达77.3岁，比世界平均预期寿命高近5岁。[①]

"十三五"规划在实施过程中积累的经验表现在如下几个方面：一是更加重视新发展理念引领，注重系统论和全局观。十八届五中全会通过的《中共中央关于制定国民经济和社会发展第十三个五年规划的建议》，首次提出了"创新、协调、绿色、开放、共享"的五大发展理念。新发展理念为经济转型提供了理论基础，深入人心，作用持久。二是更加重视全面深化改革，大力推动经济高质量发展。坚持把供给侧结构性改革主线贯穿于宏观调控全过程，不断破除发展面临的体制机制障碍。三是更加重视更高水平开放，全面激发内生动力和市场活力。以开放发展理念作为指导，通过更高水平开放促进改革、创新、合作，促进互利多赢；全面激发内生动力和市场活力，实现经济更平衡、更充分、更具包容性的发展。四是更加重视保持战略定力，宏观调控有效性显著提高。"十三五"时期，中国经济进入新常态，宏观调控思路有重大转变，即转为主要稳定经济增速、主要防控通货紧缩、主要防范资产泡沫破裂、主要促进转型升级、主要激发市场活力。中国宏观经济的稳定性增强，国内生产总值增长率的波动幅度有所收窄。五是更加重视发挥规模经济效应，努力建设强大国内市场。六是更加重视贯彻以人民为中心的发展思想，发展协调性持续增

---

① 中共国家发展改革委党组理论学习中心组：《"十三五"时期我国经济社会发展成就与经验启示》，《人民日报》，2020年9月22日。

强。七是更加重视补短板和强弱项,"三大攻坚战"成效显著。

中国"十三五"时期取得了显著的成绩,同时,也面临不少经济社会发展的困难和挑战。一是关键核心技术"卡脖子"问题凸显,新旧动能转换任务艰巨。二是传统制造业企业外迁加快,产业发展面临两端挤压。三是全球疫情大流行损害了供应链,产业链、供应链安全问题更加突出。四是社会发展短板明显,社会治理体系尚不完善。五是一些基础性改革滞后,资源配置效率和全要素生产率有待提高。六是世界经济增长低迷,国际经贸摩擦加剧,国内经济下行压力加大。这些困难和挑战在"十四五"时期应予以重点关注,并需加快推动解决。

第四章　中国式规划图谱

回首"一五"到"十三五",中国走过了近70年的光辉历程,创造了独具特色的中国式规划,也形成了"规划先行"引领经济社会发展的科学治理机制。中国式规划是一套覆盖经济社会发展方方面面的规划大体系,无论是在近期还是在远期,无论是在整体领域还是在各个重要领域,都有不同层次、不同类别的规划。

中国式规划有独特的优势。首先,从时间维度看,中国式规划处于持续演变和完善的过程中,这主要源于规划制定者非常强的"干中学"能力,始终坚持目标导向、问题导向、结果导向,并在实践经验中不断学习,这在其他国家是少有的。其次,规划具有很强的灵活性。在规划编制的过程中,往往不用过多顾及是否有法律法规作为依据,有的内容常常以试验的方式启动,之后在试验过程中会出现执行、适应、修改、再执行的反复。规划实施的过程建立在中央、各级政府、市场互动的基本模式之上,即党中央、国务院确定规划目标，并激励各级政府、引导市场主体因地制宜地实施规划，各级政府和市场主体在实施规划过程中不断给予中央反馈，并推动政策调整。因中国地域辽阔、各地差异较大，这种反复试验及不断反馈的机制非常适合采用多样化的政策工具和培育不同的动员组织模式，这让中央无论面对何种情况都能灵活应对。①

为了系统描绘中国式规划的图谱，本章将阐述中国式规划的"四梁八柱"、发展演变、历史经验等内容。

第一节　四梁八柱

一、嵌入国家治理的规划制度

1. 规划的性质

以规划引领经济社会发展，是中国国家治理的重要形式。从性质来看，首先，规划是党治国理政的重要方式，也是党领导经济社会发展工作的重要机制。党的十六届四中全会提出党按照"总揽全局，协调各方"的原则领导经济社会发展工作，主要任务是"把握方向，谋划全局，提出战略，制定政策，推动立法，营造良好环境"。"把握方向，谋划全局"就是指党通过对国内外形势的深刻研判，确定经济社会发展的目标方向和总体路径，在经济社会发展的具体事务中主要发挥领导作用，而不是具体执行。由于规划具有战略性、全局性、系统性和前瞻性的特点，因此，党在治国理政的长期实践中把规划作为领导经济社会发展的主要形式。

其次，规划是凝聚国家共识的过程。规划的编制起草过程需

---

① 〔德〕韩博天：《红天鹅——中国独特的治理和制度创新》，石磊译，第11—12页。

要有效沟通各方诉求,是反复进行协商、协调、反馈、评估、调整的政策过程,通过自上而下的动力机制、自下而上的信息传导机制、自上而下的决策机制等,寻找社会的"最大公约数"。因此,规划本质上是社会共识的产出结果和表现形式。这一过程有利于社会各方形成实施规划的自觉,在规划蓝图的引领下,一个五年接着一个五年,齐心协力瞄准规划目标迈进,创造了中国经济社会发展的奇迹。

最后,规划是统筹社会各方行动的工具。规划是国家未来一段时期内的发展蓝图,是社会各方共同实现国家发展目标的基本路径,其既是各级政府的履职依据,也能为市场主体提供信息激励和行为边界,因此是统筹有为政府和有效市场行动的重要政策工具。规划内容是政府履职的重要依据(有的地方甚至称规划为"管红头文件的文件"),既界定了政府履职的权责范围,也保障了政府政策的统筹性、长远性和延续性,避免短视化、隐性政策的干扰或者民粹主义的裹挟。此外,比如产业规划可以通过为市场主体提供激励,以及对各级政府提出要求,引导资源向国家战略意图的产业领域配置;土地规划可以为市场主体和各级政府提供行动边界,划清生产、生活、生态空间界限,避免土地开发中的无序无度。

2. 规划的形式

从规划的形式来看,2005年,《国务院关于加强国民经济和社会发展规划编制工作的若干意见》提出建立"三级三类规划管理体系"。三级是指按行政层级分为国家级规划、省(区、市)级规划、市县级规划;三类是指按对象和功能类别分为总体规划、专项规划、区域规划。

居于规划体系最上位的是国家级总体规划,即中华人民共和国国民经济和社会发展五年规划纲要(简称"五年规划"),是国民经济和社会发展的战略性、纲领性、综合性规划，是编制本级和下级各类规划以及制定有关政策和年度计划的总依据。一般而言，被称为五年规划的文件包括规划正式公布前一年国务院起草、党中央批准的规划建议和第二年全国人大通过的规划纲要。规划建议在内容上重点是确立发展理念，明确发展的方向、思路、重点任务、重大举措，发挥宏观性、战略性、指导性的作用，而一些具体的工作部署则是规划纲要去规定。①

五年规划公布后，国务院各部门和地方各级政府就开始制定各级各类的规划。这些规划包含了比五年规划更详细的政策措施，是把五年规划中所提出的宏观目标落实到具体行动中的重要中间环节。通过制定各级各类规划，五年规划被一步步细化，形成了一个层层叠叠相互联系的政策网络。这个网络贯穿整个五年规划实施期间，覆盖国务院各个部门、省市县等各级政府。② 经过多年的实践探索，我国已建立了以五年规划为统领，各级各类专项规划、区域规划、城市规划、土地规划（空间规划）等为支撑的发展规划体系。

专项规划是以国民经济和社会发展特定领域为对象编制的规划，是总体规划在特定领域的细化，也是政府指导该领域发展以及审批、核准重大项目，安排政府投资和财政支出预算，制定特定领域相关政策的依据。根据国务院2005年对规划编制工作的解释，专项规划原则上限于关系国民经济和社会发展大局的领域，这些领域包括基础设施建设，如农业、水利、能源、交通、通信等；重要资源的开发保护，如土地、水、海洋、煤炭、石油、天然气等；公共事业和公共服务，如生态建设、环境保护、防灾减

---

① 习近平：《关于〈中共中央关于制定国民经济和社会发展第十三个五年规划的建议〉的说明》，《人民日报》，2015年11月4日。

② 鄢一龙：《目标治理——看得见的五年规划之手》，第211—215页。

灾，科技、教育、文化、卫生、社会保障、国防建设等；需要政府扶持或者调控的产业等。①

区域规划是以跨行政区的特定区域国民经济和社会发展为对象编制的规划，是总体规划在特定区域的细化和落实。最早的区域规划是20世纪90年代末出台的西部大开发规划，目的是加大对西部地区基础建设的投资，解决发展瓶颈问题。此后，我国编制了多个区域规划，比如以改造老工业基地为主的《东北地区振兴规划》，以发展世界一流产业和服务产业群为目标的《长江三角洲地区区域规划》，以及促进地区融合和加强产业分工合作的《珠江三角洲地区改革发展规划纲要（2008—2020年）》，等等。②

城市规划是指为了实现一定时期内城市经济社会发展目标，确定城市性质、规模和发展方向，合理利用城市土地，协调城市空间布局和各项建设所做的综合部署与具体安排，包括省、市、县三级的城镇体系规划、单个城市的总体规划、建设规划以及乡村规划等。作为城市建设和管理的基础与龙头，城市规划自中华人民共和国成立伊始即受到高度重视。1990年实施的《中华人民共和国城市规划法》，对城市规划的定位、编制和实施作出了明确规定。2008年，《中华人民共和国城乡规划法》颁布实施，进一步拓展了规划的范围，将乡和村庄也纳入城市规划范围。③

土地规划是指为实现一定的经济社会发展目标，对在一定区域内各类用地的结构和布局进行调整或配置的长期计划，是社会经济可持续发展的要求和当地自然、经济、社会条件对土地开发、

---

① 《国务院关于加强国民经济和社会发展规划编制工作的若干意见》，2005年10月22日。

② 〔德〕韩博天：《红天鹅——中国独特的治理和制度创新》，石磊译，第140—152页。

③ 杨开忠：《新中国70年城市规划理论与方法演进》，《管理世界》，2019年第12期，第17—27页。

利用、治理、保护在空间上、时间上所做的总体战略性布局和统筹安排，也称国土规划、空间规划等。我国的土地规划从20世纪80年代初开始，对经济社会的可持续发展、资源的节约型利用、加强环境保护作出了重要贡献。[1]

3. 规划的功能

从中华人民共和国的发展历史来看，作为国家治理的重要形式，规划的功能包括以下几个方面：

第一，根据发展规律，引领发展方向。经济社会发展的不同阶段有不同的发展规律，但这并不必然是一个社会的共识，因此需要规划来引领整个国家发展的战略方向。比如改革开放后，我国从计划经济体制向市场经济体制转型，但在改革方向方面有许多不同的意见，第九个五年规划明确提出积极发展和完善市场体系，充分发挥市场机制的作用，转变政府职能，形成以间接方式为主的宏观调控体系，为全社会提出了明确的改革和发展方向。

第二，根据发展需要，引导资源配置。计划和市场都是资源配置的方式，而规划可以统筹计划和市场两种资源配置方式，在经济发展的不同阶段集中力量解决发展瓶颈问题。比如，在我国工业化的初期，资金严重缺乏，第一个五年规划的编制与实施快速地动员和集中资源，以推动工业化，"156项工程"为我国工业体系的建设打下了重要基础。再比如，在应对国际金融危机之时，中国通过规划推出一揽子经济刺激计划，引导计划和市场优化资源配置，迅速实现经济复苏。

第三，根据发展要求，提供公共服务。公共服务是政府提供的重要公共产品，规划的一项重要功能是根据发展要求，明确政

---

[1] 杨永恒、陈升：《现代治理视角下的发展规划——理论、实践和前瞻》，第120—132页。

府提供公共服务的目标和时间表。"六五"期间,经济计划改为国民经济和社会发展计划,首次增加了社会发展计划、内容与指标。"十一五"规划首次界定了公共服务的11个领域(包括义务教育、公共卫生、社会保障、社会救助、促进就业、减少贫困、防灾减灾、公共安全、公共文化、基础科学与前沿技术以及社会公益性技术研究、国防等),并分别提出各个领域的规划指标。这些指标成为政府履职考核的重要依据,也是公众监督政府的明确标准,对推动政府公共服务供给发挥了重要作用。①

二、规划编制和实施流程

1. 规划编制主体

规划编制主体是负责或参与规划编制的人或组织。当前,我国五年规划编制的主体包括中国共产党、全国人民代表大会、国务院、政协、政府部门、公众以及专家。

第一,中国共产党。中国共产党是国家决策的中枢机构,宪法和党章都规定了中国共产党在国家事务中的领导核心作用。从"一五"到"十三五",尽管经历了不同类型的规划决策过程,但党始终在规划编制中发挥核心作用,并负责批准制定五年规划的建议。

第二,全国人民代表大会。全国人民代表大会是我国的最高权力机关,审查和批准国民经济和社会发展规划纲要是全国人民代表大会的法定职权。此外,全国人民代表大会还参与国务院组织的规划前期调研工作和规划纲要修订工作。

---

① 胡鞍钢、鄢一龙、吕捷:《中国发展奇迹的重要手段——以五年计划转型为例(从"六五"到"十一五")》,《清华大学学报(哲学社会科学版)》,2011年第1期,第43—52页。

第三，国务院。国务院是最高国家行政机关，负责起草、编制五年规划，同时提出规划内容的动态调整建议。①

第四，中国人民政治协商会议。中国人民政治协商会议是专门的协商机构，主要通过参与规划调研、召开政协专题议政性常委会会议、协商会议等形式对规划编制提出建议。

第五，国家发展改革委。作为国务院的职能机构，国家发展改革委的职责之一就是拟定并组织编制五年规划，并负责各级各类规划的衔接和协调，所有报请党中央、国务院批准的各级各类规划都需事先经国家发展改革委与五年规划进行统筹衔接。

第六，公众。随着社会发展和民主制度的完善，公众参与规划编制日益受到重视。比如，在我国"十二五"和"十三五"规划编制过程中，国家发展改革委开辟建言献策专栏，公开征集公众对于规划编制的意见。

第七，专家。我国已基本形成了完善的专家参与规划编制的制度。从"十一五"规划开始，我国组建了国家规划专家委员会（后更名为国家发展规划专家委员会），以完善重大决策的科学化、民主化、规范化决策程序，进一步提高规划编制过程的社会参与度和透明度。此外，国家发展改革委还会定期发布国家发展规划研究课题征集报告，面向社会各领域专家公开招标。②

2. 规划编制基本流程

当前，我国五年规划编制的流程大致可以分为中期评估、前期研究、形成基本思路、党中央起草建议、通过中央建议、起草纲要草案、广泛征求内外部意见、审议与发布纲要等8个步骤，一

---

① 《中共中央 国务院关于统一规划体系更好发挥国家发展规划战略导向作用的意见》，2018年11月18日。
② 杨永恒、陈升：《现代治理视角下的发展规划——理论、实践和前瞻》，第116—132页。

般历时3年左右。① 接下来，我们以"十二五"规划编制为例，论述五年规划编制的基本流程。

第一，"十一五"中期评估（2008年3月至2008年12月）。2008年3月，国家发展改革委组织开展"十一五"规划中期评估。中期评估主要包括三类：（1）各部委对本部门"十一五"规划实施情况进行评估；（2）省、自治区、直辖市、计划单列市和新疆生产建设兵团对本级政府的"十一五"规划实施情况进行评估；（3）委托第三方进行独立评估。国家发展改革委还采取了实地调查研究、召开有关方面座谈会、对专家和研究机构及企事业单位开展问卷调查等方式，广泛听取各方面意见。在综合各方面报告和意见的基础上，国家发展改革委起草了《〈中华人民共和国国民经济和社会发展第十一个五年规划纲要〉实施中期评估报告》，并于2008年12月24日向十一届全国人民代表大会常务委员会第六次会议报告。

第二，前期研究（2008年11月至2009年12月）。前期研究包括基础调查、信息搜集、课题研究以及重大规划项目论证等工作。2008年11月6日，国家发展改革委布置开展"十二五"规划前期重大问题研究工作，提出了包含8大领域39个题目的"十二五"规划前期重大问题，通过委托研究和公开招标相结合的方式，组织国务院发展研究中心、中国社会科学院、中国科学院等70多家科研机构，对国民经济和社会发展各领域的重大问题进行深入研究，形成70余篇、500多万字的研究报告，对"十二五"规划的编制提供了重要参考。

第三，形成"十二五"规划的基本思路（2009年12月至2010年2月）。根据前期研究成果，国家发展改革委起草了"十二

---

① 王绍光、鄢一龙：《大智兴邦——中国如何制定五年规划》，第2页。

五"基本思路意见稿,在征求各方面意见之后,向党中央、国务院汇报。中央政治局详细讨论了基本思路,并向各方通报,进行政治动员,统一思想认识。

第四,党中央起草《中共中央关于制定国民经济和社会发展第十二个五年规划的建议》(以下简称《建议》)(2010年2月至2010年10月)。2010年2月,中央成立《建议》起草小组,起草小组主要由国务院研究室、国家发展改革委以及各部门人员组成。起草小组组成专题调研组分赴各地调研,形成思路并起草送审提纲。根据中央领导人对送审提纲的指示以及各方面的意见,起草小组开始集中起草《建议》。中央政治局常委多次听取汇报,中央政治局也对《建议》进行多次讨论。同期,全国人大、全国政协还分别赴全国各地就"十二五"规划编制进行专题调研,为"十二五"规划编制提供咨询。2009年年末到2010年年初,国家发展改革委赴东部、西部、中部、东北部四个地区开展专题调研,并召开了四个地区"片会",听取地方政府和有关方面对于"十二五"规划思路的意见和建议。

第五,通过《建议》(2010年10月)。中共十七届五中全会审议和通过了《建议》,并正式对外公布。《建议》分析了国内外形势,并根据中国基本国情和发展阶段,提出经济社会的主要目标、指导方针、重要原则、重点战略和主要任务,为制定"十二五"规划纲要奠定基础。

第六,起草《国民经济和社会发展第十二个五年规划纲要(草案)》(以下简称《纲要(草案)》)(2010年10月至2011年2月)。在《建议》起草期间,国家发展改革委也在同步起草《纲要(草案)》。在2010年10月《建议》正式公布之后,国家发展改革委也形成了《纲要(草案)》的初稿,并于2010年12月召开的全国发展和改革工作会议上,与各地方、各部门、各行业协会进行信息沟通，直接听取意见，并进行了不同规划之间的衔接和协调。

第七，广泛征求内外部意见（2010年10月至2011年1月）。《纲要（草案）》形成后，国家发展改革委多次组织专家进行详细讨论、专业咨询和专题论证，并向国务院提交论证报告，随同《纲要（草案）》一起报送全国人民代表大会，作为审议《纲要（草案）》的重要参考。此外，国家发展改革委门户网站开辟建言献策专栏，公开征集公众意见。同时，由国务院召开"十二五"规划座谈会，直接听取各地区、各部门领导的意见，向党中央、国务院各部门书面征求意见，召开老同志座谈会听取意见；由国家发展改革委征求香港和澳门特别行政区的意见；由全国人民代表大会财政经济委员会、全国政协召开会议，听取《纲要（草案）》的汇报，直接提出修改意见；由国务院总理多次主持召开专家、企业家、工人、农民等方面的座谈会；由全国人民代表大会专门委员会等对《纲要（草案）》进行初审；由各地区人民代表大会常务委员会组织全国人大代表提前审议《纲要（草案）》；由中共中央主持召开民主党派等方面的座谈会。在此基础上，《纲要（草案）》提交国务院常务会议和国务院全体会议审议；提交中央政治局常委会和中央政治局会议审定，最后正式提交全国人民代表大会审议。

第八，审议与发布《国民经济和社会发展第十二个五年规划纲要》（以下简称《纲要》）（2011年3月）。2011年3月，第十一届全国人民代表大会召开第四次会议，审议并正式批准《纲要》。① 2011年3月16日，新华社授权发布《纲要》，正式向全社会公开

---

① 全国人大财政经济委员会办公室、国家发展和改革委员会发展规划司编：《建国以来国民经济和社会发展五年计划重要文件汇编》，中国民主法制出版社，2008年，第793—795页。

了《纲要》文本。①

3. 规划实施基本流程

《纲要》经人大通过以后，便进入实施阶段。《纲要》指出，规划有效实施，要在中国共产党的领导下，更好履行各级政府职责，最大程度地激发各类主体的活力和创造力，形成全党全国各族人民全面建成小康社会的强大合力。

规划实施一般分为制定实施政策、组织实施、规划评估等阶段。全国人民代表大会审议通过《纲要》后，国家各部委、各省市政府会根据《纲要》制定公布一系列实施规划，这些实施规划为具体实施《纲要》提供了初步的细节。此外，国家各部委以及各级地方政府、发展改革委等会继续以"决定""意见""方案""细则"和"方法"等形式发布一系列文件，指导规划的具体实施和协调工作。这些文件的内容包括明确负责协调、实施、监督和评估的部门、任务、时间表，并对如何评估和衡量工作进程提供初步的指导。各部门接到任务后，会再制定一系列"工作方案"和"实施方案"，进一步详细说明本部门将如何实现规划目标。这些"工作方案"可能需要一到两年才能出台，其中有很多措施是根据政策试验或地方自主创新的经验制定而成的。

在组织实施的过程中，五年规划的约束性指标以及重大工程、重大项目、重大政策和重要改革任务一般会落实到各个责任单位，列入各级党委（党组）和政府年度重点事项，主要负责同志为第一责任人，班子其他成员按照分工抓好主要指标以及重大工程、重大项目、重大政策的落实工作。五年规划的预期性指标和产业发展、结构调整等任务，主要依靠激励激发市场主体的自主行为、

---

① 杨永恒、陈升：《现代治理视角下的发展规划——理论、实践和前瞻》，第183—190页。

动员各方力量的积极性和创造性来实现。

五年规划实施到第三年，各级政府都会开始对规划进行中期评估，并调整规划目标。这个过程贯穿五年规划最后两年，换言之，规划的中期评估跟下一个五年规划的起草准备实际上时间重叠，新一轮的规划周期因此展开。①

三、"一体两翼"的运行机制

经过近70年的发展，规划已经成为中国共产党领导下，正确处理政府和市场关系、发挥市场配置资源的决定性作用、更好地发挥政府作用的重要制度创新，是中国发展成功经验的重要"秘诀"，在凝聚发展共识、引领发展方向、引导资源配置、实现战略目标等方面发挥着不可替代的作用，是促进我国经济持续健康发展、推动社会全面进步的重要工具，也为全世界发展中国家走向现代化提供了中国智慧和中国方案。② 从本质上来看，规划的运行机制可以归纳为"一体两翼"，"一体"是指"党的领导"，是编制和实施规划的核心领导力量；"两翼"分别是指"政府"和"市场"，"两翼"既是编制和实施规划的重要力量，也是"一体"的表现形式（见图4—1）。具体而言，在规划编制过程中，党是"看得见的脑"，通过科学指导、集思广益，统筹政府"看得见的手"和市场"看不见的手"的力量，形成社会共识，推动形成规划文本。在规划公布后，党通过约束性指标、预期性指标等激励、约束机制领导政府和市场"两只手"共同推进规划实施，同时搜集规划实施过程中的反馈意见，对规划进行灵活调整。

---

① 〔德〕韩博天：《红天鹅——中国独特的治理和制度创新》，石磊译，第153—162页。

② 杨永恒、陈升：《现代治理视角下的发展规划——理论、实践和前瞻》，第6—7页。

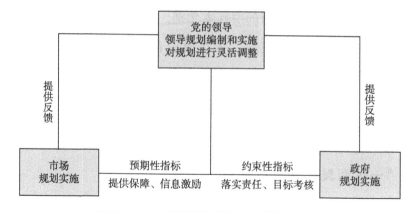

图 4-1 "一体两翼"的运行机制简明逻辑

1. 党的领导:"看得见的脑"

中国共产党作为中国的执政党,如同"看得见的脑",是规划制度的核心领导力量,也是中国规划成功的最关键因素。首先,党的领导决定了规划为谁而编、规划实施依靠谁的重大问题。全心全意为人民服务、坚持人民主体地位是中国共产党始终坚持的宗旨和最高价值取向。党领导全国人民建设中国特色社会主义,根本目的就是实现好、维护好、发展好最广大人民的根本利益。因此,党的领导使得规划在编制和实施过程中始终坚持以人民为中心的基本立场,以增进人民福祉、促进人的全面发展为目标。此外,规划编制和实施是把党的战略部署转化为全国人民的共同意志和自觉行动、推动经济社会发展目标落到实处的过程,党的领导也是动员全体人民参与规划编制和实施的保障。

其次,党的思想理论方法为规划工作提供科学指导。在马克思主义指导下,在领导经济、政治、社会、文化各项工作的伟大实践中,党形成了实事求是、群众路线、阶段论、两点论和重点论等系统的方法论体系,对科学编制和实施规划具有重要指导作用。比如,在马克思主义唯物辩证法的指导下,党认为计划和市场都是实现规划目标的手段,这"两只手"不是对立的,不是排他的，而是互补的，随着国情和发展阶段的变化可能有的手更管用，但是单一的手一定不如两只协调的手好。在信息充分、目标易分解的领域，党通过制定约束型指标，以计划手段（比如把重大项目列入考核清单）要求有关责任主体来完成规划目标。在信息分散、目标不易量化的领域，党通过制定预期性指标，以市场手段（比如通过一系列的优惠政策）激励有关市场主体主动服务于规划目标。这一思想的核心是实事求是、务实主义、调动各方面积极性，因此解决了规划中的信息和激励问题。再比如，五年规划中同时兼顾短期与长远、整体与局部、总体与行业、宏观与微观、全国与区域、时间与空间、效率与公平、经济与民生、延续与调整等方面，也是党的思想理论方法的重要体现。此外，中国共产党还是一个敢于实践、敢于纠错、自身可以不断完善的学习型政党。从"一五"到"十三五"，党通过不断试错、不断检验、不断评估，在五年规划的实践中不断完善科学流程和科学机制，推动规划制度不断成熟、更加科学。

2. 政府："看得见的手"

政府是一只"看得见的手"，既是规划的编制主体，也是规划的实施主体，还可以引导市场共同参与规划的编制和实施，是规划制度有效性的根本保障。

首先，政府行政体系同时调动了中央和地方政府参与规划编制与实施的积极性。有学者将中国的行政体系称为"纵向民主"，也就是通过自上而下和自下而上相结合的方式，使得中央和地方政府达成共识，形成统一。比如，中央和地方五年规划目标的制定总体上是以一种授权的方式进行的，地方自主制定本地的发展目标，中央对地方的目标进行引导，使之符合中央的预期。地方为了自身发展也需要与中央充分沟通，并顺应和体现其要求，以取得在国家大盘子中的定位，获得中央的支持。在规划实施过程中，地方政府的大部分目标与中央一致，而且由于政府官员的晋升激励，地方政府会力争高于中央制定的平均指标（如经济增长指标）；但对于部分地方目标和中央不一致的，中央就会采取集权合约安排，通过层层分解方式下达，并通过层层考核的方式来确保实现（如环境保护指标）。①

其次，政府通过选择性软预算约束引导市场主体响应国家规划目标。企业面临两种预算约束：一种是硬预算约束（企业自身的资源约束），一种是软预算约束（在外部组织帮助下的资源约束）。政府通过对积极响应国家规划目标的市场主体提供软补贴、软税收、软信贷、软价格管制等支持，可以引导其行为。符合规划预期目标的企业，可以获得来自政府的额外的正盈余；违反规划预期目标的企业，将获得来自政府的额外的负盈余。这一过程是政府根据目标导向进行的选择性干预，是一种选择性软预算约束。②

3. 市场："看不见的手"

市场是一只"看不见的手"，既能影响规划的编制，也是规划实施的重要主体，其在资源配置中起决定性作用，成为规划制度有效性的重要保障。

首先，我国实行的是社会主义市场经济体制，市场决定资源配置是市场经济的最本质规律。改革开放四十多年经济和社会发展取得奇迹的一个重要原因就是市场发挥了重要的作用。从"六五"开始的历次五年规划中，将如何建立、建设、完善市场经济

---

① 鄢一龙：《目标治理——看得见的五年规划之手》，第169—187页。
② 同上书，第203—204页。

体制作为一以贯之的重点内容，市场作用是否得以充分发挥也是检验五年规划成功与否的标准之一。当前，我国距离建立高标准的市场体系还有不小的差距，市场经济体制中还有许多不足之处，这些是我国未来在规划编制中需要重点考虑的。

其次，在社会主义市场经济体制下，五年规划更多的是战略性、指导性和宏观性的计划，各类专项规划、区域规划、空间规划也有明确的发挥作用的边界，不可能面面俱到。因此，五年规划实施的许多方面都需要依靠市场的力量。也可以说，市场是规划实施的最重要力量。正因如此，凡是市场机制能充分发挥作用的领域范围，都应该以市场自主发挥作用为主，政府不必干预。[①]此外，市场还是规划能否真正成为社会共识的检验标准。一旦规划的目标成为市场共识，市场的力量就可以使规划在更广泛的意义上产生更深远的影响。

第二节 演变之路

一、规划内容之演变

1. 从经济计划到发展规划

"一五"至"五五"时期，中国的五年规划主要是经济计划，其主要内容是对基本建设投资和项目作出安排，并规定主要工农业产品的产量指标。"六五"以来，五年规划的名称改为国民经济和社会发展计划，增加了社会发展的内容，并逐步涵盖了经济、政治、社会、文化、环境、生态、国防等各个领域，因此可以称

---

① 中国社会科学院经济研究所课题组：《"五年规划"的历史经验与"十四五"规划的指导思想研究》，《经济学动态》，2020年第4期，第3—14页。

为国家发展规划（见附录）。从规划目标的指标构成来看也是如此，"一五"至"五五"计划的指标以经济建设指标为主，而"六五"计划中的经济类指标比例降为60.6%，社会类指标占比39.4%。随后的五年规划中，经济类指标占比不断下降，社会类指标占比不断上升，"十一五"规划中经济类指标占比已降至21.4%，综合发展类指标（包括社会类指标）占比合计达到78.6%，超过了经济类指标。① "十三五"规划中综合发展类指标（包含创新驱动、民生福祉、资源环境等）占比达到84%。

这一演变主要源自中国发展理念的变化。中华人民共和国成立后到改革开放以前，中国的发展理念是"优先发展重工业、建立独立完整的工业体系"。改革开放后的1978年至2002年，中国秉持"贫穷不是社会主义、让一部分人先富起来"等发展理念，将经济建设和经济增长视为压倒一切的优先事项，虽然社会发展被纳入政策制定的范畴，但在优先事项的排位中较低。2002年到2012年，中国转向"以人为本、全面协调和可持续发展理念"，这反映出一种明确的认识，即社会公平正义和环境可持续性不会因经济增长而自动实现，需要采取具体措施来实现这些目标。2012年以来，中国推行"新发展理念"。虽然经济增长仍然是关键目标，但新发展理念明确要求建立一种可持续、平衡和协调的增长模式，并指出经济的高速增长应该向高质量发展转变。这一理念更注重区域协调发展、更注重解决不平衡不充分发展的问题，并且比以往任何时候都更加明确地把促进人类发展的变革作为议程的中心。②

---

① 鄢一龙：《目标治理——看得见的五年规划之手》，第150—160页。
② 联合国开发计划署等：《中国人类发展报告特别版——历史转型中的中国人类发展40年：迈向可持续未来》，第6—7页。

2. 从指令性指标到多种指标结合的规划

改革开放前，五年规划是无所不包的指令性计划，并通过各种各样的指令性指标对经济活动进行具体干预。"一五"计划到"五五"计划对基本建设投资和项目作出了非常具体的安排，并以指令性指标的形式规定了主要工农业产品的产量指标。"六五"到"十五"计划是指令性指标逐步改革为预期性指标的时期，"六五"依然强调计划对经济的调节作用，其中关于实物量的指令性指标仍有65种。"八五"计划明确提出"适当缩小指令性计划的范围，适当扩大指导性计划的范围，更多地利用市场机制的作用"，重点对任务、方向、政策和改革开放的总体部署作出了规定，减少了具体的经济计划，其中，实物量的指令性指标减少到29种。"九五"计划基本取消了实物量的指令性指标，并取消了对工农业产品生产下达计划，但提出了12个实物量的预期性指标。从"十一五"规划开始，五年规划首次将发展指标分为"预期性指标"和"约束性指标"。预期性指标主要是国家期望能实现的指标，是给市场行为主体提供一种导向，但是主要依靠市场行为主体自主实现，政府不下指令，而是通过宏观调控进行引导；约束性指标，主要给政府的职能职责提供明确的导向，即政府应该注重公共产品（服务）提供和生态环境保护等，并且通过配置公共资源完成给定的目标。①

3. 从微观干预为主到宏观管理为主的规划

"一五"到"五五"计划的主要内容是政府如何对经济活动、重点项目等进行具体实施和微观干预。而从"六五"计划开始，五年规划的主要内容日益转变为对经济社会建设提供总体框架。

---

① 杨永恒、陈升：《现代治理视角下的发展规划——理论、实践和前瞻》，第110—115页。

"七五"计划将五年规划定位为"宏观上对经济活动进行管理、调节和控制的主要依据"。"八五"计划将名称改为计划纲要,进一步增强了规划的宏观性、战略性,要求对任务、方向、政策和改革开放总体部署作出规定,而不是作具体的经济计划。"九五"计划首次明确将五年规划定位为"宏观性、战略性、政策性"的战略安排,并延续至今。

所谓宏观管理,是指五年规划虽然处于市场经济环境中,但依然明确了最核心的国家职责,比如政府进行战略协调(从预期性、长期性、综合性的角度来确定经济发展优先顺序并对其进行协调),主导资源配置(根据政策制定者对经济和社会持续发展必要性的判断,调动和集中有限的资源,对经济结构进行调整),实施宏观调控(为了实现预定的发展目标,预防剧烈的经济周期波动和遏制外部冲击,由国家控制主要经济总量的增长和水平)等。① 正如诺贝尔经济学奖获得者约瑟夫·斯蒂格利茨所指出的:"在中国走向市场经济的过程中,'计划'的含义在不断变化,不再是中央计划时期的含义了,不再是对物资平衡或各种商品产量的指令了,而是对这个飞速变化经济的性质的展望,是关于经济变迁的远景目标、政府作用、制度与政策发展的安排,并提供了协调经济活动的框架。"②

二、规划编制之演变

1. 前期研究不断科学化

"一五"到"五五"时期,规划前期研究的科学性相对不足。

---

① 〔德〕韩博天:《红天鹅——中国独特的治理和制度创新》,石磊译,第132—133页。

② 鄢一龙:《目标治理——看得见的五年规划之手》,第150—160页。

由于此时的规划主要是微观层面的计划，因此需要大量的微观信息，而这对于当时规划编制者的微观信息搜集能力而言，是一个巨大的挑战。由于信息的制约，许多信息不全、不准确、不及时甚至扭曲，规划前期研究存在一定的盲目性，因此规划在编制过程中没有能力作出非常科学的判断。加之经济和社会生活丰富多彩、瞬息万变，这更给规划编制的前期研究增加了很大的困难，往往是"计划赶不上变化"。"六五"到"十五"时期，规划逐步转向宏观管理，主要需要宏观的信息，而国家搜集经济社会发展的宏观信息具有天然的优势，因此这段时期五年规划的前期研究表现出较强的科学性特征。①

"十一五"规划以来，随着科学技术、信息技术、分析技术的发展，国家可以更及时、更全面地搜集经济社会发展中的大量丰富信息，同时可以借助大数据分析、决策模拟等国际先进的研究方法开展信息分析，五年规划前期研究的科学化程度不断提升。

2. 参与主体不断多元化

"一五"到"五五"计划编制的主体主要是政府，党和国家领导人亲自领导并参与计划的编制。"一五"计划编制期间，毛泽东等党和国家领导人投入大量时间亲自领导，多次审阅计划草案，把握方向，作出重要决定；政务院总理周恩来直接指导计划编制，研究资料，听取汇报，审定计划；苏联曾派专家协助编制"一五"计划，直接参与具体项目设计，其援助的"156项工程"是"一五"计划的重点。"二五"到"五五"计划编制的主体也主要是政府，但在每年的全国计划会议上，政府都会对五年规划征求多

---

① 刘国光：《中国十个五年计划研究报告》，人民出版社，2006年，第1—3页。

方意见，上下沟通、综合平衡、讨论修改。

"六五"计划到"十五"计划时期，由于五年规划开始从指令性计划向指导性计划过渡，参与主体明显增多，听取意见和建议更加广泛。"七五"计划编制过程中，开始邀请专家学者通过参加座谈会、提交建议等方式参与决策咨询。"八五"计划编制过程中，开始委托专家进行课题研究。"九五"计划编制过程中，专家和研究机构参与五年计划编制的机制已初步形成。"十五"计划编制过程中，第一次开展了邀请社会公众参与国家五年计划编制的建言献策活动，通过征文、来信等方式，向社会公众广泛征求意见和建议，迈出了"开门编规划"的重要一步。

"十一五"规划编制完成后，编制过程的参与主体更为多元，并逐步制度化。比如，在"十三五"规划编制伊始，国家发展改革委强调，各方智慧是编制好规划的源头活水，集思广益是规划成功的关键。"十三五"规划前期研究不仅引入了国家发展改革委宏观研究院、中国社会科学院等传统"智囊团"，还首次邀请来自业界和民间的智囊加入，也听取了亚洲开发银行、经济合作与发展组织等"外脑"的意见，实现了广开言路、问需于民、问计于民，使规划编制过程成为汇聚民智、协调利益、形成共识的过程。①

3. 决策模式不断民主化

从历史来看，我国编制五年规划的决策模式可以分为四种类型。"一五"至"二五"前期已经形成广泛协商、集体议决的政府"内部集体决策模式"。但这一模式随后遭到破坏，以"大跃进"的发动为标志，"二五"计划编制后期一直延续到"四五"时期进入规划决策非制度化的"一言堂决策模式"。到"五五""六五"

---

① 杨伟民等：《新中国发展规划70年》，人民出版社，2019年，第238—242页。

时期,"内部集体决策模式"得以重建。"七五"计划起,专家学者及一些社会机构开始广泛参与,五年规划进入"咨询决策模式"。"十五"以来,以公众参与为标志,五年规划编制进入"集思广益式决策模式"。① 虽然经历曲折,但是总体来看,五年规划的决策模式经历了从少数人决策到集体决策、从内部封闭决策到开放式决策、从国家决策到公共决策的演变过程,朝着民主化的方向不断迈进。②

三、规划实施之演变

1. 实施主体不断多元化

改革开放前的五年规划是市场排斥型的,主要实施主体是各级政府和国有企业,这主要源于中国实行的计划经济体制,也就是1954年《中华人民共和国宪法》提出的中国要开展"有计划的经济建设"。

改革开放后,随着经济体制的改革,政府和市场同时成为五年规划的实施主体,五年规划也逐步演变为市场友好型、市场补充型。比如,"七五"计划明确提出逐步形成少数商品和劳务实行计划价格、多数实行浮动价格和自由价格的统一性与灵活性相结合的价格体系,要求综合性经济管理部门努力提高决策科学水平和宏观控制调节能力。"八五"计划明确提出进一步适当缩小指令性计划的范围,适当扩大指导性计划的范围,更多地利用市场机制的作用。"九五"计划明确提出积极发展和完善市场体系,充分

---

① 王绍光、鄢一龙:《大智兴邦——中国如何制定五年规划》,第1页。
② 胡鞍钢、鄢一龙、吕捷:《中国发展奇迹的重要手段——以五年计划转型为例(从"六五"到"十一五")》,《清华大学学报(哲学社会科学版)》,2011年第1期,第43—52页。

发挥市场机制的作用;转变政府职能,形成以间接方式为主的宏观调控体系。"十五"计划明确提出,政府要集中精力搞好宏观经济调控和创造良好的市场环境,不直接干预企业经营活动,减少对经济事务的行政性审批。重新强调市场和政府的分工,开始明确计划和市场有各自发挥功能的领域。"十一五"规划明确提出了政府工作重点,引导了市场主体的行为方向,进一步明确了市场和政府职能的划分,在进一步发挥市场机制作用的同时,也进一步强化了政府的职能和责任。①

2. 管理方式不断多样化

"一五"到"五五"时期实施五年规划的管理方式相对单一。1952年11月国家计委成立时,面对多种经济成分并存的新民主主义经济体制,国家计委采取了多种形式的计划管理措施。但是,1958年以后,随着人民公社化运动的发展,农村经济中的指令性计划管理不断加强,管理方式趋于单一,农民的自主决策和农产品的自由交换微乎其微。经济发展受挫之后,在1961—1964年的经济调整阶段,国家计委一度重新提出计划管理的多元性,主要包括:指令性的、指导性的和参考性的计划相结合。对集体所有制和全民所有制企业的计划要有所区别,对全民所有制的企业和事业实行直接计划,对集体所有制的农业和手工业实行间接计划。国家对农村公社只下达农产品的收购计划,并对粮食、棉花、油料等主要农业生产指标提出参考性的安排意见。手工业的供产销计划,中央只管少数同国计民生有关的重要产品,其他产品均归地方管理。对于手工业生产单位生产的小商品和农村人民公社、农民个人生产的土副产品,应当在商业部门的统一领导下,运用

---

① 鄢一龙:《目标治理——看得见的五年规划之手》,第150—160页。

价值法则，通过供销合同和集市贸易来促进生产、活跃交流，保证全国生产和消费的需要。但是，国民经济刚刚恢复，上述改进的管理方式尚未实施，就进入了"文化大革命"，计划管理方式更为单一化了，直到1978年以后才得到明显改变。

改革开放以后，实施五年规划的管理方式发生了巨大变化。计划管理逐渐由指令性管理为主转变为指导性管理为主。政府逐渐从微观经济管理领域退出，让位于市场调节。① "十一五"规划以后，实施五年规划的管理方式更为多样化，包括了制度保障、资源配置、激励机制、具体抓手等多个层次，综合行政手段、经济手段、法律手段等多种方式予以管理。②

3. 评估调整不断规范化

从"一五"到"五五"时期，我国的五年规划工作就具有规划服从实施的特点。五年规划一再变更的情况，存在于每个五年规划和大多数年度计划之中，这种情况在一定程度上反映了五年规划工作比较务实的特点。③ 改革开放后，我国开始在规划实施过程中动态监控规划执行情况，及时发现偏差并进行修正和调整，逐步形成了规划评估调整的制度。2003年，国家发展改革委发展规划司首次对规划评估工作进行了尝试。2005年，《国务院关于加强国民经济和社会发展规划编制工作的若干意见》提出建立规划的评估调整机制。2008年，我国首次正式对总体规划进行中期评估。2015年，我国首次启动了规划总结评估。④ 2016年10月，中

---

① 刘国光：《中国十个五年计划研究报告》，第1—3页。
② 姜佳莹、胡鞍钢、鄢一龙：《国家五年规划的实施机制研究：实施路径、困境及其破解》，《西北师大学报（社会科学版）》，2017年第3期，第24—30页。
③ 刘国光：《中国十个五年计划研究报告》，第1—3页。
④ 李善同、周南：《"十三五"时期中国发展规划实施评估的理论方法与对策研究》，第Ⅲ—Ⅳ页。

共中央办公厅、国务院办公厅印发了《关于建立健全国家"十三五"规划纲要实施机制的意见》,对《纲要》实施作出了全面部署,提出了"明确实施责任主体""抓好重点任务落实""健全相互衔接的规划体系""强化《纲要》实施监测评估""完善监督考核机制"等措施。对于强化《纲要》实施监测评估提出了明确的要求,包括加强动态监测分析、建立年度监测评估机制、完善中期评估和总结评估机制、健全动态调整修订机制等。[①]

第三节　历史经验

习近平指出:"规划科学是最大的效益,规划失误是最大的浪费,规划折腾是最大的忌讳。"从实践来看,中国式规划创造了世界历史上最具魄力、最为科学的规划制度。有研究采用了一种简单的规划成效评价方法——"目标-手段法"(即计算规划目标值与实际值的绩效比)——发现我国改革开放以来实施的七个五年规划("六五"到"十三五")成效越来越好,而且与历史上相同发展阶段的发达国家相比,我国规划的成效也更胜一筹。[②] 五年规划是一项大规模的集体管理行动,规划要取得成效,需要关注其内容、编制、审批、实施、评估等各个环节。中国式规划有哪些成功经验呢?本书的总论部分提出中国式规划是一种弹性规划制度,包括适应性宏观计划和激励性目标治理两个核心机制,本节将进一步阐释这两个核心机制的丰富内容及其取得的经验(见图4-2)。

---

① 李善同、周南:《"十三五"时期中国发展规划实施评估的理论方法与对策研究》,第25—27页。
② 刘瑞:《我国五年中期规划的绩效与理念》,《社会科学研究》,2017年第1期,第9—14页。

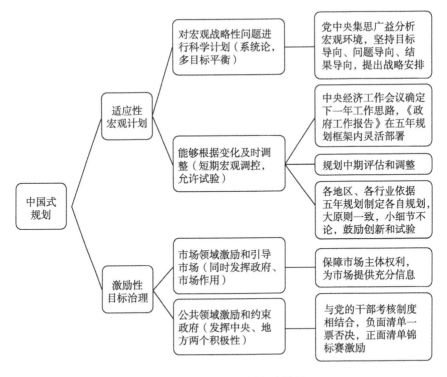

图 4-2 中国式规划的经验举例

一、从多个视角提升规划的科学性

1. 规划的核心在于科学的发展理念

五年规划的核心是要回答未来五年国民经济和社会如何发展的问题，其核心在于以什么样的发展理念来指导发展。"一五"计划到"五五"计划的发展理念可以概括为"过渡时期的总路线"和"社会主义建设总路线"，其核心内涵是以赶超发展实现工业化为发展目标、以优先发展重工业为战略重点、以建立单一公有制和计划经济为保障，这也符合当时经济发展阶段的客观需要。

"六五"计划到"八五"计划是以"发展是硬道理"为要义的中国特色社会主义发展理念为指导的，其核心目标是追求经济增长和发展社会生产力，强调以改革和开放为动力；"九五"计划到"十二五"规划,其指导理念则是在"发展是硬道理"基础上增加了"科学发展观"的中国特色社会主义发展理念,不仅关注经济增长,还强调"以人为本"的可持续发展。

"十三五"规划以习近平新时代中国特色社会主义思想为指导,其核心是"五大发展理念"——创新发展、协调发展、绿色发展、开放发展和共享发展。

从历史来看,十三个五年规划之所以能发挥重要的作用,是因为其秉持了科学的发展理念,坚持目标导向、问题导向、结果导向,符合各自发展阶段的要求,并且随着经济社会的发展变化不断创新,这使得五年规划从根本上具备充分的前瞻性和科学性。[1]

2. 善于运用马克思主义方法论

马克思主义方法论是中国式规划能不断取得成功的根本原因。马克思主义理论博大精深,其许多思想、方法都对规划有深刻的启示。比如,中国式规划坚持"以人民为中心",就是马克思主义人民立场观的应用。五年规划既为了人民,也需要依靠人民。在规划目标制定中,要以人民的根本利益为准绳;在规划编制过程中,要凝聚人民共识,树立共同目标;在规划实施中,要激励人民的斗志和干劲,同时还要注意培养各行各业的优秀人才。

再比如,中国式规划的独特优势是"弹性规划",这是马克思主义实事求是哲学的应用。正因如此,中国式规划不是一个僵硬的体系,更像一个不间断循环往复的过程,参与这个过程的主体搜集信息,协调、分析、起草文件、实施、试验、评估和修订规划,历时数年,并在各级政府层面同时进行。无论是从综合各种

---

[1] 中国社会科学院经济研究所课题组:《"五年规划"的历史经验与"十四五"规划的指导思想研究》,《经济学动态》,2020年第4期,第3—14页。

协调机制的努力来看，还是从规划最后所取得的成效来看，中国式规划内容的科学性正是在于规划所包含的评估和调整机制发挥了实实在在的作用，因为决策者能够凭借这两个机制及时发现问题并调整政策优先顺序。①

此外，中国式规划还体现了马克思主义哲学"两点论"和"重点论"的特征。一份科学的规划内容不能"眉毛胡子一把抓"，要抓大放小，抓大项目，规划"森林"。比如，"十二五"时期提出的建设"三纵三横"输电网，没有国家规划的协调，显然难以完成，但一些小的局部的项目可以依靠市场主体自发的力量实施。规划的内容还要优先考虑重点问题，"家有千件事，先从紧处来"，尤其要先考虑难度大、风险大、意义大的项目，依托国家规划集中力量办大事。规划还要注重经济指标和社会指标的平衡、短期和长期的平衡等，比如，"十三五"规划中提出的"绿水青山就是金山银山"等发展观。

马克思主义的方法论还包括中国特色社会主义伟大实践中总结的一系列宝贵经验，即马克思主义中国化的理论成果。"十三五"规划体现了这一鲜明的特点，一是坚持目标导向和问题导向相统一，既从实现全面建成小康社会目标倒推，厘清到时间节点必须完成的任务，又从迫切需要解决的问题顺推，明确破解难题的途径和方法。二是坚持立足国内和全球视野相统筹，既以新理念新思路新举措主动适应和积极引领经济发展新常态，又从全球经济联系中进行谋划，重视提高在全球范围配置资源的能力。三是坚持全面规划和突出重点相协调，既着眼于全面推进经济建设、政治建设、文化建设、社会建设、生态文明建设、对外开放、国防建设和党的建设，又突出薄弱环节和滞后领域，集中攻关，提

---

① 〔德〕韩博天：《红天鹅——中国独特的治理和制度创新》，石磊译，第173页。

出可行思路和务实举措。四是坚持战略性和操作性相结合,既强调规划的宏观性、战略性、指导性,又突出规划的约束力和可操作、能检查、易评估,做到虚实结合。①

3. 必须符合经济社会发展的客观规律

规划内容必须符合经济社会发展的客观规律。国家的发展,是一个复杂的经济社会系统工程,系统运行具有自己的客观规律,包括经济规律、社会规律、自然规律等各个方面。不同经济体制、不同发展阶段也有各自的客观规律,比如,计划经济体制的有计划按比例发展规律,投资、财政、信贷"三大平衡"规律等,市场经济体制的有供求规律、工业化规律、城市化规律、经济周期规律等。②

遵循经济社会发展的客观规律是规划科学性的重要保障。比如,规划必须有延续性,作为发展的蓝图,必须"有战略""有布局""有步骤"地铺陈开来,不能变幻不定。这是因为经济发展的本质就是产业不断升级,技术不断创新,因此经济的发展是一个延续的过程,此外,像经济发展中的交通、电力、港口等基础设施完善也需要持之以恒的建设。

比如,五年规划要同时发挥计划和市场的力量。计划和市场本质上都是手段,都有利于规划目标的实现。从实践来看,如果规划与市场激励机制和商业利益相违背,就很难要求地方政府和企业强制实施,也难以约束它们的行为。国家规划实施最有效率的领域,往往是对干部的政绩考核与国内国际市场发展趋势相吻

---

① 习近平:《关于〈中共中央关于制定国民经济和社会发展第十三个五年规划的建议〉的说明》,《人民日报》,2015年11月4日。
② 中国社会科学院经济研究所课题组:《"五年规划"的历史经验与"十四五"规划的指导思想研究》,《经济学动态》,2020年第4期,第3—14页。

合的那些领域,也就是同时发挥计划和市场作用的领域。①

再比如,规划要考虑应对环境不确定性的内容。环境不确定性对经济发展有不可预测的破坏作用,但谁也无法预料到所有的外部冲击,因为环境有太多不可知的变数。而规划可以未雨绸缪,为迅速一致应对这些意外提供坚实的基础,帮助社会最大限度地减少损失。2008年国际金融危机之后,许多国家加大了对市场的干预力度。而中国的规划一直关注如何使中国不受周期性金融危机的冲击,预备了充足的政策组合,因此在国际金融危机到来之后,中国将长期规划和各类政策机制相结合的应对做法超越了许多国家应对危机所采取的临时性补救措施,发挥了短期稳定经济波动、长期推动经济继续沿着既定轨道发展的重要作用。②

二、集思广益式的规划编制

1. 坚持多方参与

"开门编规划"、社会广泛参与是中国式规划的重要经验之一。首先是参与式编制。中国已经形成了五年规划编制"集思广益式决策模式",在规划编制的过程中,不同系统、不同层面的无数工作人员都参与到这个过程中,通过共同思考未来五年的发展路径,相互交流信息,相互协商,从而达成未来发展方向的共识。在这一过程中,越来越多的研究力量、专家学者参与到规划的前期研究中,对提高规划编制的科学性起到了重要作用。其次是政治引导。为了避免多方参与时的"自说自话",中央通过在全社会广泛地宣讲、动员、组织学习进行政治引导,帮助参与主体更全面系统地了解当前形势,保证大量参与主体最终从整体而不是自身利

---

① 〔德〕韩博天:《红天鹅——中国独特的治理和制度创新》,石磊译,第127页。
② 同上书,第168页。

益出发对编制规划提出意见。①

2. 在民主决策的过程中凝聚共识

我国已经形成了从组织前期重大问题研究到起草规划的基本思路,再到形成党中央关于规划的建议,进而编制规划纲要草案,一直到全国人大审议批准的一系列编制程序,这一民主决策的过程不仅有利于规划编制本身质量的提高,还有利于广泛凝聚规划实施的共识,提高规划实施的可行性,减少实施过程中面临的障碍,同时也有利于处理好中央和地方的关系。② 其中的原因在于,中国式规划过程中的民主决策不是相关者权力角逐的游戏,而是通过集体学习达成共识的过程。这一民主过程的本质是通过事前协商吸纳事后掣肘,事前的广泛协商,为各方提供了广阔的政策参与舞台,这使得事后的相互掣肘大大减少,更为重要的是体现了公众的民主决策过程,公众的声音传达机制更为多元,既存在政治参与的正向参与机制,也存在群众路线的逆向参与机制,"民有所呼,我有所应",政策结果更具有回应性。③

3. 及时动态调整

对于国民经济和社会发展这一极其复杂的系统,再高明的规划或规划机构都难以在较长的时间尺度上做到精准掌控,尤其是一些重大突发事件更是难以预测。因此,根据经济社会发展情况的变化,对规划进行调整是十分必要的,这是中国式规划的重要经验之一,也是"实践是检验真理的唯一标准"的体现。当前,我国对规划动态调整的方式主要有规划中期评估和调整、中央经

---

① 鄢一龙:《五年规划:中国式"目标治理"》,《北京日报》,2019年9月16日。
② 中国社会科学院经济研究所课题组:《"五年规划"的历史经验与"十四五"规划的指导思想研究》,《经济学动态》,2020年第4期,第3—14页。
③ 王绍光、鄢一龙:《大智兴邦——中国如何制定五年规划》,第36页。

济工作会议对下一年规划任务的调整、《政府工作报告》对当年规划任务的调整、各地区各行业在自身规划内的创新试验和调整等。

从改革开放以来的历次五年规划来看，这些规划几乎都经历了明显的"中期变盘"。例如，"七五"计划实施中后期，发生了严重的通货膨胀和政治风波，随即开展了未曾预设的治理整顿；"八五"计划实施中期，1992年邓小平南方谈话后，带来了新一轮思想大解放，再加上建立社会主义市场经济体制的改革目标的确立，极大地激发了经济活力，于是在1993年大幅度调高了原来制定的增长速度；"九五"计划实施中期，1998年发生了亚洲金融危机，国内出现通货紧缩、经济下滑现象，中央将原来确定的"以抑制通货膨胀作为宏观调控的首要任务，把目前过高的通货膨胀率明显降下来，实行适度从紧的财政政策和货币政策"改为"扩大内需，采取积极的财政政策和稳健的货币政策"；"十五"计划提出"把结构调整作为主线"，但在实施中期的2003年之后经济进入新高速增长期，工业特别是重工业发展迅猛，粗放型增长模式进一步强化，结构调整方向有所偏离；"十一五"规划中期，即2008年爆发了国际金融危机，此后，我国制定了包括四万亿元投资等一揽子扩大内需、刺激增长的计划，短期内使经济恢复了增长。正因如此，将对规划内容的及时动态调整纳入规划编制的过程，有助于提升规划编制的科学性和规划内容的适用性，进而更好地发挥规划的作用。[①]

三、动员激励式的规划实施

1. 规划实施与目标考核相结合

规划既是政府制定的，又依赖于政府组织实施，因此必须充

[①] 李善同、周南：《"十三五"时期中国发展规划实施评估的理论方法与对策研究》，第10—11页。

分调动各级政府和相关部门的积极性。中国式规划实施的一个宝贵经验是将规划实施与对各级政府及相关部门的目标考核（干部绩效考核）相结合。

20世纪90年代之前，五年规划和目标考核的关联并不紧密也不广泛。20世纪90年代以后，中央改革了干部管理体制，逐步建立和规范了干部政绩考核体系，从那时起，越来越多的经济、社会指标成为领导干部考核的内容。2006年，"十一五"规划引入约束性指标与预期性指标。这些指标是中央在公共服务领域、涉及公众利益领域、提升市场环境领域对地方政府和中央有关部门提出的工作要求（尤其是约束性指标），中国在实施中采取了目标考核的方式。该方式首先将宏大的目标加以分解，明确工作安排与责任主体。规划目标分解后，中央将进行跟踪与督促，并建立目标考核制度，将相关指标纳入各地区、各部门经济社会发展综合评价和绩效考核，并将若干重点指标纳入各地区领导干部的政绩考核（如保护耕地、节能减排和减少污染等）。[①]

中国的规划周期有一个特点，即五年规划的周期跟党和政府的任期不同步，这使得目标考核十分有助于规划的实施。党的领导更替及政府换届都是在五年规划的中期完成的，因此，新上任的领导在头三年必须先完成上一届政府制定的规划，不能公开地偏离前任定下的政策目标，由此出现了规划"锁定"的效应，导致政府换人换届却不换规划的某种连续性，并且新领导前几年的政绩考核也往往取决于他们是否完成了规划，即实现前任所设定的目标。[②] 这一特点正如习近平所强调的，"钉钉子往往不是一锤子就能钉好的，而是要一锤一锤接着敲，直到把钉子钉实钉牢，

---

① 鄢一龙：《五年规划：中国式"目标治理"》，《北京日报》，2019年9月16日。
② 〔德〕韩博天：《红天鹅——中国独特的治理和制度创新》，石磊译，第153—165页。

钉牢一颗再钉下一颗，不断钉下去，必然大有成效。如果东一榔头西一棒子，结果很可能是一颗钉子都钉不上、钉不牢"①。

2. 规划实施与制度建设相结合

制度建设是规划实施的重要保障。伴随着规划制度的发展，我国也完成了相关制度的建设。比如，党对规划工作的领导已经形成了一套较为有效的具有中国特色的制度。在五年规划的制定过程中，党中央研究形成关于制定五年规划的建议，在党的建议指导下编制完成五年规划的纲要。党通过建议的方式和形式，领导、指导及主导了五年规划的形成和确立；在五年规划的实施过程中，党中央运用调整建议等形式，对五年规划进行调整和修改，并以强有力的领导去保证五年规划的贯彻落实。② 制度建设还是规划实施过程中调动政府和市场积极性的重要前提，比如，通过负面清单制度充分保护市场主体的合法权利和自主性，为市场主体提供明确的信息，再比如，通过试点制度给予地方政府在规划总体框架内的自主权，充分调动其落实规划的创新性和积极性。此外，我国还通过对制度空白领域进行探索，对不合理的制度规定加以调整和改进，完善相关领域的法律、法规、标准、政策等，为规划目标的实现提供制度保障。

3. 规划实施与项目落地相结合

项目是规划实施的重要抓手和核心载体。计划经济体制下，五年规划的重点内容就是具体的重大项目。例如，"一五"计划确定了"156项工程"，这些工程建设贯穿了整个"一五"和"二五"时期，"三五"时期又布局了一系列大小"三线"建设项目。

---

① 习近平在中国共产党第十八届二中全会第二次全体会议上的讲话，2013年2月28日。

② 杨近平：《新中国十二个五年计划与马克思主义中国论》，第168—215页。

市场经济体制下,五年规划中也明确了许多重大项目,主要包括水利工程、交通基础设施等方面。例如,"十一五"规划确定了141项重点工程和项目,这些工程和项目以基础设施建设、生态文明建设和公共服务为主,"十三五"规划确定了165项重大工程项目,既包括工程建设类的硬工程,也包括环境类的软工程。① 这些项目的落地与否是规划能否真正贯彻落实的重要标志,因此中国式规划的重要经验就是,在规划项目公布后,中央迅速明确项目的责任分工、制定任务清单、建立实施台账、进行实时监测,确保项目最终落地和规划的实施。②

---

① 中国社会科学院经济研究所课题组:《"五年规划"的历史经验与"十四五"规划的指导思想研究》,《经济学动态》,2020年第4期,第3—14页。

② 鄢一龙:《目标治理——看得见的五年规划之手》,第217—219页。

第五章　中国式规划走向未来

党的十九大综合分析了国际国内形势和我国的发展条件，提出了我国从 2020 年到本世纪中叶"两个阶段"的战略安排，为我国未来的发展规划明确了方向。随着中国特色社会主义进入新时代，我国规划的作用日益增强，但规划体系不统一、规划目标与政策工具不协调等问题仍然突出，影响了规划战略导向作用的充分发挥。① 基于此，党的十九届四中全会明确要求要"完善国家重大发展战略和中长期经济社会发展规划制度"。此外，我国经济从高速发展转变为高质量发展，社会主要矛盾转变为人民日益增长的美好生活需要和不平衡不充分的发展之间的矛盾，对我国规划的理念、内容提出了许多新的要求。而当今世界正经历百年未有之大变局，全球化遭遇逆流，"黑天鹅""灰犀牛"事件频发，新技术带来难以预期的革命，这一切都为我国规划的编制

---

① 《中共中央 国务院关于统一规划体系更好发挥国家发展规划战略导向作用的意见》，2018 年 11 月 18 日。

和实施增加了许多不确定性。

这些都是中国式规划在未来面临的挑战,也是中国特色规划学理论需要回答和解决的重要问题。为此,本章将重点阐述中国式规划在未来面临的挑战与应对之策、"两个阶段"战略安排下的规划、"十四五"规划展望等内容。本章还将对规划研究进行展望,并提出要推动中国特色规划学理论与世界各个国家的已有理论对话,在互学互鉴中不断发展和完善,对世界其他国家的实践以及全球治理产生有益的启示。

第一节 挑战与应对

由于经济社会发展环境不断发生变化,我国的规划制度也需要不断应对新的挑战,不断演变和完善。党的十七大提出要"完善国家规划体系"。党的十八届三中全会提出"政府要加强发展战略、规划、政策、标准等制定和实施",中央要"健全以国家发展战略和规划为导向、以财政政策和货币政策为主要手段的宏观调控体系"。2014年中央经济工作会议明确提出"要加快规划体制改革"。党的十九届四中全会明确要求要"完善国家重大发展战略和中长期经济社会发展规划制度"。当前,规划体制改革和规划制度完善的目标是,建立适应完善的社会主义市场经济体制、适应国家治理体系现代化、适应高质量发展、适应全面建设社会主义现代化国家新征程要求的规划制度,为此,需要应对以下三个方面的挑战。

一、规划内容方面

1. 理顺体系,推进多规合一

虽然我国建立了以五年规划为统领,各级各类专项规划、区域规划、城市规划、土地规划（空间规划）等为支撑的发展规划体系，但客观而言，当前各级、各类规划依然体系林立，缺乏明确的分工，相互衔接不够，这是我国规划制度面临的第一个挑战。比如，许多部门都编制了专项规划，然而这些部门由于存在交叉或联合的行政职能，会导致不同专项规划之间出现重叠或冲突。再比如，区域规划和城市规划都是对一个地区发展的战略安排，而有的区域规划只是城市规划的加总，因此内容会出现许多重复之处。另外，城市规划与各地方经济社会发展规划、经济社会发展规划与土地规划、生态环境保护规划与土地规划等都可能会出现重复或者不一致的地方。此外，在各级各类规划与国家五年规划衔接方面，虽然从决策和审批程序方面做了硬性规定，但是依然存在流于形式、缺乏实质性衔接的现象，尤其是各级地方的五年规划审查和批准时间往往早于国家的五年规划，这就难以保障地方五年规划与国家五年规划的衔接。

因此，未来的应对之策在于进一步明确各类规划功能，形成下级规划服从和落实上级规划，专项规划服从和落实总体规划，以及同级规划之间各有分工、各有侧重、边界清晰、衔接协调的机制；同时，优化各级各类规划审查、批准的统筹与时间安排，深入推进多规合一，避免原则性过强、针对性差、交叉重叠的规划内容，增强规划约束性内容的操作性、可行性、有用性，减少非实质性规划的数量，努力实现"一张统领的蓝图绘到底"。

2. 补齐短板，健全空间规划体系

空间规划是国家空间发展的指南、可持续发展的空间蓝图，是各类开发保护建设活动的基本依据。虽然经济社会发展规划在世界各国有兴衰，但几乎每个国家都保留了空间规划。我国人口众多，空间资源相对稀缺，但长期以来，我国对指导空间发展的空间规划重视不够。改革开放初期我国曾经编制国土规划，但没有通过和实施。"十一五"规划增列了推进形成主体功能区一章，并编制了《全国主体功能区规划》，但落实到具体空间的任务还没有完成，城市空间、农业空间、生态空间的基本格局还没有划定，《全国主体功能区规划》确定的财政、投资、产业、土地、农业、人口、环境政策等还没有全部到位。①

因此，未来需要进一步补齐空间规划的短板，健全空间规划体系，落细落实空间规划内容；同时，坚持底线思维，把城镇、农业、生态空间和生态保护红线、永久基本农田保护红线、城镇开发边界作为调整经济结构、规划产业发展、推进城镇化不可逾越的红线，为经济社会可持续发展留出充足的战略空间。

3. 转变理念，应对环境新挑战

客观来看，当前我国的规划依然将经济增长作为重要的出发点，对全面发展、协调发展、人的发展、可持续发展重视不够。我国从"一五"计划到"九五"计划，基本出发点都是加快发展，各地区编制的发展规划，基本上都定位在加快发展上。从"十五"计划开始，国家规划做了一些调整，把"转变经济增长和发展方式"当成重要任务，但规划在促进和引导宏观经济结构转变方面的成效却乏善可陈，总体来看还是以物为本的，也就是以增加国内生产总值为核心，这已经与我国当前发展过程中需要解决的主要矛盾不相一致。② 此外，规划内容中对政府与市场边界的划分还不够明确，由市场主体配置资源的某些领域并不需要编制规划，但依然兴师动众地大费周章。

为此，未来的规划要进一步转变理念，以应对经济社会发展

---

① 杨伟民等：《新中国发展规划 70 年》，第 298 页。
② 同上书，第 296 页。

环境的新挑战。要淡化追求速度、扩大产能的规划理念,突出整体可持续发展、平衡和充分发展、人的发展;同时,规划不要摊大饼、面面俱到,需要厘清哪些内容属于市场范畴,应该少列入或者不列入规划;此外,未来的规划还要更为关注中国和世界的变化与关系,中国经济进入新常态,改革开放进入深水区,世界进入百年未有之大变局,这些都需要规划采用新的发展理念。比如,国内规划涉及的产业政策、企业补贴,不可避免地与国际通行的贸易规则存在一些冲突,需要在国内发展需求和国际通行规则方面做好平衡。

二、规划编制方面

1. 制度先行,科学确定各类规划编制程序和参与机制

规划编制工作涉及多个部门,但是当前各个部门的规划编制职责还主要是一些不成文的规定,随意性较强。比如,有些规划的编制主体是不清楚的,特别是涉及部门较多的领域,编制主体很难确定;在各级各类规划谁来衔接、如何衔接,各级各类规划谁来审批、如何审批等方面还有许多不明确之处;有的规划由编制部门自行审批,这样就变成了该部门既是编制者又是审批者,既当"运动员"又当"裁判员"[①];此外,我国规划编制中的公众参与仍然停留在法律性文件中的原则性概念阶段,缺乏程序性权力,公众参与主要以"被征求"意见为主,参与环节滞后,而且经常被视为征求专家建议,等等。

因此,未来需要进一步将规划编制工作制度化,科学确定各类规划编制程序和各部门、公众的参与机制,以制度保障规划编制的规范性、科学性和高效率。例如,我国总体规划编制的流程

---

① 杨伟民等:《新中国发展规划70年》,第300—301页。

往往是地方、各部门先编制各自的规划,之后国家发展改革委在这些规划基础上汇总提出国家的总体规划,这容易造成各级规划审查批准的时间先于国家总体规划。未来的总体规划应该探索自分而总和自总而分相结合的编制制度,使得总体规划兼顾整体性与局部性,同时与各级规划更为衔接。

2. 科技赋能,提升应用大数据等信息化手段的能力

随着大数据收集、存储、处理、呈现和运用技术的不断发展,利用海量数据和大数据技术分析指导生产消费等人类社会活动成为可能。可以预测,大数据等信息化手段将对规划编制产生系统性、长期性的变革影响,如何运用这样的信息化手段优化规划编制过程是一项新挑战。当前,我国有一些地方规划在编制过程中已经应用了大数据等信息化手段,但主要是运用于城市规划的编制,特别是交通规划的编制,在经济社会发展规划编制过程中的实践较少。

因此,未来的规划要进一步探索建立规划编制与大数据的全过程融合。包括运用大数据技术开展规划前期调研、运用大数据技术促进公众参与、运用大数据技术确定规划科学合理的发展目标等。例如,在确定经济社会发展目标时,可以通过将工商、税务、统计等数据相互结合,寻找对经济发展具有先行性的指标,构建相应的指标体系或指数,对经济走势和社会发展进行综合预判。[1]

3. 未雨绸缪,提升动态调整能力

当前世界进入百年未有之大变局,也有学者认为世界进入了VUCA时代,也就是volatility(易变性)、uncertainty(不确定性)、

---

[1] 杨永恒、陈升:《现代治理视角下的发展规划——理论、实践和前瞻》,第155—182页。

complexity（复杂性）、ambiguity（模糊性）的时代，未来的经济和社会将面对越来越多不可知和不确定的因素，而这些不确定性是无法通过规划来预测的，"计划赶不上变化"将成为常态，因此，规划动态调整的能力亟待增强。当前，规划编制的动态调整能力还相对较弱，其中一个原因在于，大部分规划编制工作的领导小组是临时性的，编制完成后该领导小组的工作职能结束，无法继续指导动态调整。一旦规划变得僵化，就失去了对快速变化环境下经济社会发展的战略指导意义。

因此，未来必须进一步完善规划编制的动态调整机制。例如，要实事求是地确定规划期限，不宜机械地把五年作为每一个规划的固定期限，要根据不同规划的内容和功能以及经济社会环境的发展变化，灵活确定各级各类规划的规划期；要将规划编制领导小组常态化，继续发挥规划动态调整的职能作用；要建立规划持续评估、监测、调整机制，包括建立规划的数据监测平台，实现规划内容中关键性指标的动态采集，并且以一些指标形式直观展现，可以随时了解规划的进展、效果等，进行全方位的评估，并对规划文本中不适应经济社会发展变化的内容及时予以动态调整。

三、规划实施方面

1. 依法规划，明确规划的法律地位

规划立法可以使规划的编制和实施有法可依，从法律上保障规划的重要地位及其权威性。

当前，我国的规划立法工作主要体现在城市规划和土地规划领域，包括《中华人民共和国城乡规划法》《中华人民共和国土地管理法》《中华人民共和国土地管理法实施条例》《城市规划编制办法》《土地利用总体规划编制审查办法》，等等。但是，在五年规划方面，只有国务院 2005 年以意见形式下发的《国务院关于加强国民经济和社会发展规划编制工作的若干意见》和 2018 年下发的《中共中央 国务院关于统一规划体系更好发挥国家发展规划战略导向作用的意见》，对五年规划的定位、类别和编制程序作出了规定，但并不是严格意义上的法律。① 五年规划作为国家最重大的公共政策，其地位缺乏法律依据和支撑。

因此，未来要加快规划立法，提高五年规划的法律地位，以法律形式明确规划编制、实施、监督的行政主管部门和其他参与者的权利和义务；明确规划编制的内容和程序；明确规划实施的内容和程序；明确规划监督评估的规定；明确规划的修改、调整等程序；以及明确赔偿、处罚和上诉的权利和义务等。② 这不仅有利于规划的实施，还从法律层面保障了规划的延续性、稳定性。

2. 增强共识，形成中央、地方政府、市场的规划实施合力

规划不是要挂在墙上，而是要落到地上，规划的最终目标在于实施。规划一般由国家发展改革委牵头编制，但实施是各行各业的事，协调难度相对较大，现实中各类规划实施的强度不同，同一规划不同的内容实施强度也不同。总体规划中的约束性指标和内容，是政府要努力实施并完成的；预期性指标和指导性内容，主要是靠市场主体。然而在实际工作中，很多本应由市场主体配置资源的领域，政府仍在积极干预，特别是地方规划中，很多项目建设都是由地方政府充当主角。还有些地方政府一换届，就重打鼓、另开张，把上届政府编制审定的规划抛在了一边。③ 此外，由于各地发展水平不同，发展条件各异，各地区对中央发展理念

---

① 杨永恒、陈升：《现代治理视角下的发展规划——理论、实践和前瞻》，第 116—132 页。
② 鄢一龙：《目标治理——看得见的五年规划之手》，第 211—215 页。
③ 杨伟民等：《新中国发展规划 70 年》，第 294—315 页。

的理解和认同度与中央有不同程度的差异。中央更多地从国家发展全局考虑制定发展战略,考虑问题更加宏观,地方政府更多考虑本地区发展情况,对问题的把握相对具体,这就使得地方政府对中央精神的解读各有不同,会出现选择性执行、消极执行、执行中断等问题。

为此,未来需要进一步推动各类主体就规划形成共识,包括各类主体加强对发展理念的学习;将规划评估结果与地方政府及部门绩效相结合;明确规划内容的指向对象,确定是政府的任务、市场的任务还是公民的任务;进一步明确政府职责主要是提供政策支持和创造优良环境,为市场提供更多机会参与经济社会建设、提供公共服务等。① 总的来说,如果国家规划不能形成各级主体的共识,或者与市场激励机制相违背,中央的规划制定者就很难强迫地方政府、各个主体接受他们所设定的任务和指标,也难以约束和引导企业的行为。②

3. 组合发力,加强规划与政策体系等抓手的协同

由于规划是战略性、纲领性、综合性规划,是软约束,因此规划本身看起来比较"虚"。事实上,规划除了要实现对政策目标的宣示,还要有可落地的抓手,即相关政策体系的协同。但当前与规划配套的政策体系还存在一些问题,包括政策连贯性不够,制定规划目标任务后,有关政策做了调整,但前后政策联系不紧密;相关政策扶持不足,没有配套跟进等。③ 造成这一问题的基本原因之一在于,我国对规划实施的促进和保障机制认识不够,制

---

① 姜佳莹、胡鞍钢、鄢一龙:《国家五年规划的实施机制研究:实施路径、困境及其破解》,《西北师大学报(社会科学版)》,2017年第3期,第24—30页。
② 〔德〕韩博天:《红天鹅——中国独特的治理和制度创新》,石磊译,第168—170页。
③ 杨永恒:《完善我国发展规划编制体制的建议》,《行政管理改革》,2014年第1期,第27—31页。

度供给错位且不足,并且各种机制尚未在法律上予以构建和固定,导致发展规划的实施容易成为无本之木和空中楼阁。

因此,未来需要加强规划与政策体系的协同。在我国,规划其实远超出了一个政策文本或一个封闭的政策过程,而是中央和地方多层次、政府与市场多主体之间通过各种互动模式相互链接形成的一个庞大的网络,其过程中可以输出不计其数的规范文本和政策体系,以主动引导或干预市场经济主体的活动,塑造或制约各级政府的行为。① 未来需要将这些规范文本和政策体系进一步细化、制度化,服务于规划目标的分解和实现。此外,以项目抓规划落实也是一个重要的经验,从"一五"计划的"156项工程"到"十三五"规划的165项重大工程项目,都是通过具体项目明确责任主体和责任机制,有效推动了规划落地。

第二节 走向未来的五年规划

一、"十四五"规划:在新时代开启"第二个百年奋斗目标"

1. 在风云变幻的局势中谋求国家复兴

2017年,中国共产党第十九次全国代表大会报告指出:世界正处于大发展大变革大调整时期,和平与发展仍然是时代主题。世界多极化、经济全球化、社会信息化、文化多样化深入发展,全球治理体系和国际秩序变革加速推进,各国相互联系和依存日益加深,国际力量对比更趋平衡,和平发展大势不可逆转。

此外,近年来,国际形势风云突变,地区冲突不断升级,黑

---

① 董学智:《论发展规划法中的实施机制》,《经济法论丛》,2018年第1期,第225—248页。

天鹅、灰犀牛事件频发，贸易保护主义、单边主义、民粹主义等逆全球化暗流涌动，世界经济增长动能不足，贫富分化日益严重，恐怖主义、网络安全、气候变化等非传统安全威胁持续蔓延，世界经济重心、世界政治格局、全球化进程、科技与产业、全球治理、世界秩序等面临前所未有的大变局。

"世界处于百年未有之大变局"，再加上突如其来的新冠肺炎疫情对全球政治经济秩序的剧烈冲击，"十四五"时期，中国经济发展面临的国际环境，必将发生深刻的变化。

一是逆全球化倾向可能加剧，导致国际贸易形势恶化，技术创新环境变差。随着美国政府退出国际组织、强调美国"优先"、挑起贸易摩擦等一系列行为，逆全球化倾向愈演愈烈，严重影响全球经济的复苏和可持续发展。"十四五"时期，逆全球化以及国际社会的撕裂，可能还会继续，全球政治经济的不确定性因素依然较多。在此情况下，中国如何继续利用好国际市场和国际资源，需要冷静思考、沉着应对。

二是全球经济低位运行，美、欧、日等国家和地区经济增速均有所下行。全球经济增长乏力，人口老龄化、资源环境承载能力弱化、劳动生产率下降、民族宗教等问题引发的局部冲突和战争、收入差距扩大引发的国家内部矛盾等均制约着全球经济的持续发力。此外，此次全球性的新冠肺炎疫情可能导致的全球金融风险，也为下一次全球金融危机埋下了隐患。

三是中国的民族复兴、和平崛起将受到一些国家的防范和阻挠。随着中国日益走向世界舞台中央，一些国家开始将中国视为对手，产生疑虑与防范心理，美国更是处心积虑地实施遏制措施。"十四五"时期，美国对华的抑制政策可能不会有大的变化，摩擦与谈判可能成为中美贸易关系的常态。

从国内发展环境来看，十九大报告提出："经过长期努力，中国特色社会主义进入了新时代,这是我国发展新的历史方位。"在新时代,中国进入高质量发展阶段,社会主要矛盾已经由"人民日益增长的物质文化需要同落后的社会生产之间的矛盾"转化为"人民日益增长的美好生活需要和不平衡不充分的发展之间的矛盾",面临着模式、结构及体制等多方面的现实约束。模式约束是指以要素驱动和外需驱动为特征的传统经济增长模式难以为继,"三驾马车"集体乏力,实际增长率和潜在增长率下行特征显著。结构约束是指收入分配、地区间结构、城乡关系以及产业部门间关系失衡失调,引致经济增长潜力与经济增长质量受限。体制约束是指体制藩篱亟待改革,要始终以政府与市场关系调整为核心,以市场化为导向,以渐进式推进方式为特点,着力改革生产关系与生产力不相适应的环节,尤其是区域协调、收入分配、要素市场、现代企业制度或者科技创新等体制层面。①

尽管如此,我们也要看到中国经济保持稳定增长、可持续发展的有利因素。中国正处于大发展的战略机遇期。从国际环境来看,一是全球科技进步将会进一步发挥对经济的刺激作用。信息化、人工智能、5G、新材料等科技进步,将有利于缓解人口和劳动力紧张的问题,促进生产率的提高。二是中国作为世界经济与贸易大国,在受到以美国为首的西方国家抑制的同时,影响力和吸引力也在与日俱增。没有哪个经济体会轻易放弃中国市场。中国仍是具有巨大投资潜力和创业活力的国家。

从国内发展基础来看,一是我国具有超大规模经济体的物质基础优势。中华人民共和国成立70多年来,我国已积累了比较雄厚的物质基础,综合国力已居世界前列。2019年,我国国内生产

---

① 李兰冰、刘秉镰:《"十四五"时期中国区域经济发展的重大问题展望》,《管理世界》,2020年第5期,第36—51页。

总值达99.1万亿元，人均国内生产总值超过10 000美元，达到世界银行划分的上中等收入经济体水平，在此基础上，我国将致力于越过世界银行划分的高收入经济体12 000多美元的门槛，跨过"中等收入陷阱"，从中等收入经济体晋级为高收入经济体。此外，我国还是制造业第一大国、货物贸易第一大国、商品消费第二大国、外资流入第二大国，外汇储备连续多年位居世界第一。从生产供给角度看，我国还具有最完整、规模最大的工业供应体系，拥有39个工业大类、191个中类、525个小类，成为全世界唯一拥有联合国产业分类中全部工业门类的国家，世界230多个国家和地区都能见到"中国制造"的身影。从消费需求看，我国具有规模广阔、需求多样的国内消费市场。2019年中国有14亿人口，中等收入群体规模全球最大。超大规模的消费市场，可以形成超大规模的内需。二是中国特色社会主义制度和国家治理体系的制度基础优势。中华人民共和国成立70多年来，中国共产党领导中国人民创造了世所罕见的经济快速发展奇迹和社会长期稳定奇迹，中华民族迎来了从站起来、富起来到强起来的伟大飞跃。在党和人民长期的实践探索中，形成了中国特色社会主义制度和国家治理体系。中国特色社会主义制度和国家治理体系具有多方面的显著优势，具体包括：确保国家始终沿着社会主义方向前进的显著优势，紧紧依靠人民推动国家发展的显著优势，切实保障社会公平正义和人民权利的显著优势，集中力量办大事的显著优势，实现共同团结奋斗、共同繁荣发展的显著优势，把社会主义制度和市场经济有机结合起来、不断解放和发展社会生产力的显著优势，促进全体人民在思想上精神上紧紧团结在一起的显著优势，不断保障和改善民生、增进人民福祉、走共同富裕道路的显著优势，使社会始终充满生机活力的显著优势，培养造就更多更优秀人才的显著优势，有力保障国家主权、安全、发展利益的显著优势，促进祖国和平统一的显著优势,为构建人类命运共同体不断作出贡献的显著优势等。①

此外,我国的发展还有许多有利因素。第一,举国上下对中国经济增长的信心不断强化。尽管新冠肺炎疫情冲击了经济,但随着疫情得到控制和复工复产的有序开展,疫情对经济的影响已经降至最低。第二,中国社会稳定,民众对执政党、政府充满信心。第三,中国的基础设施不断完善。中国网上交易规模、手机等智能移动终端数量位居世界第一。高速铁路总里程超过3.5万公里,占全球的2/3以上;高速公路超过14万公里,稳居世界第一。第四,中国信息化和人工智能居于世界领先地位,高素质劳动力人口数量仍然巨大。第五,中国各区域协同发展的布局正在形成。这些有利因素表明,中国经济社会发展长期向好的态势不会改变。

2. 以习近平新时代中国特色社会主义思想为指导实现国家复兴

尽管发展环境中的机遇与挑战并存,但中国实现国家富强、民族复兴的决心是无比坚定的。正如习近平在十九大报告中所指出的:我们生活的世界充满希望,也充满挑战。我们不能因现实复杂而放弃梦想,不能因理想遥远而放弃追求。"十三五"规划的完成,标志着党的十六大、十七大、十八大、十九大提出的全面建成小康社会宏伟目标的实现。党的十九大报告综合分析国际国内形势和我国发展条件,提出了我国从二〇二〇年到本世纪中叶分两个阶段发展的战略安排。第一个阶段,从二〇二〇年到二〇三五年,在全面建成小康社会的基础上,再奋斗十五年,基本实现社会主义现代化。到那时,我国经济实力、科技实力将大幅跃升,跻身

---

① 中国社会科学院经济研究所课题组:《"五年规划"的历史经验与"十四五"规划的指导思想研究》,《经济学动态》,2020年第4期,第3—14页。

创新型国家前列；人民平等参与、平等发展权利得到充分保障，法治国家、法治政府、法治社会基本建成，各方面制度更加完善，国家治理体系和治理能力现代化基本实现；社会文明程度达到新的高度，国家文化软实力显著增强，中华文化影响更加广泛深入；人民生活更为宽裕，中等收入群体比例明显提高，城乡区域发展差距和居民生活水平差距显著缩小，基本公共服务均等化基本实现，全体人民共同富裕迈出坚实步伐；现代社会治理格局基本形成，社会充满活力又和谐有序；生态环境根本好转，美丽中国目标基本实现。第二个阶段，从二〇三五年到本世纪中叶，在基本实现现代化的基础上，再奋斗十五年，把我国建成富强民主文明和谐美丽的社会主义现代化强国。到那时，我国物质文明、政治文明、精神文明、社会文明、生态文明将全面提升，实现国家治理体系和治理能力现代化，成为综合国力和国际影响力领先的国家，全体人民共同富裕基本实现，我国人民将享有更加幸福安康的生活，中华民族将以更加昂扬的姿态屹立于世界民族之林。[①]

"两个阶段"战略安排是我国未来六个五年规划的总路线。中国五年规划的经验证明，无论在何时，科学编制、实施五年规划，都必须坚持以马克思主义中国化的最新理论成果为指导。习近平新时代中国特色社会主义思想是当代中国马克思主义、21世纪马克思主义，是马克思主义与中国具体实践相结合的又一次飞跃，开拓了马克思主义的新境界，为中国全面建成小康社会、基本实现社会主义现代化指引了方向。

因此，站在新的历史起点，未来的规划必须以习近平新时代中国特色社会主义思想为指导，全面贯彻党的十九大和十九届二

---

① 习近平：《决胜全面建成小康社会 夺取新时代中国特色社会主义伟大胜利——在中国共产党第十九次全国代表大会上的报告》，2017年10月18日。

中、三中、四中全会精神，立足我国发展的历史方位和节点，把握百年未有之大变局的变革方向，抓住新一轮科技与产业革命的战略机遇，挖掘我国超大规模经济体优势和发挥中国特色社会主义制度优势，坚持创新、协调、绿色、开放、共享的发展理念，统筹推进"五位一体"总体布局，积极推进国家全面高质量发展，深入推进"四化同步"发展，加快建设现代化经济体系，持续深化市场化改革和扩大高水平开放，实质推进供给侧结构性改革，切实提高科技和产业创新能力，不断增强人民群众的获得感、幸福感、安全感，不断提高国家治理体系和治理能力现代化水平，保持经济持续健康发展和社会大局稳定，开启全面建设社会主义现代化国家的新征程。[①]

3. 承前启后的"十四五"规划

"十四五"时期是我国全面建成小康社会、实现第一个百年奋斗目标之后，乘势而上开启全面建设社会主义现代化国家新征程、向第二个百年奋斗目标进军的第一个五年。作为新时代开启全面建设社会主义现代化国家新征程的第一个五年规划，"十四五"规划具有"两个一百年"奋斗目标历史交汇和承上启下的特点，既要巩固提升全面建成小康社会成果，又要为实现第二个一百年第一阶段的奋斗目标——基本实现社会主义现代化——开好局、起好步，打下坚实的基础，意义十分重大。

2018年6月，为研究"十四五"规划的总体思路和方向，并为"十三五"规划中期评估提供支撑，国家发展改革委启动了"十四五"规划前期研究工作，组织多家科研单位开展前期研究和深入研讨。2019年3月，国家发展改革委组织召开地方座谈会，

[①] 中国社会科学院经济研究所课题组：《"五年规划"的历史经验与"十四五"规划的指导思想研究》，《经济学动态》，2020年第4期，第3—14页。

讨论国家发展规划目标指标设置问题。北京、上海、江苏、浙江、福建、河南、广东、四川、陕西9省市发展改革委有关同志参加会议，深入交流有关地区在目标指标设置上的好经验、好做法，并就国家发展规划目标指标设置提出建议。同月，国家发展改革委组织召开专家座谈会，讨论国家发展规划目标指标设置问题。

2019年11月，李克强主持召开研究部署国民经济和社会发展第十四个五年规划编制专题会议，提出编制好"十四五"规划，要坚持以习近平新时代中国特色社会主义思想为指导，把发展机遇研判准，把困难挑战分析透，立足我国基本国情和发展阶段，坚持发展第一要务，突出保持经济运行在合理区间、推动高质量发展，突出以人民为中心的发展思想，突出以改革创新破解发展难题，实事求是、遵循规律，着眼长远、统筹兼顾，提出"十四五"时期发展目标、工作思路、重点任务，给社会良好预期，激励全国上下努力奋进。他强调，"十四五"时期，外部环境可能更加复杂，不确定性和挑战更多，中国正处在转变发展方式、优化经济结构、转换增长动力的关键时期，人民对美好生活有更多期盼，要认真谋划"十四五"时期经济社会发展的重要支撑，围绕推动经济发展、增进人民福祉、防范化解风险等，研究推出一批重大政策。

2020年3月，中央政治局决定成立"十四五"规划建议文件起草组，习近平总书记担任组长，李克强、王沪宁、韩正担任副组长，有关部门和地方负责同志参加，在中央政治局常委会领导下承担建议稿起草工作。

2020年7月30日，中共中央政治局召开会议，决定2020年10月在北京召开中国共产党第十九届中央委员会第五次全体会议，主要议程是，中共中央政治局向中央委员会报告工作，研究关于制定国民经济和社会发展第十四个五年规划和二〇三五年远景目标的建议。会议强调，推动"十四五"时期我国经济社会发展，必须高举中国特色社会主义伟大旗帜，深入贯彻党的十九大和十九届二中、三中、四中全会精神，坚持以马克思列宁主义、毛泽东思想、邓小平理论、"三个代表"重要思想、科学发展观、习近平新时代中国特色社会主义思想为指导，全面贯彻党的基本理论、基本路线、基本方略，坚定不移贯彻新发展理念，统筹发展和安全，推进国家治理体系和治理能力现代化，实现经济行稳致远、社会安定和谐，为全面建设社会主义现代化国家开好局、起好步。会议指出，推动"十四五"时期经济社会发展，必须坚持和完善党领导经济社会发展的体制机制，为实现高质量发展提供根本保证。必须始终做到发展为了人民、发展依靠人民、发展成果由人民共享，不断实现人民对美好生活的向往。必须把新发展理念贯穿发展全过程和各领域，实现更高质量、更有效率、更加公平、更可持续、更为安全的发展。必须坚定不移推进改革，继续扩大开放，持续增强发展动力和活力。必须加强前瞻性思考、全局性谋划、战略性布局、整体性推进，实现发展规模、速度、质量、结构、效益、安全相统一。

2020年8月，习近平对"十四五"规划编制工作作出重要指示，强调编制和实施国民经济和社会发展五年规划是我们党治国理政的重要方式。五年规划编制涉及经济和社会发展方方面面，同人民群众生产生活息息相关，要开门问策、集思广益，把加强顶层设计和坚持问计于民统一起来，鼓励广大人民群众和社会各界以各种方式为"十四五"规划建言献策，切实把社会期盼、群众智慧、专家意见、基层经验充分吸收到"十四五"规划编制中来，齐心协力把"十四五"规划编制好。

2020年10月26日至29日，中国共产党第十九届中央委员会第五次全体会议在北京召开，会议审议了《中共中央关于制定国民经济和社会发展第十四个五年规划和二〇三五年远景目标的建议》。

从当前我国经济社会发展的需要来看,"十四五"规划的重点包括以下主题：一是推动经济高质量发展,尤其在规划内容上增加发展质量的要求,在指标体系上更好地与发展质量相匹配。二是发展高端制造业,发挥集中力量办大事的优势,加强重大科学技术的研发和创新,以科技创新催生新发展动能。三是统筹做好疫情防控和经济社会发展,充分考虑新冠肺炎疫情对我国和世界经济的深层次影响,建立常态化应对公共卫生安全事件的机制。四是巩固脱贫攻坚与实施乡村振兴战略,将民生问题放在更重要的位置,加强和创新基层社会治理。五是关注人口老龄化问题,不断提高人力资本水平,提升经济社会发展的根本动力。六是关注资源环境问题,在资源和环境生态中加强规划治理。七是关注经济不平衡不充分发展问题,建立完善高标准市场体系,以深化改革激发新发展活力。八是充分应对国际形势和外部环境变化,应对百年未有之大变局,以畅通国民经济循环为主构建新发展格局,推进高水平对外开放。

二、中国式规划的世界意义与研究展望

1. 中国式规划的理论意义

中国式规划的理论和实践对当前世界哲学社会科学的理论发展有重要的意义。

首先,中国式规划推进了中国化马克思主义理论和中国特色社会主义理论体系的发展。马克思列宁主义、毛泽东思想、邓小平理论、"三个代表"重要思想、科学发展观和习近平新时代中国特色社会主义思想是建设中国特色社会主义的指导思想,也是中

国化马克思主义理论和中国特色社会主义理论体系的总框架。中国特色社会主义的伟大实践是阐述和丰富这一理论体系的根本来源。中国特色社会主义的最本质特征和最大优势是中国共产党的领导。历史实践证明，无论国内外形势多复杂，面临的挑战有多大，强化党的领导，各项事业就巩固、发展、进步；削弱党的领导，各项事业就容易遭受挫折损失。因此，解释中国伟大奇迹、推进中国化马克思主义理论和中国特色社会主义理论体系发展不能离开对党的领导的深入研究。规划作为党治国理政的重要方式，既是党的目标治理的方式，也是党通过领导力凝聚共识的过程，深入刻画了党领导中国特色社会主义建设的机制，因此对推进中国化马克思主义理论和中国特色社会主义理论体系的发展有重要意义。从中国化马克思主义理论来看，五年规划和马克思主义中国化的发展是相互作用、相互影响的。五年规划的正确编制及执行推动促进了马克思主义中国化不断向前发展，马克思主义中国化的正常发展推动了五年规划的制定和实施，因此总结中华人民共和国五年规划与马克思主义中国化在互动发展中留下的经验教训，对推进五年规划与马克思主义中国化的良性互动以及各自的发展，具有非常重要的现实意义和价值。① 从中国特色社会主义理论体系来看，作为一个巨型国家，中国国土面积超过欧洲，人口是欧洲的 2.6 倍，既有独特的文化、历史和政治传统，也有独特的政治制度，尤其是中国共产党的领导制度，更有 70 年来伟大的社会主义实践，尤其近 70 年的规划探索实践、历史演变，这些都需要我们去研究和总结，并在此基础上丰富中国特色社会主义理论体系。②

---

① 杨近平：《新中国十二个五年计划与马克思主义中国论》，第 168 页。
② 姚洋：《构建中国的新政治经济学》，《南风窗》，2016 年第 24 期，第 24—26 页。

其次，推进了世界规划学理论的发展。虽然现代意义上的规划最早出现在西方国家，但中国近70年的规划实践，"青出于蓝而胜于蓝"，发展了西方最初的规划思想，并结合中国的国情，创造了独具特色的规划制度，形成了规划理论的重要创新，对世界规划学理论的发展具有重要的意义。举例而言，西方国家的大部分规划，专业性较强，但约束性较差，政府的作用并没有受到特别的重视，而是更为注重市场主体的作用，因此规划的实施整体不是很好。而中国式规划同时发挥了政府和市场的作用，并同时强调规划的专业性、战略性，使得规划既能得到有效实施，也能激发市场主体的活力。此外，中国式规划在理念、定位、程序、方法、编制规程、政策保障、大数据等技术使用方面都有独特的制度和实践，还形成了层层递进、衔接互补的规划体系，这些对规划学理论体系的发展是一种重要的创新。

最后，扩展了发展经济学理论的本土视角。1949年以来，中国一步一个脚印，奠定了社会主义制度，建立了独立的比较完善的工业体系，实现了"站起来"；1978年以后，中国改革开放，实现了"富起来"；当前世界进入百年未有之大变局，是中国"强起来"的战略机遇期。这三个阶段许多战略目标的实现，都与规划的作用密切相关，甚至可以说，中国强国富民的道路就是靠一个五年规划接着一个五年规划，撸起袖子加油干起来的。因此，以规划机制来解释中国发展的逻辑为发展经济学提供了一个新的本土视角，对发展经济学的理论创新具有重要的意义。

2. 中国式规划的实践意义

实践意义方面，中国式规划对世界各国的发展实践也有重要的启示。

首先，要坚持务实主义的发展思路。从指导理念来看，中国的十三个五年规划体现了"务实主义"的发展思路。许多在中国的投资者和企业都认为,与反复无常的被动民主体制相比,中国政治体制最大的一个优势是,政府更重视长期发展目标以及大型项目建设,中国的发展模式是一种灵活的、独特的参考框架,这一框架的核心是务实主义。一个典型的证据是,在经济体制转型的过程中,俄罗斯、东欧诸国等全面推行私有化、自由化、市场化的国家,彻底摧毁了原有的计划体制,包括规划手段。然而,这造成了政府提供公共服务能力的弱化,国内生产总值和人类发展指标都出现了下降。"在倒脏水的时候,把洗澡的婴儿也倒掉了",苏联和东欧诸国都犯了同样的错误。然而中国并没有犯这种错误,既不僵化保守,也不迷信西方,而是务实地、睿智地进行了兼具主动性和渐进性的调整,保留了规划这一有效的工具,而且把脏水换成了新鲜的活水(规划处于不断演变的过程),成功地留住了宝贵的婴儿。① 正因如此,中国是三十多个转轨国家中少数成功转型的国家。

其次,要坚持博采众长的发展路线。从发展演变来看,中国的十三个五年规划既坚持基于中国自身的治理经验,又体现了"博采众长"的发展路线。从中华人民共和国成立之初向苏联学习,到改革开放后向西方国家学习,日本和韩国等国家在第二次世界大战后的规划经验以及各个国家的先进经验都被中国吸收为编制规划和制定产业政策的样板。比如,向日本学习大都市发展的规划和模式,向德国请教空间和环境规划,向新加坡、韩国学习人力资源管理和科技规划,甚至研究了北欧斯堪的纳维亚一些小国的社会福利规划,印度所使用的高深复杂的计划模型和技术

---

① 鄢一龙:《目标治理——看得见的五年规划之手》,第151—153页。

也曾被中国同行反复地考量过。①

最后,要坚持实事求是的发展制度。从本质上来看,中国的十三个五年规划是"实事求是"的发展制度。一个国家应该采用什么样的发展制度应该基于本国国情,"华盛顿共识"宣扬的西方模式并不适用于每个国家。而且中国的经验已经证明,没有一个"放诸四海而皆准"的模式。事实上,中国政府也从来没有把自己的政治和经济制度当成一个可效仿的模式介绍给其他国家。恰恰相反,中国坚持认为亚洲、非洲和拉丁美洲等地区的其他发展中国家应该结合自身实际情况,自主制定国家发展战略。与西方国家对提供发展援助时给受助国强加各种附加条件的做法不同,中国从不设置任何不符合受助国家和地区情况的条件。②

3. 中国式规划的研究展望

对中国五年规划的研究已有很多,最早的研究开始于20世纪50年代"一五"计划编制之时,出于宣传"一五"计划的需要,当时关于"一五"计划的书籍、文章大量涌现,形成了研究"一五"计划的高潮。20世纪60年代和70年代,由于"大跃进"、人民公社化运动、"文化大革命"等一系列事件的影响,五年规划没有得到有效落实,五年规划的学术研究也同样受到冲击,研究成果比较少见。20世纪80年代至今,伴随我国改革开放的步伐,五年规划的制定和实施走上了正轨,国内学术界对五年规划的研究也迎来了新的高峰,尤其是党的十八大以来,涌现了大量的著作和期刊论文,既有政策性的思考解读,又有学术性的理论研究。③

一般而言,科学研究的方法分为规范研究和实证研究两类,

---

① 〔德〕韩博天:《红天鹅——中国独特的治理和制度创新》,石磊译,第120—121页。
② 同上书,第182—187页。
③ 杨近平:《新中国十二个五年计划与马克思主义中国论》,第3—4页。

经典的理论体系往往需要同时运用两类研究方法。规范研究一般是在思辨哲学、先验哲学的基础上直接建构一套理论体系（一般是不可证伪的元理论命题），重视价值问题的探讨和获得学术共同体的认同，不关心经验事实的衡量。实证研究一般是在实证主义哲学的基础上，基于客观事实建构一套可证伪的理论体系，重视理论命题的经验事实证据。进一步来看，实证研究还可以分为定性研究和定量研究两种。

  从当前的规划研究来看，规范研究居多，也有一定数量的定性研究，但定量研究还较少，主要原因在于规划的内涵当前还难以量化，未来可以在这方面展开深入探索。此外，还可以将规划研究与中国政治体制、党的领导制度、政府在经济运行中扮演的角色、国家层面的制度和制度变迁、官员激励等新政治经济学的研究结合起来，拓宽规划研究的视角。最后，比较经济史的研究视角对提升规划的世界意义非常重要，未来还可以基于世界各国的规划史，以对比研究的视角开展深入研究。我们期待这方面有更多的研究成果涌现。

附 录 十三个五年规划的内容提纲演变

一五计划

绪 言

第一章 第一个五年计划的任务

第二章 第一个五年计划的投资分配和生产指标

第三章 工业

第四章 农业

第五章 运输和邮电

第六章 商业

第七章 提高劳动生产率和降低成本的计划指标

第八章 培养建设干部,加强科学研究工作

第九章 提高人民的物质生活和文化生活的水平

第十章 地方计划问题

第十一章 厉行节约,反对浪费

二五计划

未公开

三五计划

一、方针、任务

二、基本建设

三、农业、工业生产和交通运输

四、在科学技术上赶上和超过世界先进水平

五、文化、教育、卫生事业

六、人民生活

七、对外贸易和对外经济技术援助

八、人力、物力、财力的平衡

九、十五年远景的设想

十、调动一切积极因素,为实现第三个五年计划而奋斗

四五计划

未公开

五五计划

一、十年规划的出发点

二、十年规划的奋斗目标

三、走毛主席指引的建设社会主义的道路

四、大力加强农业基础

五、加快发展轻工业

六、发展壮大基础工业

七、积极发展石油化工、电子等新兴工业

八、加强国防工业,搞好战略后方基地的建设

九、坚持挖潜、革新、改造的方针

十、基本建设要集中力量打歼灭战

十一、积极开展综合利用，大力搞好环境保护

十二、做好商业工作，扩大对外贸易

十三、努力增加财政收入，重点保证经济建设

十四、迅速发展科学技术，繁荣文教卫生事业

十五、认真搞好劳动力的安排和管理

十六、逐步提高人民生活水平

六五计划

序　言

第一编　基本任务和综合指标

第一章　基本任务

第二章　社会总产品、国民收入和经济效益

第三章　财政和信贷

第四章　固定资产投资

第五章　科学技术发展和人材培养的目标

第六章　人民生活和社会事业发展目标

第二编　各经济部门发展计划

第七章　农业

第八章　林业

第九章　消费品工业

第十章　能源

第十一章　冶金工业

第十二章　化学工业

第十三章　建筑材料工业

第十四章　地质勘探

第十五章　机械工业、电子工业

第十六章　建筑业

第十七章　运输和邮电

第十八章　国内商业

第十九章　对外经济贸易

第三编　地区经济发展计划

第二十章　沿海地区

第二十一章　内陆地区

第二十二章　少数民族地区

第二十三章　地区协作

第二十四章　国土开发和整治

第四编　科学研究和教育发展计划

第二十五章　科学技术

第二十六章　哲学社会科学

第二十七章　初等教育和中等教育

第二十八章　高等和中等专业教育

第五编　社会发展计划

第二十九章　人口

第三十章　劳动

第三十一章　居民收入和消费

第三十二章　城乡建设和社会福利事业

第三十三章　文化事业

第三十四章　卫生、体育事业

第三十五章　环境保护

第三十六章　社会秩序

七五计划

绪　论

一、主要任务和经济发展目标

第一章　主要任务

第二章　经济增长率和经济效益

第三章　国民收入的生产和分配

第四章　财政、金融和外汇

第五章　科技、教育和社会发展目标

二、产业结构和产业政策

第六章　调整产业结构的方向和原则

第七章　农业

第八章　消费品工业

第九章　能源

第十章　原材料工业

第十一章　地质勘探

第十二章　机械电子工业

第十三章　建筑业和建筑材料工业

第十四章　交通运输和邮电通信

第十五章　商品流通

三、地区布局和地区经济发展政策

第十六章　东部沿海地带的经济发展

第十七章　中部地带的经济发展

第十八章　西部地带的经济发展

第十九章　老、少、边穷地区的经济发展

第二十章　地区协作和经济区网络

第二十一章　城乡建设

第二十二章　国土开发和整治

四、科学技术发展和政策

第二十三章　科技发展战略

第二十四章　科技成果的应用和推广

第二十五章　科技攻关

第二十六章　基础研究

第二十七章　哲学社会科学研究

五、教育发展及其政策

第二十八章　基础教育

第二十九章　职业技术教育

第三十章　普通高等教育

第三十一章　成人教育

第三十二章　发展教育事业的主要政策措施

六、对外经济贸易和技术交流

第三十三章　进出口贸易

第三十四章　利用外资和引进技术

第三十五章　经济特区、沿海开放城市和开放地区

第三十六章　对外承包工程、劳务合作和国际援助

第三十七章　旅游

第三十八章　国家外汇收支

七、投资结构和投资政策

第三十九章　投资结构的调整

第四十章　基建投资的部门结构

第四十一章　技术改造的部署

第四十二章　固定资产投资的管理

八、经济体制改革的目标和任务

第四十三章　体制改革的任务和步骤

第四十四章　增强企业活力

第四十五章　发展社会主义市场体系

第四十六章　加强和改善宏观控制

九、人民生活和社会保障

第四十七章　人口

第四十八章　劳动

第四十九章　居民收入与消费结构

第五十章　卫生和体育

第五十一章　社会保障事业

第五十二章　环境保护

十、社会主义精神文明建设

第五十三章　文化事业

第五十四章　思想政治工作

第五十五章　社会主义民主和法制

第五十六章　社会秩序

八五计划

序　言

一、1991—2000年的主要目标的指导方针

（一）奋斗目标和总体蓝图

（二）基本指导方针

（三）主要任务和重要指标

二、"八五"计划的基本任务和综合经济指标

（一）基本任务

（二）经济增长的规模和速度

（三）综合经济效益

（四）国民收入的生产和分配

（五）财政和信贷

三、"八五"期间主要经济部门发展的任务和政策

（一）农业和农村经济

（二）水利建设

（三）能源工业

（四）交通运输和邮电通信业

（五）原材料工业

（六）地质勘查和气象

（七）电子工业

（八）机械制造工业

（九）国防工业和国防科研

（十）轻纺工业

（十一）建筑业

（十二）商品流通

四、"八五"期间地区经济发展的布局和政策

（一）沿海地区的经济发展

（二）内陆地区的经济发展

（三）少数民族地区的经济发展

（四）贫困地区的经济发展

（五）地区经济协作和联合

（六）城乡规划和建设

（七）国土开发整治和环境保护

五、"八五"期间科学技术、教育发展的任务和政策

（一）科学技术的发展

（二）教育事业的发展

六、"八五"期间对外贸易和经济技术交流

（一）进出口贸易

（二）利用外资、引进技术和智力

（三）经济特区、对外开放城市和开放地区

七、"八五"期间经济体制改革的主要任务和措施

（一）完善以公有制为主体的所有制结构

（二）改革企业体制

（三）发展社会主义市场体系

（四）改革价格体制

（五）改革财政税收体制

（六）改革金融体制

（七）改革工资制度

（八）改革住房制度和社会保障制度

（九）改革计划体制和投资体制

（十）加强经济调控体系建设

八、"八五"期间人民生活和消费政策

（一）居民收入和消费结构

（二）控制人口增长

（三）劳动就业和劳动保护

（四）卫生保健事业

九、"八五"期间社会主义精神文明建设和社会主义民主法制建设

（一）文化建设

（二）思想建设

（三）社会主义民主和法制建设

九五计划

序　言

一、"八五"计划完成情况

二、国民经济和社会发展的指导方针和奋斗目标

（一）未来15年的国内外环境和条件

（二）国民经济和社会发展的指导方针

（三）"九五"国民经济和社会发展的奋斗目标

（四）2010年国民经济和社会发展的远景目标

三、宏观调控目标和政策

（一）经济增长速度

（二）价格总水平

（三）固定资产投资

（四）财政收支

（五）货币供应

（六）国际收支

（七）人口和就业

四、保持国民经济持续快速健康发展

（一）切实加强农业，全面发展和繁荣农村经济

（二）继续加强基础设施和基础工业

（三）振兴支柱产业和调整提高轻纺工业

（四）积极发展第三产业

（五）加强国防现代化建设

五、实施科教兴国战略

（一）加速科学技术进步

（二）优先发展教育

六、促进区域经济协调发展

（一）区域经济协调发展的方向

（二）主要政策措施

七、深化经济体制改革

（一）建立现代企业制度

（二）积极发展和完善市场体系

（三）转变政府职能

（四）改革投资体制

（五）规范和完善初次分配与再分配机制

（六）加快社会保障制度改革

（七）加快经济立法

八、扩大对外开放程度，提高对外开放水平

（一）提高对外开放水平

（二）坚持以质取胜和市场多元化的对外贸易战略

（三）积极合理有效地利用外资

九、实施可持续发展战略，推进社会事业全面发展

（一）国土资源保护和开发

（二）环境和生态保护

（三）城乡建设

（四）文化

（五）卫生

（六）体育

十、加强社会主义精神文明和民主法制建设

（一）社会主义精神文明建设

（二）社会主义民主和法制建设

（三）维护国家安全和社会稳定

十一、促进祖国和平统一大业

十五计划

序　言

第一篇　指导方针和目标

第一章　国民经济和社会发展的指导方针

第二章　国民经济和社会发展的主要目标

第二篇　经济结构

第三章　加强农业基础地位，促进农村经济全面发展

第四章　优化工业结构，增强国际竞争力

第五章　发展服务业，提高供给能力和水平

第六章　加速发展信息产业，大力推进信息化

第七章　加强基础设施建设，改善布局和结构

第八章　实施西部大开发战略，促进地区协调发展

第九章　实施城镇化战略，促进城乡共同进步

第三篇　科技、教育和人才

第十章　推进科技进步和创新，提高持续发展能力

第十一章　加快教育发展，提高全民素质

第十二章　实施人才战略，壮大人才队伍

第四篇　人口、资源和环境

第十三章　控制人口增长，提高出生人口素质

第十四章　节约保护资源，实现永续利用

第十五章　加强生态建设，保护和治理环境

第五篇　改革开放

第十六章　推进改革，完善社会主义市场经济体制

第十七章　扩大对外开放，发展开放型经济

第六篇　人民生活

第十八章　积极扩大就业，健全社会保障制度

第十九章　增加居民收入，提高人民生活水平

第七篇　精神文明

第二十章　加强思想道德建设，形成共同理想和精神支柱

第二十一章　繁荣社会主义文化，提高文化生活质量

第八篇　民主法制

第二十二章　加强民主政治建设，发展社会主义民主

第二十三章　依法治国，建设社会主义法治国家

第九篇　国防建设

第二十四章　加强国防建设，保障国家安全

第十篇　规划实施

第二十五章　改善宏观调控，保持经济稳定增长

第二十六章　创新实施机制，保障实现规划目标

十一五规划

第一篇　指导原则和发展目标

第一章　全面建设小康社会的关键时期

第二章　全面贯彻落实科学发展观

第三章　经济社会发展的主要目标

第二篇　建设社会主义新农村

第四章　发展现代农业

第五章　增加农民收入

第六章　改善农村面貌

第七章　培养新型农民

第八章　增加农业和农村投入

第九章　深化农村改革

第三篇　推进工业结构优化升级

第十章　加快发展高技术产业

第十一章　振兴装备制造业

第十二章　优化发展能源工业

第十三章　调整原材料工业结构和布局

第十四章　提升轻纺工业水平

第十五章　积极推进信息化

第四篇　加快发展服务业

第十六章　拓展生产性服务业

第十七章　丰富消费性服务业

第十八章　促进服务业发展的政策

第五篇　促进区域协调发展

第十九章　实施区域发展总体战略

第二十章　推进形成主体功能区

第二十一章　促进城镇化健康发展

第六篇　建设资源节约型、环境友好型社会

第二十二章　发展循环经济

第二十三章　保护修复自然生态

第二十四章　加大环境保护力度

第二十五章　强化资源管理

第二十六章　合理利用海洋和气候资源

第七篇　实施科教兴国战略和人才强国战略

第二十七章　加快科学技术创新和跨越

第二十八章　优先发展教育

第二十九章　推进人才强国战略

第八篇　深化体制改革

第三十章　着力推进行政管理体制改革

第三十一章　坚持和完善基本经济制度

第三十二章　推进财政税收体制改革

第三十三章　加快金融体制改革

第三十四章　完善现代市场体系

第九篇　实施互利共赢的开放战略

第三十五章　加快转变对外贸易增长方式

第三十六章　提高利用外资质量

第三十七章　积极开展国际经济合作

第十篇　推进社会主义和谐社会建设

第三十八章　全面做好人口工作

第三十九章　提高人民生活水平

第四十章　提高人民健康水平

第四十一章　加强公共安全建设

第四十二章　完善社会管理体制

第十一篇　加强社会主义民主政治建设

第四十三章　加强社会主义民主政治建设

第十二篇　加强社会主义文化建设

第四十四章　加强社会主义文化建设

第十三篇　加强国防和军队建设

第四十五章　加强国防和军队建设

第十四篇　建立健全规划实施机制

第四十六章　建立分类指导的实施机制

第四十七章　调整和完善经济政策

第四十八章　健全规划管理体制

十二五规划

第一篇　转变方式开创科学发展新局面

第一章　发展环境

第二章　指导思想

第三章　主要目标

第四章　政策导向

第二篇　强农惠农加快社会主义新农村建设

第五章　加快发展现代农业

第六章　拓宽农民增收渠道

第七章　改善农村生产生活条件

第八章　完善农村发展体制机制

第三篇　转型升级提高产业核心竞争力

第九章　改造提升制造业

第十章　培育发展战略性新兴产业

第十一章　推动能源生产和利用方式变革

第十二章　构建综合交通运输体系

第十三章　全面提高信息化水平

第十四章　推进海洋经济发展

第四篇　营造环境推动服务业大发展

第十五章　加快发展生产性服务业

第十六章　大力发展生活性服务业

第十七章　营造有利于服务业发展的环境

第五篇　优化格局促进区域协调发展和城镇化健康发展

第十八章　实施区域发展总体战略

第十九章　实施主体功能区战略

第二十章　积极稳妥推进城镇化

第六篇　绿色发展建设资源节约型、环境友好型社会

第二十一章　积极应对全球气候变化

第二十二章　加强资源节约和管理

第二十三章　大力发展循环经济

第二十四章　加大环境保护力度

第二十五章　促进生态保护和修复

第二十六章　加强水利和防灾减灾体系建设

第七篇　创新驱动实施科教兴国战略和人才强国战略

第二十七章　增强科技创新能力

第二十八章　加快教育改革发展

第二十九章　造就宏大的高素质人才队伍

第八篇　改善民生建立健全基本公共服务体系

第三十章　提升基本公共服务水平

第三十一章　实施就业优先战略

第三十二章　合理调整收入分配关系

第三十三章　健全覆盖城乡居民的社会保障体系

第三十四章　完善基本医疗卫生制度

第三十五章　提高住房保障水平

第三十六章　全面做好人口工作

第九篇　标本兼治加强和创新社会管理

第三十七章　创新社会管理体制

第三十八章　强化城乡社区自治和服务功能

第三十九章　加强社会组织建设

第四十章　完善维护群众权益机制

第四十一章　加强公共安全体系建设

第十篇　传承创新推动文化大发展大繁荣

第四十二章　提高全民族文明素质

第四十三章　推进文化创新

第四十四章　繁荣发展文化事业和文化产业

第十一篇　改革攻坚完善社会主义市场经济体制

第四十五章　坚持和完善基本经济制度

第四十六章　推进行政体制改革

第四十七章　加快财税体制改革

第四十八章　深化金融体制改革

第四十九章　深化资源性产品价格和环保收费改革

第十二篇　互利共赢提高对外开放水平

第五十章　完善区域开放格局

第五十一章　优化对外贸易结构

第五十二章　统筹"引进来"与"走出去"

第五十三章　积极参与全球经济治理和区域合作

第十三篇　发展民主推进社会主义政治文明建设

第五十四章　发展社会主义民主政治

第五十五章　全面推进法制建设

第五十六章　加强反腐倡廉建设

第十四篇　深化合作建设中华民族共同家园

第五十七章　保持香港澳门长期繁荣稳定

第五十八章　推进两岸关系和平发展和祖国统一大业

第十五篇　军民融合加强国防和军队现代化建设

第五十九章　加强国防和军队现代化建设

第六十章　推进军民融合式发展

第十六篇　强化实施实现宏伟发展蓝图

第六十一章　完善规划实施和评估机制

第六十二章　加强规划协调管理

十三五规划

第一篇　指导思想、主要目标和发展理念

第一章　发展环境

第二章　指导思想

第三章　主要目标

第四章　发展理念

第五章　发展主线

第二篇　实施创新驱动发展战略

第六章　强化科技创新引领作用

第七章　深入推进大众创业万众创新

第八章　构建激励创新的体制机制

第九章　实施人才优先发展战略

第十章　拓展发展动力新空间

第三篇　构建发展新体制

第十一章　坚持和完善基本经济制度

第十二章　建立现代产权制度

第十三章　健全现代市场体系

第十四章　深化行政管理体制改革

第十五章　加快财税体制改革

第十六章　加快金融体制改革

第十七章　创新和完善宏观调控

第四篇　推进农业现代化

第十八章　增强农产品安全保障能力

第十九章　构建现代农业经营体系

第二十章　提高农业技术装备和信息化水平

第二十一章　完善农业支持保护制度

第五篇　优化现代产业体系

第二十二章　实施制造强国战略

第二十三章　支持战略性新兴产业发展

第二十四章　加快推动服务业优质高效发展

第六篇　拓展网络经济空间

第二十五章　构建泛在高效的信息网络

第二十六章　发展现代互联网产业体系

第二十七章　实施国家大数据战略

第二十八章　强化信息安全保障

第七篇　构筑现代基础设施网络

第二十九章　完善现代综合交通运输体系

第三十章　建设现代能源体系

第三十一章　强化水安全保障

第八篇 推进新型城镇化

第三十二章 加快农业转移人口市民化

第三十三章 优化城镇化布局和形态

第三十四章 建设和谐宜居城市

第三十五章 健全住房供应体系

第三十六章 推动城乡协调发展

第九篇 推动区域协调发展

第三十七章 深入实施区域发展总体战略

第三十八章 推动京津冀协同发展

第三十九章 推进长江经济带发展

第四十章 扶持特殊类型地区发展

第四十一章 拓展蓝色经济空间

第十篇 加快改善生态环境

第四十二章 加快建设主体功能区

第四十三章 推进资源节约集约利用

第四十四章 加大环境综合治理力度

第四十五章 加强生态保护修复

第四十六章 积极应对全球气候变化

第四十七章 健全生态安全保障机制

第四十八章 发展绿色环保产业

第十一篇 构建全方位开放新格局

第四十九章 完善对外开放战略布局

第五十章 健全对外开放新体制

第五十一章 推进"一带一路"建设

第五十二章 积极参与全球经济治理

第五十三章 积极承担国际责任和义务

第十二篇　深化内地和港澳、大陆和台湾地区合作发展

第五十四章　支持香港澳门长期繁荣稳定发展

第五十五章　推进两岸关系和平发展和祖国统一进程

第十三篇　全力实施脱贫攻坚

第五十六章　推进精准扶贫精准脱贫

第五十七章　支持贫困地区加快发展

第五十八章　完善脱贫攻坚支撑体系

第十四篇　提升全民教育和健康水平

第五十九章　推进教育现代化

第六十章　推进健康中国建设

第十五篇　提高民生保障水平

第六十一章　增加公共服务供给

第六十二章　实施就业优先战略

第六十三章　缩小收入差距

第六十四章　改革完善社会保障制度

第六十五章　积极应对人口老龄化

第六十六章　保障妇女未成年人和残疾人基本权益

第十六篇　加强社会主义精神文明建设

第六十七章　提升国民文明素质

第六十八章　丰富文化产品和服务

第六十九章　提高文化开放水平

第十七篇　加强和创新社会治理

第七十章　完善社会治理体系

第七十一章　完善社会信用体系

第七十二章　健全公共安全体系

第七十三章　建立国家安全体系

第十八篇　加强社会主义民主法治建设

第七十四章　发展社会主义民主政治

第七十五章　全面推进法治中国建设

第七十六章　加强党风廉政建设和反腐败斗争

第十九篇　统筹经济建设和国防建设

第七十七章　全面推进国防和军队建设

第七十八章　推进军民深度融合发展

第二十篇　强化规划实施保障

第七十九章　发挥党的领导核心作用

第八十章　形成规划实施合力

参考文献

（一）规划类

国家开发银行规划院：《科学发展规划理论与实践》，中国财政经济出版社，2013年。

〔德〕韩博天：《红天鹅：中国独特的治理和制度创新》，石磊译，中信出版社，2018年。

〔美〕兰德尔·奥图尔：《规划为什么会失败》，王演兵译，上海三联书店，2016年。

李善同、周南：《"十三五"时期中国发展规划实施评估的理论方法与对策研究》，科学出版社，2019年。

刘国光：《中国十个五年计划研究报告》，人民出版社，2006年。

王绍光、鄢一龙：《大智兴邦——中国如何制定五年规划》，中国人民大学出版社，2015年。

吴维海：《"十四五"规划模型及编制手册》，中国金融出版社，2020年。

徐绍史等：《〈中华人民共和国国民经济和社会发展第十三个五年规划纲要〉辅导读本》，人民出版社，2016年。

徐宪平等编著:《国家发展战略与宏观政策》(上下册),北京大学出版社,2018年。

鄢一龙:《目标治理——看得见的五年规划之手》,中国人民大学出版社,2013年。

杨近平:《新中国十二个五年计划与马克思主义中国化》,人民出版社,2018年。

杨伟民等:《新中国发展规划70年》,人民出版社,2019年。

杨永恒、陈升:《现代治理视角下的发展规划——理论、实践和前瞻》,清华大学出版社,2019年。

(二)党史国史类

薄一波:《若干重大决策与事件的回顾》(上下册),中共党史出版社,2008年。

师哲口述、李海文著:《在历史巨人身边:师哲回忆录》,九州出版社,2015年。

当代中国研究所:《中华人民共和国史稿》(全五卷),人民出版社,2012年。

当代中国研究所:《新中国70年》,当代中国出版社,2019年。

〔美〕傅高义:《邓小平时代》,冯克利译,生活·读书·新知三联书店,2013年。

〔美〕罗伯特·劳伦斯·库恩:《他改变了中国:江泽民传》,谈峥、于海江译,上海译文出版社,2005年。

龚关主编:《中华人民共和国经济史》,经济管理出版社,2010年。

洪银兴、杨德才等:《新中国经济史论》,经济科学出版社,2019年。

李如海、华清主编:《执政党与社会主义经济建设——从列宁新经济政策的制定到邓小平社会主义市场经济理论的提出》,民主与建设出版社,1996年。

欧阳淞、高永中主编:《改革开放口述史》,中国人民大学出版社,2018年。

欧阳淞:《党史学基本问题研究》,中共党史出版社,2014年。

宋月红、王爱云:《中华人民共和国史研究的理论与方法》,当代中国出版社,2019年。

王曙光、王丹莉：《维新中国——中华人民共和国经济史论》，商务印书馆，2019年。

吴承明、董志凯主编：《中华人民共和国经济史（第一卷1949—1952）》，中国财政经济出版社，2001年。

武力主编：《中华人民共和国经济史》（增订版上下卷），中国时代经济出版社，2010年。

赵德馨：《中国近现代经济史（1842—1949）》，厦门大学出版社，2017年。

赵德馨：《中国近现代经济史（1949—1991）》，厦门大学出版社，2017年。

赵凌云主编：《中国共产党经济工作史（1921—2011年）》，中国财政经济出版社，2011年。

郑有贵：《中华人民共和国经济史（1949—2019）》，当代中国出版社，2019年。

程连升：《筚路蓝缕：计划经济在中国》，中共党史出版社，2016年。

马泉山：《新中国工业经济史（1966—1978）》，经济管理出版社，1998年。

中共中央党史研究室编：《中国共产党历史 第一卷1921—1949》（上下册），中共党史出版社，2002年。

中共中央党史研究室编：《中国共产党历史 第二卷1949—1978》（上下册），中共党史出版社，2011年。

中共中央党史研究室编：《中国共产党历史大事记（1921年7月—2011年6月）》，人民出版社，2011年。

中共中央党史研究室：《中国共产党的七十年》，中共党史出版社，2005年。

中共中央党史研究室编：《中国共产党的九十年》（全三册），中共党史出版社、党建读物出版社，2016年。

中共中央党史和文献研究院编：《中华人民共和国大事记（1949年10月—2019年9月）》，人民出版社，2019年。

陈夕主编：《中国共产党与156项工程》，中共党史出版社，2015年。

陈夕主编：《中国共产党与三线建设》，中共党史出版社，2014年。

陈东林编著：《三线建设：备战时期的西部开发》，中共中央党校出版社，2003年。

沈志华:《处在十字路口的选择:1956—1957年的中国》,广东人民出版社,2013年。

张树军:《大转折——中共十一届三中全会实录》,浙江人民出版社,1998年。

曹应旺:《开国财经统帅陈云》,中译出版社,2015年。

孙业礼、熊亮华:《共和国经济风云中的陈云》,中央文献出版社,1996年。

雷厉:《历史风云中的余秋里》,中央文献出版社,2005年。

中共中央文献研究室编:《周恩来传》(全四册),中央文献出版社,2011年。

中共中央文献研究室编:《陈云传》(全四册),中央文献出版社,2015年。

朱佳木:《论陈云》,中央文献出版社,2010年。

杨明伟:《晚年陈云》,现代出版社,2015年。

《李先念传》编写组:《李先念传(1949—1992)》(上下册),中央文献出版社,2009年。

房维中、金冲及主编:《李富春传》,中央文献出版社,2001年。

余秋里传记组:《余秋里传》,解放军出版社,2017年。

谷牧:《谷牧回忆录》,中央文献出版社,2014年。

(三)经济学著作

〔美〕劳伦·勃兰特、托马斯·罗斯基:《伟大的中国经济转型》,方颖、赵杨译,格致出版社,2016年。

樊纲:《制度改变中国》,中信出版社,2014年。

〔英〕罗纳德·哈里·科斯、王宁:《变革中国——市场经济的中国之路》,中信出版社,2013年。

厉以宁:《中国经济双重转型之路》,中国人民大学出版社,2012年。

厉以宁:《改革开放以来的中国经济(1978—2018)》,中国大百科全书出版社,2018年。

林毅夫:《解读中国经济》,北京大学出版社,2018年。

钱颖一:《现代经济学与中国经济》,中信出版社,2017年。

钱颖一:《现代经济学与中国经济改革》(第二版),中信出版社,2018年。

田国强、陈旭东:《中国改革:历史、逻辑和未来》,中信出版社,2017年。

文一：《伟大的中国工业革命："发展经济学"一般原理批判纲要》，清华大学出版社，2015年。

张维迎、王勇：《企业家精神与中国经济》，中信出版社，2019年。

周其仁：《改革的逻辑》，中信出版社，2017年。

周其仁：《中国做对了什么》，中国计划出版社，2017年。

（四）领导人著作

《毛泽东选集》，东北书店，1948年。

《毛泽东选集》（全四卷），人民出版社，1991年。

中共中央文献研究室编：《毛泽东文集》（全八卷），人民出版社，1993年（第一、二卷）、1996年（第三、四、五卷）、1999年（第六、七、八卷）。

中共中央文献研究室编：《毛泽东年谱》（全九卷），中央文献出版社，2013年。

中共中央文献研究室编：《周恩来年谱》（全三卷），中央文献出版社，1997年。

中共中央文献研究室编：《周恩来经济文选》，中央文献出版社，1993年。

《周恩来书信选集》，中央文献出版社，1988年。

《刘少奇选集》（上下卷），人民出版社，2018年。

中共中央文献研究室编：《刘少奇论新中国经济建设》，中央文献出版社，1993年。

中共中央文献研究室编：《陈云年谱》（修订本全三卷），中央文献出版社，2015年。

《邓小平文选（一九七五——一九八二）》，人民出版社，1983年。

《邓小平文选》（第二卷），人民出版社，1994年。

《邓小平文选》（第三卷），人民出版社，1993年。

中共中央文献研究室编：《邓小平年谱（1975—1997）》，中央文献出版社，2004年。

《胡耀邦文选》，人民出版社，2015年。

《江泽民文选》（全三卷），人民出版社，2006年。

《李鹏回忆录（1928—1983）》，中国电力出版社、中央文献出版社，2014年。

《朱镕基讲话实录》编辑组编：《朱镕基讲话实录》（全四卷），人民出版社，2011年。

《朱镕基答记者问》编辑组编:《朱镕基答记者问》,人民出版社,2009年。

《胡锦涛文选》(全三卷),人民出版社,2016年。

《习近平谈治国理政》第一卷,外文出版社,2014年。

《习近平谈治国理政》第二卷,外文出版社,2017年。

《习近平谈治国理政》第三卷,外文出版社,2020年。

中共中央文献研究室编:《习近平关于社会主义经济建设论述摘编》,中央文献出版社,2017年。

后记

我最早对经济史感兴趣,源自厉以宁教授的谆谆教导。作为中国改革开放的亲身参与者,厉以宁教授对中国经济体制改革作出了重大的理论贡献,被尊称为"厉股份",并在改革开放四十年之际被国家授予"改革先锋"荣誉称号。我曾经系统梳理过厉老师的经济学思想[①],发现厉老师在经济史领域同样作出了重大贡献,而且厉老师对中国经济改革的很多真知灼见也得益于其对经济史的融会贯通。经济史学家迪尔德丽·麦克洛斯基1976年曾经说过:历史计量学家已经向史学界的同事们说明了经济学的重要作用;那么现在,他们也应该向他们在经济学界的同事们说明历史学的巨大作用了。熊彼特也曾说过:经济科学家与一般的对经济问题

---

① 详见于鸿君、尹俊:《经济学理论和中国道路——厉以宁经济学思想述评及其对发展中国哲学社会科学理论的启示》,载北京大学光华管理学院编写组编著:《一生治学当如此:厉以宁经济理论述评》,商务印书馆,2020年,第1—25页。

想过、谈过和写过文章的人之间的差别在于科学家掌握了三门基础学问：历史、统计和理论。因此，从经济史角度去研究经济理论，是一种极为重要却常常被忽视的方法。

  本书正是这样的一次尝试。2021年是中国共产党成立100周年、中华人民共和国成立72周年、"十四五"规划开局之年，除了1949—1952年的国民经济恢复期，以及1958—1960年的国民经济调整期，我国一直通过五年规划（计划），朝着中华民族伟大复兴目标迈进。一个五年接着一个五年，我国走出了中国特色的发展道路，创造了世所罕见的中国奇迹。然而，虽然规划在实践层面取得了显著成就，但在理论层面却争议不断。兰德尔·奥图尔的《规划为什么会失败》让公众对规划的合法性产生了质疑，而由于规划制度在世界范围内经历了兴衰，一些学者认为五年规划已经成为社会主义国家的专有制度。真的如此吗？我曾经在国家开发银行规划局工作过四年，参与了国内和国外多个重大规划的编制。让我印象最深的是，越来越多的发展中国家，包括"一带一路"沿线、非洲、拉丁美洲的资本主义国家都在纷纷学习中国，编制各自国家的经济社会发展五年规划，并且出于对中国经验的高度认同，主动邀请我们为其做动辄数年的规划咨询。

  正如本书总论部分所说的，当前我们对规划的三个基本理论问题还很不清晰：规划是什么？一个好的国家为什么需要规划？如何进行科学的规划？或许是因为规划制度与西方主流经济学思想并不一致，所以很少有学者去认真研究它，甚至未深入研究就予以否定。但以规划在实践中的重要作用来看，如果不去总结其成功的理论逻辑，而是不断用现有理论证明规划必然失败，实在辜负了我国70多年来的伟大实践，辜负了这一时代。基于此，我尝试撰写一本研究规划的著作。本书得到了于鸿君教授的大力支持，是他指导我从中华人民共和国经济史的视角来撰写。以史为鉴，可以知兴替。于是我与中共中央党史和文献研究院的徐嘉助理研究员一拍即合，启动了本书的写作。

本书的总论、第四章、第五章由我撰写，第一、二、三章由徐嘉撰写，我对全书进行了统稿。合作者徐嘉的加入，让历史部分颇有特色和味道，相信读者们会饶有兴致地读完这段历史。

本书的完成要感谢北京大学厉以宁、何玉春老师的悉心指导，特别要感谢高尚全、林毅夫、杨伟民、韩毓海四位老师对本书的斧正与推荐，诸位先生对年轻学者的帮助与鼓励让我们备受感动。北京大学习近平新时代中国特色社会主义思想研究院的王浦劬院长及诸位老师在讨论中给予了我们很多启发，在此一并表示感谢。还要特别感谢北京大学国家发展研究院的姚洋老师和陈春花老师。我曾听过姚老师讲授的新政治经济学课程，本书的写作初衷正是受姚老师中国新叙事理念的启发。与陈春花老师一起研究共生管理哲学的经历给了我写作本书许多宝贵的启示。感谢国家发展改革委的邹磊，中国经济体制改革研究会的陆琪，以及我在国家开发银行规划局曾经的领导和同事王文松、沈继奔、朱天彤、焦安亮、姜波、陈立、田惠敏对本书所提出的宝贵意见和建议。最后，特别感谢北京大学出版社经济与管理图书事业部林君秀主任、贾米娜编辑的悉心指导和帮助。

当然，由于水平所限，书中难免存在不足或者错误之处，恳请广大读者批评指正。规划领域要研究的问题实在太多了，我们还有许多想研究的问题，期待未来几年能够逐步呈现研究的成果。"路漫漫其修远兮，吾将上下而求索"，愿与各界同仁共勉。

尹　俊
2021年2月于北京大学